胡宝国 著

将無同

中古史研究论文集

中华书局

图书在版编目(CIP)数据

将无同:中古史研究论文集/胡宝国著. —北京:中华书局,
2020.1(2025.6重印)
ISBN 978-7-101-14240-2

Ⅰ.将… Ⅱ.胡… Ⅲ.中国历史-中古史-文集
Ⅳ.K240.7-53

中国版本图书馆 CIP 数据核字(2019)第 251903 号

书　　名	将无同——中古史研究论文集	
著　　者	胡宝国	
责任编辑	孟庆媛	
责任印制	韩馨雨	
出版发行	中华书局	
	(北京市丰台区太平桥西里 38 号　100073)	
	http://www.zhbc.com.cn	
	E-mail:zhbc@zhbc.com.cn	
印　　刷	三河市宏达印刷有限公司	
版　　次	2020 年 1 月第 1 版	
	2025 年 6 月第 6 次印刷	
规　　格	开本/920×1250 毫米　1/32	
	印张 12⅞　插页 2　字数 266 千字	
印　　数	15001-16500 册	
国际书号	ISBN 978-7-101-14240-2	
定　　价	66.00 元	

目　录

自　序

本书收录的文章最早的是二十几岁写的,最晚的是近期写的。本来希望再写若干篇文章再出论集,但是现在重病在身,可能时日无多。所以我答应了朋友们的建议,现在就出版。需要特别说明的是,有些文章我修改过,所以与原来杂志上发表的内容不一样。

此刻,我的心情很复杂。一方面,我为自己一生写的论文太少而感到羞愧;另一方面,我也为自己每一篇文章都是认真用心的而感到问心无愧。

得知病情后,我曾写下这样两段话:

记得家里有很多黑胶唱片,文革抄家时都砸了。大概因为小时候在家听得多,所以对古典音乐一直有一种朴素的热爱。说朴素,是因为我并不懂。

我有一个梦想,每当被音乐打动时,我就想,应该努力争取写出一篇这样的文章,打动人心,永垂不朽。虽然我知道这想法荒唐,但一直深藏心底。总以为或许有这样一个机会。不要多,有一篇就可以了。现在,这梦想已经先我一步,走了,不再来。

因为身体原因,自己已经无力编论文集。这些文章以及书名都是朋友们为我选定的。我完全信任他们,也同意他们的一切处理。谢谢!

胡宝国

2019 年 7 月 11 日

《史记》、《汉书》籍贯书法与
区域观念变动

《汉书》记载西汉前期历史，多抄袭《史记》，但抄袭之中也有变更。就人物籍贯而言，《汉书》与《史记》就常有不同。这种差异反映了两汉时期区域观念的变动。

一

《史记》记述人物籍贯的方式相当混乱。《陆贾传》："陆贾者,楚人也。"①这是以战国国名为籍贯。《彭越传》："彭越者,昌邑人也。"张守节正义："汉武更山阳为昌邑国。"②这是以封国国名为籍贯。《晁错传》："晁错者,颍川人也。"③这是以郡名为籍贯。《张苍传》："张丞相苍者,阳武人也。"司马贞索隐："案:县

---

① 《史记》卷九七《陆贾传》。
② 《史记》卷九〇《彭越传》。
③ 《史记》卷一〇一《晁错传》。

名,属陈留。"①这是以县名为籍贯。《司马相如传》:"司马相如者,蜀郡成都人也。"②这是以郡县之名为籍贯。但是,翻检全书,《史记》于混乱之中又有清晰的特点。这就是:以县名为人物籍贯的场合非常多,呈现出与《汉书》明显的区别。《史记·张释之传》:"张廷尉释之者,堵阳人也,字季。"《汉书》本传:"张释之字季,南阳堵阳人也。"按此,《史记》记籍贯只提了县名,而《汉书》则在县之上又加了郡名。这样的改动还有几例。卫青,《史记》称"平阳人",《汉书》改为"河东平阳人";路博德,《史记》称"平州人",《汉书》改为"西河平州人";郅都,《史记》称"杨人",《汉书》改为"河东大杨人";宁成,《史记》称"穰人",《汉书》改为"南阳穰人";郭解,《史记》称"帜人",《汉书》改为"河内帜人"。③

《史记》记人物籍贯单列县名的例子还有许多,《汉书》并没有全部加以修订。这是难以理解的。但有一点可以肯定的是,《汉书》在记述司马迁以后的人物籍贯时,很少有忽略郡名的。对此,可以举出一个特殊的例子以明班固之意。《汉书·王成传》:"王成,不知何郡人也。"④籍贯不详,即称"不知何郡人也。"由此可见,在班固心目中,籍贯就是指郡而言。

司马迁与班固对籍贯的理解显然是有区别的。这种区别是由他们所处的时代不同造成的。司马迁生活的时代虽已是西汉

---

① 《史记》卷九六《张丞相传》。
② 《史记》卷一一七《司马相如传》。
③ 分见《史记》《汉书》各本传。
④ 《汉书》卷八九《王成传》。

中期,但实际上战国遗风犹存。《史记·货殖列传》中描述了各地风情:关中之民"好稼穑";燕地"大与赵、代俗相类,而民雕捍少虑";齐地民俗"宽缓阔达";邹、鲁"俗好儒,备于礼";梁、宋"重厚多君子";楚、越之地,"地广人稀","无积聚而多贫"。环顾四境,司马迁仿佛仍然生活在战国时代。

　　回顾历史,《史记》以县为人物籍贯的记述方式也可以追溯到战国。《战国策·秦策》:"濮阳人吕不韦贾于邯郸。"《战国策·韩策》:严遂自韩至齐求报仇之人,齐人或言:"轵深井里聂政,勇敢士也。"《韩非子·说林上》:"温人之周,周不纳。"《韩非子·外储说》:"郑县人乙子使其妻为袴。"以上地名如"濮阳"、"轵"、"温"、"郑",均为县名。湖北云梦睡虎地出土秦简《秦律十八种·仓律》有关于赎隶臣的规定。其中:"边县者,复数其县。"整理小组译文作:"原籍在边远的县的,被赎后应将户籍迁回原县。"①看来,以县为籍贯的习惯说法与法律的规定是吻合的。不仅如此,泛泛而论时,战国人也往往是多提县名。《战国策·魏策》载,须贾谓穰侯曰:"臣闻魏氏悉其百县胜兵,以止戍大梁,臣以为不下三十万。""百县"者,笼统言之,意指全境。马王堆汉墓出土《黄老帛书·经法·六分》:"王天下者,轻县国而重士。""县国",也是笼统言之,意指土地疆域。

　　上述情形,当与郡县制的历史发展有关。县早在春秋初期就已出现。战国时,县的设置已很普遍,凡有城市的地方都已置之。

---

① 《睡虎地秦墓竹简》,文物出版社 1978 年版,54 页。

郡是春秋末年才出现的。战国时代，各国的郡设在边境地区，目的在于巩固国防，郡的长官称"守"，都由武将担任。① 可见郡的军事意义大于行政意义。上述事实反映，战国时代的县已趋稳定，而郡仍处在发展变化之中。因此，当时人重视县，以县为籍贯也就不足为奇了。

西汉前期，战国的旧传统仍在继续保持。高帝十一年五月诏："粤人之俗，好相攻击，前时秦徙中县之民南方三郡，使与百粤杂处。会天下诛秦，南海尉它居南方长治之，甚有文理，中县之人以故不耗减，粤人相攻击之俗益止，俱赖其力。今立它为南粤王。"②此诏连续两次出现"中县"的说法。如淳曰："中县之民，中国县民也。秦始皇略取陆梁地以为桂林、象郡、南海郡，故曰三郡。"如淳的解释是正确的，但是，按后代的说法，"中县"却通常被称作"内郡"。宣帝本始元年（前73）诏："诏内郡国举文学高第各一人。"韦昭曰："中国为内郡，缘边有夷狄郡塞者为外郡。成帝时，内郡举方正，北边二十二郡举勇猛士。"③按此，"中县"、"内郡"所指相同，但刘邦不说"内郡"而说"中县"，又将"中县"与地处边境的"南方三郡"对举，无意中暗合了郡县制的发展历史；反映出刘邦对郡与县的看法还是一仍战国之旧。这在高帝五年、八年的诏令中也有反映。五年诏："……民前或相聚保山泽，不书名数，今天下已定，令各归其县，复故爵田宅。"八年："令士

①参杨宽《战国史》，上海人民出版社1955年版，112—113页。
②《汉书》卷一《高帝纪》。
③《汉书》卷八《宣帝纪》。

卒从军死者为槥,归其县,县给衣衾棺葬具,祠以少牢,长吏视葬。"①两次诏令都提到了"归其县",意指归原籍所在地,即归故乡。这又与后代的说法不同。《汉书·翟方进传》:方进上奏,"请免博、闳、咸归故郡,以销奸雄之党,绝群邪之望"。②刘邦称"归其县",翟方进称"归故郡",其间差别明显可见。高帝以后,以县为籍的习惯依然如故。《史记·张释之传》:"顷之,上(文帝)行出中渭桥,有一人从桥下走出,乘舆马惊。于是使骑捕之,属之廷尉。释之治问。曰:'县人来,闻跸,匿桥下。久之,以为行已过,即出,见乘舆车骑,即走耳。'"③如淳释"县人":"长安县人。"又,《贾谊传》载,当时人称谊"洛阳之人"④。洛阳,县名,属河南郡。《春秋繁露·五行对》:"河间献王问温城董君曰:'《孝经》曰:夫孝,天之经,地之义。何谓也?'""温城",即河内郡温县。《史记·万石君传》张守节正义:"故温城在怀州温县三十里,汉县在也。"董仲舒与司马迁为同时代人,涉及人物籍贯也是只称县而不称郡。

由以上史实可以看出,以县为籍贯乃是自战国以至西汉中期的惯例。《史记》人物籍贯的书法由此可以得到解释。东汉班彪评论《史记》说:"一人之精,文重思烦,故其书刊落不尽,尚有盈辞,多不齐一。若序司马相如,举郡县,著其字,至萧、曹、陈平之

---

① 《汉书》卷一《高帝纪》。
② 《汉书》卷八四《翟方进传》。
③ 《史记》卷一〇二《张释之传》。
④ 《史记》卷八四《贾谊传》。

属，及董仲舒并时之人，不记其字，或县而不郡者，盖不暇也。"①
班彪已经注意到了《史记》人物籍贯"县而不郡"的问题，但他却
将此归之于"盖不暇也"。这说明，班彪对历史传统茫然无知，但
这又说明在他的时代，以郡为籍贯的习惯已经深入人心，这与前
引班固所谓"王成，不知何郡人也"的说法是一脉相通的。

　　如前所述，《史记》中也有以郡或郡县的名称为籍贯的例子。
这暗示我们，司马迁似乎正处在由"县而不郡"到以郡为籍贯的
过渡阶段。这当有具体的历史原因可寻。

　　司马迁生活在汉武帝时期，而这一时期正值西汉政治发生重
大转折。武帝以前，封国林立，中央与地方的关系在很大程度上
就是汉廷与封国的关系。高帝之初，诸侯王"大者或五、六郡，连
城数十"②。王国内的支郡均受诸侯王节制，并不直属中央。当
时汉廷自领地仅十五郡。因此，高帝以后，直至武帝之初，人们所
关注的重点不是郡级组织的建设，而是如何解决诸侯王问题。文
帝时贾谊首倡"众建诸侯而少其力"③，景帝时晁错上"削藩策"，
武帝时主父偃建议行"推恩"令，正反映了这一历史过程。武帝
时期，王国问题最终解决，汉廷与王国的关系演化为中央与郡的
关系。以郡为单位的察举制度的建立、郡国学的出现、主要针对
郡守的刺史制度的设置，这些都是人所尽知的历史事实。只是论
者多从加强中央集权的角度加以考察，而忽视了一个极为重要的

---

① 《后汉书》卷四〇《班彪传》。
② 《史记》卷一七《汉兴以来诸侯王年表序》。
③ 《汉书》卷四八《贾谊传》。

方面,即从这一时期开始,郡级政区变得日益重要了。全国政局的稳定主要取决于郡级政区的稳定,因此,宣帝曾说:"庶民所以安其田里而亡叹息愁恨之心者,政平讼理也,与我共此者,其唯良二千石乎!"①视太守之职为"吏民之本"。

在现实生活中,既然郡级组织变得如此重要,人们的观念也必将随之发生变化。司马迁处在过渡时期,因而有时以郡名为人物籍贯也就不难理解了。司马迁以后,以郡为籍贯渐渐成为惯例。《盐铁论·颂贤》:"今之学者,无太公之能,骐骥之才,有以蜂虿介毒而自害也,东海成颙、河东胡建是也。"《汉书·萧望之传》:萧望之,东海兰陵人,地节三年上疏陈事,宣帝"自在民间闻望之名,曰:'此东海萧生邪?'"②以上都是以郡为籍贯的显例。这在官府文书中也有反映。居延简(303·15,513·17):"马长吏即有卒吏民屯士亡者,具署郡县里名姓年长物色所衣服赍操初亡年月日人数白报与病已·谨案居延始元二年戍田卒千五百人为驺马田官穿泾渠乃正月己酉淮阳郡。"③"始元"为昭帝年号。据此,当时有吏卒等逃亡,要上报其"郡县里名"。籍贯包括了郡。文书中昭帝以后的例证在新近出版的《居延新简》中还有许多,这里不再一一列举。

到两汉之际,"郡"在人们心目中变得更加重要了。《后汉书·隗嚣传》:更始二年(24),方望致信隗嚣,信中自称与嚣为

---

① 《汉书》卷八九《循吏传序》。
② 《汉书》卷七八《萧望之传》。
③ 谢桂华、李均明、朱国昭:《居延汉简释文合校》,文物出版社 1987 年版,497 页。

"异域之人"。本传注："望，平陵人，以与嚣别郡，故言异域。"①东汉之初，郭伋批评光武帝政治上"不宜专用南阳人。"②当时还有"河南帝城多近臣，南阳帝乡多近亲"的说法。③ 这些情形都意味着当时人已自觉地意识到"郡"就是故乡。《隋书·经籍志》："后汉光武，始诏南阳，撰作风俗，故沛、三辅有耆旧节士之序，鲁、庐江有名德先贤之赞。郡国之书，由是而作。"④旧日读史至此，始知地方志类书籍由此而发起端，但知其然而不知其所以然。当上述考察完成之后，终于豁然开朗，"郡国之书，由是而作"，乃是西汉中叶以来郡国发展的必然结果。诸郡各有其风俗，各记其历史。至此，郡已经不单纯是一级行政区划，而同时也具有了某种文化区域的含义，一种有别于战国以至西汉前期的新的区域观念终于确立了。

二

如前所述，新的区域观念是从西汉武帝以后逐渐形成的。但是，当我们把视野扩大，在更大的区域范围内，却没有发现相应的变化。昭、宣时期，"齐"、"鲁"、"楚"、"越"的地域称谓仍然可见。盐铁会议上，贤良曰："……若今则徭役极远，尽寒苦之地、

①《后汉书》卷一三《隗嚣传》。
②《后汉书》卷三一《郭伋传》。
③《后汉书》卷二二《刘隆传》。
④《隋书》卷三三《经籍志》。

危难之处,涉胡、越之域,今兹往而来岁旋,父母延颈而西望,男女怨旷而相思,身在东楚,志在西河。"①旧意识甚至引发了学派之争,宣帝时,鲁人韦贤、夏侯胜、史高极力推荐穀梁学,以为"穀梁子本鲁学,公羊氏乃齐学也,宜兴穀梁。"②成帝时,朱赣受命撰作各地风俗,班固将其收入《汉书·地理志》。从中可以看到,各地风俗与司马迁的时代相比,并无大的变化。只不过,朱赣所述较之《史记·货殖列传》更具体、更详细而已。朱赣生活的年代已在西汉后期。当时"郡"的区域观念已经基本确立,但是,这种变化却未能在较大的区域范围内突破战国以来的旧意识。然而,新的区域观念的出现毕竟是一个信号。它昭示出区域观念演变的趋势。这就是:新的区域观念的形成不可能脱离现实的区域划分。它将沿着这条轨道继续发展。

从两汉之际到东汉后期,"州"的概念使用得越来越多。王莽时,大司马费兴称:"荆、扬之民,率依阻山泽,以渔采为业。"③在这里,"楚"、"越"的概念已被"荆"、"扬"二州取代。东汉明帝说:"今兖、豫之人,多被水患。"④这也是以州相称。东汉后期,崔寔从兄崔烈号称"冀州名士"。⑤ 皇甫规字威明,张奂字然明,段颍字纪明,并为凉州人,时人称之为"凉州三明"⑥。蔡邕,兖州陈

---

①《盐铁论》卷七《执务》。
②《汉书》卷八八《儒林传》。
③《汉书》卷九九《王莽传》。
④《后汉书》卷二《明帝纪》。
⑤《后汉书》卷五二《崔寔传》。
⑥《后汉书》卷六五《皇甫张段列传》。

留人。邕死,"兖州、陈留间皆画像而颂焉"①。按此,不仅陈留人,而且所有兖州人都视蔡邕为同乡。此时,故乡的含义已扩大到了州。

由于州的概念普遍使用,东汉时又出现了一种新的地域称谓,即"东州"、"西州"、"南州"、"北州"。郑太称青州人郑玄为"东州郑玄",又说凉州人董卓"出自西州"。② 徐稚字孺子,豫章南昌人,豫章属扬州。郭林宗称其为"南州高士徐孺子"③。陈龟,上党人。上党属并州,《后汉书》本传称:"家世边将,便习弓马,雄于北州。"参考他传,这样的称谓有时所指地域并不固定。《后汉书·陈俊传》:陈俊平青徐地,光武诏报曰:"东州新平,大将军之功也。"④是知"东州"不仅指青州,也可指青徐二州。《来歙传》:"是时(光武)方以陇蜀为忧,独谓歙曰:'今西州未附……思西州方略,未知所任,其谋若何?'"⑤是知"西州"不仅指凉州,也可泛指陇蜀。

总之,东汉人对较大的区域,通常是以州相称,而较少用齐、楚、燕、赵等战国国名。这说明大范围的区域观念的转变也已经完成。

我在讨论"汝颍名士"的兴衰问题时,发现西汉时汝南、颍川分属不同的文化区。汝南属西楚区,颍川为韩之故地。汝颍的结

---

①《后汉书》卷六〇《蔡邕传》。
②《后汉书》卷七〇《郑太传》。
③《后汉书》卷五三《徐稚传》。
④《后汉书》卷一八《陈俊传》。
⑤《后汉书》卷一五《来歙传》。

合是在东汉完成的。①当时曾以为这种新的区域组合可能在许多地方都存在。但现在看来,恐怕并非如此。就大的区域而论,青、徐就是齐、鲁,荆、扬就是楚、越,幽、冀就是燕、赵。区域的界限并没有发生大的变动。真正变化的是人们对区域的认识。当齐、鲁后裔不再被看作齐、鲁之人而仅仅看作青、徐之士时,人们在观念中已经不自觉地进入了一个新的时代。

综上所述,西汉后期形成了以郡为单位的区域观念。由此人们放弃了以县为籍贯的战国旧习;东汉形成了以州为单位的区域观念,由此人们放弃了以战国国名相称的习惯。郡之代县,州之代国,这就是汉代区域观念变动的实质。

极而言之,政治上结束战国是在秦代,而观念上结束战国却是在汉代。只是政治的演变往往有明确的界标,而观念的变迁却没有清晰的标志。这是一条没有里程碑的漫长道路。其间的变迁过于缓慢,以至当时人也没有觉察,因而才有《史记》、《汉书》对籍贯书法的不同。观念的变迁并非无足轻重,秦末的战争表现为六国的复辟喧嚣,而东汉末年的战争则表现为州牧、郡守的割据对抗。区域观念变动对于历史的影响隐约可见。

原载《周一良先生八十生日纪念论文集》,

中国社会科学出版社 1993 年版

---

① 拙作《汉晋之际的汝颍名士》,载《历史研究》1991 年第 5 期。

两汉家学的变化

赵翼《廿二史劄记》卷五"累世经学"："古人习一业,则累世相传,数十百年不坠。盖良冶之子必学为裘,良弓之子必学为箕,所谓世业也。工艺且然,况于学士大夫之术业乎!"赵翼以孔氏、伏氏、桓氏三家为例,说明自周秦以来,特别是汉代四百年来家学的绵延不绝。赵翼所说言之有据,但过于笼统。周秦姑且不论,即令在两汉时期,家学也是有变化的。

一、西汉家学盛于东汉

两汉相比,西汉家学盛于东汉。《汉书》卷八八《儒林传》:士孙张学梁丘《易》,"家世传业"。韦贤治《诗》,传子玄成,玄成及兄子赏以《诗》授哀帝,"由是鲁《诗》有韦氏学"。伏理游君学齐《诗》于匡衡,从此"家世传业"。徐良游卿学大戴《礼》,"家世传业"。桥仁季卿学小戴《礼》,亦"家世传业"。王中学公羊《春秋》,"家世传业"。这样的例子很多,不再一一列举。

东汉时期,家学有衰微的趋势。《后汉书》卷七九《儒林传》:

甄宇"习严氏《春秋》……传业子普,普传于子承……诸儒以承三世传业,莫不归服之。"按"三世传业"在西汉是很平常的事,但在东汉却引起人们赞赏,由此可见当时家学的状况。《儒林传》中还有些传家学的记载,但传授的时间有必要具体分析。欧阳氏传《尚书》,自欧阳生至欧阳歙八世皆为博士。本传载:"歙既传业,而恭谦好礼让。王莽时,为长社宰。"可知欧阳歙传家学大致是在西汉后期。洼丹,世传孟氏《易》,"王莽时,常避世教授"。高诩,"曾祖父嘉,(西汉时)以鲁《诗》授元帝。……父容,少传嘉学,哀、平间为光禄大夫,诩以父任为郎中,世传鲁《诗》,……王莽篡位,父子称盲,逃,不仕莽世。"可见洼氏、高氏家学也是在西汉后期。伏黯习齐《诗》,伏恭"少传黯学,以任为郎。建武四年,除剧令"。此处未明确说伏恭"少传黯学"的时间,但他在东汉建国之初即任县令,从前后文推测,学齐《诗》当不会晚于王莽时期。薛汉"世习韩《诗》,父子以章句著名。汉少传父业","建武初,为博士"。按汉制,博士限年五十岁,薛汉建武初可以为博士,所谓"少传父业"也不是东汉的事。此外,还有一些传家学的例子虽然具体时间不详,但都不会晚于东汉前期。如曹充,建武中习庆氏学,"传其子褒,遂撰《汉礼》"。又如刘昆在西汉平帝时曾学施氏《易》,其子轶"传昆业,门徒亦盛"。张兴"习梁丘《易》以教授,建武中举孝廉为郎",其子张鲂,"传兴业"。曹曾,东汉初学欧阳《尚书》,子祉"传父业"。牟长,西汉末叶学欧阳《尚书》,卒于东汉之初,"子纡又以隐居教授"。包咸,西汉末"习鲁《诗》、《论语》……子福,拜郎中,亦以《论语》入授和帝"。

以上传家学者，或在西汉之末，或在两汉之交，或在东汉前期。如果以《后汉书》所记载的上述事例为根据来说明东汉的家学，显然是不妥当的。《儒林传》中真正能说明东汉家学的事例，除前引甄宇家族外，还有孔氏家族的例子。孔僖"自安国以下，世传古文《尚书》《毛诗》"。僖二子，"长彦好章句学，季彦守其家业"。这样有限的几例与前述西汉以及两汉之际传家学的大量事实形成了明显的对比。

以上的讨论都是局限在《儒林传》中。自然，我们也注意到这以外的记载。如汝南袁氏世传孟氏《易》，弘农杨氏世传欧阳《尚书》。沛国桓氏世传欧阳《尚书》。不过这三家，家学也并没有都能一直维持下去。据《后汉书》卷四五《袁安传》记载，袁氏家族习孟氏《易》，始自袁安祖父袁良，时在西汉后期。袁安少传良学。自此以后，安子京、京子彭、彭弟汤均传家学，但袁汤以后，如汤之子袁成、袁逢、袁隗及袁成之子袁绍、袁逢之子袁术均不再传家学。桓氏家族自桓荣始学欧阳《尚书》，荣子郁、郁子焉、焉孙典传学不断。桓氏的情形有些特殊。《后汉书》卷三七《桓荣传》注引《东观汉记》载，帝问郁曰："子几人能传学？"郁曰："臣子皆未能传学，孤兄子一人学方起。"上曰："努力教之，有起者即白之。"如果不是受到皇帝的干预，桓氏家学也未必能传下去。

从地域上看，东汉时期真正将家学传下去的家族往往是在中原以外的地区。《三国志》卷五七《虞翻传》注引《翻别传》载虞翻语："臣高祖父故零陵太守光，少治孟氏《易》，曾祖父故平舆令成,缵述其业,至臣祖父凤为之最密。臣亡考故日南太守歆,受本于凤,最有旧书。世传其业,至臣五世。"虞翻是会稽人,生活在汉末。虞氏五世传学,这在当时很少见。《三国志》卷四二《尹默传》:尹默,梓潼涪人,"专精于左氏《春秋》","先主定益州,领牧,以为劝学从事"。其子尹宗,"传其业,为博士"。尹默父子是汉魏之际人。尹宗在这时能"传其业"也是很少见的。在中原地区是很难以找到这样的事例的。

综合以上,可得如下两点认识。第一,《后汉书·儒林传》中有关家学的记载,多数并非东汉之事,而应归入西汉或两汉之际。第二,一直到东汉后期,在偏远地区,家学仍然存在。

二、家学衰落的原因

两汉家学的不同是由于当时的历史条件所造成的。西汉、东汉虽然皇统未变,但社会环境却发生了很大的变化。学术、政治都有所不同。就学术而论,东汉人所追求的是通与博。班固说:"古之学者耕且养,三年而通一艺,存其大体,玩经文而已,是故用日少而畜德多,三十而五经立也。后世经传既已乖离,博学者又不思多闻阙疑之义,而务碎义逃难,便辞巧说,破坏形体;说五字之文,至于二三万言。后进弥以驰逐,故幼童而守一艺,白首而后能言;安其所习,毁所不见,终以自蔽。此学者之大患也。"①班

①《汉书》卷三〇《艺文志》。

固崇尚"三十而五经立",反映了东汉人的对经学的态度。通五经的学者在东汉是很多的。《后汉书》卷二八上《桓谭传》:桓谭"博学多通,遍习五经,皆训诂大义,不为章句"。许慎也是博通五经,时人为之语曰:"五经无双许叔重。"①周举"博学洽闻,为儒者所宗,故京师为之语曰:五经从横周宣光"②。

　　博与通的学术追求很难在家学内实现。当时"家学"的含义似乎不像后来理解的那样宽泛。前引孔氏家族自安国以下世传古文《尚书》,"长彦好章句学,季彦守其家业"。按章句学也在经学范围内,但却不算"家业"。可见当时家学的含义是指累世无更改地传一经。某人要想学通五经,就必然会突破家学的限制,如周举父周防,"师事徐州刺史盖豫,受古文《尚书》"③,而周举则是博通五经。他的学问恐怕不都是来自家学。广泛的学习兴趣不仅会突破家学的限制,甚至也突破了地域的界限。东汉游学之风日盛。《后汉书》卷三五《郑玄传》记载了他学习的经历:"郑玄字康成,北海高密人也。……玄少时为乡啬夫,得休归,常诣学官,不乐为吏,父数怒之,不能禁。遂造太学受业,师事京兆第五元先,始通《京氏易》、《公羊春秋》、《三统历》、《九章算术》。又从东郡张恭祖受《周官》、《礼记》、《左氏春秋》、《韩诗》、《古文尚书》。以山东无足问者,乃西入关,因涿郡卢植,事扶风马融。"郑玄所学内容极多,他因学习内容之不同而在各

①《后汉书》卷七九《儒林传》。
②《后汉书》卷六一《周举传》。
③《后汉书》卷七九《儒林传》。

地不断游学。一个地区都不可能满足他的需要,更不必说封闭性极强的家学了。由此也可以推知,在偏远地区,家学之所以能维持下去,就在于这里缺乏广泛学习的条件,游学又不容易,学习只能局限于家族内。

影响家学的另一个因素是政治形势。西汉自武帝独尊儒术以来,经学与仕途关系密切。《汉书》卷七五《夏侯胜传》:"始,胜每讲授,常谓诸生曰:'士病不明经术;经术苟明,其取青紫如俯拾地芥耳。'"班固说:"自武帝立五经博士,开弟子员,设科射策,劝以官禄,讫于元始,百有馀年,传业者浸盛,枝叶蕃滋,一经说至百万言,大师众至千馀人,盖禄利之路然也。"①既然经学可以打通禄利之路,有家学渊源者自然比一般人多了一分优势。《汉书》卷七三《韦贤传》载,韦贤以《诗》教授,号称邹鲁大儒,先为帝师,后任丞相,其子玄成修父业,复以明经历位至丞相。故邹鲁谚曰:"遗子黄金满籝,不如一经。"家学的重要,不仅在于学术的传承,而更在于家族政治利益的延续。

东汉时期,士林中的舆论成了荐举人才的重要依据。赵翼《廿二史劄记》"东汉尚名节":"盖当时荐举征辟,必采名誉。故凡可以得名者,必全力赴之。好为苟难,遂成风俗。"以名取人构成了对经学入仕的严重冲击。《后汉书》卷七六《循吏列传》记载的一段对话生动地反映了当时士人的心态:"(仇)览入太学。时诸生同郡符融有高名,与览比宇,宾客盈室。览常自守,不与融

_____

①《汉书》卷八八《儒林传》。

言。融观其容止，心独奇之，乃谓曰：'与先生同郡壤，邻房牖。今京师英雄四集，志士交结之秋，虽务经学，守之何固？'览乃正色曰：'天子修设太学，岂但使人游谈其中！'"仇览是不合时宜的，符融所言所行颇具代表性。经学可以束之高阁，与志士交结才是最重要的，因为只有在交结中方可获取高名。《后汉书》卷七九上《儒林传》序描述当时情景道："自是游学增盛，至三万馀生。然章句渐疏，而多以浮华相尚，儒者之风盖衰矣。"既然进入仕途不一定要通经，人们维持家学的热情自然也大不如前。这或许是东汉家学衰落的又一个原因。

多年以来，研究者比较强调家学与仕途的关系，把累世经学理解为世家大族产生的重要原因。这是需要再思考的。西汉家学发达，但那时却没有产生世家大族，东汉家学衰落，世家大族却逐渐生长发育。很明显，家学与世族不一定有必然联系。田馀庆先生说："千乘欧阳生，世传伏生《尚书》，始自西汉文景之时，至东汉初年的欧阳歙，八世皆为博士，欧阳歙本人且超擢大司徒。但欧阳氏并未能凭借家学而成显族。《后汉书》歙传犹谓其'门单'。"[1]这一事例与本文的结论是一致的。看来，从具体的事实出发，有助于排除一些根深蒂固的当然之论。

对家学的学术价值也不可估计过高。譬如欧阳氏虽然八世传学，但后代的学术水平却没有超过前辈。东汉治欧阳《尚书》的学者中，最有成绩者，实为桓氏家族。又如孔安国后代均治

①田馀庆：《东晋门阀政治》后论，北京大学出版社1989年版，355页。

古文《尚书》，但东汉的古文大师却未出自孔氏家族。家学强调的是继承性，创新与发展会危及其存在。因此，家学的维系必定带来家学学术水平的停滞。总之，在学术荒芜的时代，家学或许有助于学术的保存，但在正常的时代，家学的繁荣并不意味着学术的发达。

原载《中国古史论丛——祝贺胡如雷教授七十寿辰》，

河北教育出版社 1995 年版

汉晋之际的汝颍名士

《三国志》卷一四《魏书·郭嘉传》：

> 郭嘉字奉孝，颍川阳翟人也。……先是时，颍川戏志才，
> 筹画士也，太祖甚器之。早卒。太祖与荀彧书曰："自志才
> 亡后，莫可与计事者。汝、颍固多奇士，谁可以继之?"彧
> 荐嘉。

汝南郡与颍川郡相毗邻，同属豫州，按曹操信中所说，此地多有奇
士。征诸历史，"汝颍固多奇士"并非曹操一人、一时之见。西晋
时，汝南周颤"神彩秀彻"，同郡人贲嵩见而叹曰："汝颍固多奇
士! 自顷雅道陵迟，今复见周伯仁，将振起旧风，清我邦族矣。"①
十六国时，后秦主姚兴赴三原，慨然谓群臣："古人有言，关东出
相，关西出将，三秦饶俊异，汝颍多奇士。"②从汉末历西晋至十六

---

① 《晋书》卷六九《周颤传》。
② 《晋书》卷一一八《姚兴载记》。

国,汝颖多奇士的说法屡见史籍,这表明汝颖地区的名士确有特殊性。据姚兴之语,在他活动的时代,"汝颖多奇士"已成旧说。

"奇士"的含义是什么? 为什么汝颖多奇士? 为什么这种说法主要流行于汉晋之际?

一、释"汝颖固多奇士"

"奇士"一语,泛泛而论,应指才能出众的名士。但仅仅这样理解汝颖奇士是不够的,因为出众的才能多种多样,不同时代,人们推崇的才能也各不相同。那么,汝颖名士究竟在哪些方面表现出与众不同的特殊才能呢?

士人的活动主要在学术与政治两方面。就学术而论,自东汉初至顺帝年间,汝颖地区曾涌现出一批经学大师,汝南戴凭、钟兴、许慎、周举、蔡玄,颖川张兴、丁鸿等均蜚声海内。他们或是享有"五经无双"、"五经从横"之美誉,或是招收弟子成千上万,为一代宗师。

顺帝以后,汝颖地区又涌现出一批风格迥异的名士。颖川荀淑于顺、桓之间,知名当世。荀淑八子,号称"八龙",其中只有荀爽自幼好学,"耽思经书",故颖川语曰"荀氏八龙,慈明(荀爽字)无双"①。与荀淑同时代及稍后的汝颖名士如韩韶、钟皓、陈寔、杜密、陈蕃、范滂、许劭等人,在学术上大多没有或少有建树。其

①《后汉书》卷九二《荀淑传》。

中只有汝南袁氏家族足可称道。袁安祖父袁良,西汉平帝时习《孟氏易》,袁安、袁安子京、京子彭、彭弟汤均传家学。但袁汤以下,如袁汤之子袁成、袁逢、袁隗及袁成之子袁绍、袁逢之子袁术等不再见有传承家学的记载。《后汉书》卷七四《袁绍传》只记袁绍"壮健好交结",同书卷七五《袁术传》称:袁术"少以侠气闻,数与诸公子飞鹰走狗"。

　　汉晋之际的汝颍名士缺乏儒者气象,当时人也如此看。西晋豫州刺史解结曾与僚佐讨论汝颍名士。解结说:"张彦真以为汝颍巧辩,恐不及青徐儒雅也。"陈颙反驳道:"彦真与元礼不协,故设过言。老子、庄周生陈梁,伏羲、傅说、师旷、大项出阳夏,汉魏二祖起于沛谯,准之众州,莫之与比。"解结闻此而叹:"豫州人士常半天下,此言非虚。"①张彦真,汉末陈留人,《后汉书》卷八〇有传。他认为汝颍人士仅仅是善于巧辩,不如青徐人士有儒雅之风。陈颙举例反驳所提人物及于老庄、汉魏二祖,地域已超出了汝颍,实际是把讨论范围扩大到整个豫州,因此解结才会产生"豫州人士常半天下"的感叹。陈颙偷换地域概念是因为有机可乘,张彦真以两郡与两州相比,本身欠妥,留下了空子。陈颙并非汝颍人士,却采用了"汝颍巧辩"的方式为汝颍人士辩解,不过并没有驳倒张彦真的看法。

　　汉末的汝颍名士虽然在学术上没有出众的表现,但政治上却人才辈出,在士人群体中享有极高的声望。《后汉书》卷六七《党

①《晋书》卷七一《陈颙传》。

锢列传》序中,列举了党锢名士核心人物,即所谓"三君"、"八俊"、"八顾"、"八及"、"八厨"等共三十五名。"三君"中有汝南陈蕃,"八俊"中有颍川李膺、荀翌、杜密,"八顾"中有汝南范滂、蔡衍,"八及"中有汝南陈翔。汝颍名士共七名,占总数的五分之一。这是其他地区无法比拟的。单纯的数字统计还不能说明全部问题,因为李膺、陈蕃等人在党锢名士中占有非常突出的地位,是士大夫公认的领袖。

党锢之祸以后,汝颍名士在政治上仍不容忽视。中平六年(189),操纵政局并将宦官一网打尽的是汝南袁绍,其后率先打出讨伐董卓旗帜,开启军阀割据局面的也是袁绍。而帮助曹操打败袁绍、统一北方的主要谋臣则是颍川荀彧。颍川枣祗兴立屯田的建议对北方经济的恢复具有重要意义。影响后世极深的九品官人法是由魏吏部尚书颍川陈群提出的。该制度的渊源可以追溯到汉末汝南许劭主持的月旦评。魏晋禅代进程始自司马懿,司马懿为河内大族,由荀彧推荐而来。

顺帝以前,汝颍地区产生了几位经学大师,但那时却没有汝颍多奇士的说法。汉晋之际,缺乏儒雅之风的汝颍名士中涌现出诸多政治人物,他们在许多重大政治事件中都居于举足轻重的地位,表现出与众不同的才能,而正是这一阶段流行着汝颍多奇士的说法。因此,所谓奇士,应该是指具有出众政治才能的名士。这也正是上文所述曹操急需的人才。

为什么汉末以来汝颍名士会在政治上有突出的表现呢?这既与汝颍地区的文化面貌有关,也与当时的政治形势有关。

据《史记》载，西汉时，关中、三河、中山、郑卫、赵代、颍川、齐、邹鲁、梁宋、东楚、西楚、南楚等地风俗各不相同。汝南属于西楚："夫自淮北、沛、陈、汝南、南郡，此西楚也。其俗剽轻，易发怒，地薄，寡于积聚。"颍川、南阳，"夏人之居也。夏人政尚忠朴，犹有先王之遗风。颍川敦愿。"①《汉书》卷二八《地理志》："颍川，韩都。士有申子、韩非刻害馀烈，高仕宦，好文法，民以贪遴争讼生分为失。"关于汝南，只称"汝南之别，皆急疾有气势"。

按《史记》、《汉书》记载，西汉时颍川属韩之故地，汝南在西楚地界，两地风俗明显有别。颍川受法家传统影响，"高仕宦，好文法"，士人对政治有浓厚的兴趣。

东汉时期，汝南地区的风俗发生了很大变化。汝南旧俗，十月飨会。百里内县皆赍牛酒到郡府宴饮。建武年间，太守欧阳歙在一次宴饮前，极力称赞西部督邮繇延"天资忠贞，禀性公方，摧破奸凶，不严而理"。可是，郡功曹汝南人郅恽却突然发难，当众揭露繇延的种种丑行，进而指斥欧阳歙等"以恶为善"、"以直从曲"。郅恽的举动破坏了飨会的气氛，"遂不宴而罢"②。应劭《风俗通》卷四亦载此事，内容略同。应劭对郅恽的举动大为不满，评论道："汝南，楚之界也，其俗急疾有气决。然自君章（郅恽字）之后，转相放式，好干上忤忮，以采名誉，末流论起于爱憎，政在陪隶也。"应劭将汝南士风的转变归咎于郅恽一人是不妥当的，但

①《史记》卷一二九《货殖列传》。
②《后汉书》卷二九《郅恽传》。

应劭作为汝南人,认为汝南士风从郅恽的时代,即东汉初年开始转变,这应该是可信的。按他的说法,转变后的士风是放纵不羁,敢为犯上之举,士人以此博取名声,发展下去,终于导致"论起于爱憎,政在陪隶"。所谓"论起于爱憎",是指士人间的朋党交结,这是当时人斥责浮华朋党的常用语。"政在陪隶",是就范滂事迹而说。汉末,南阳宗资为汝南太守,委政于汝南人范滂,歌谣称:"汝南太守范孟博,南阳宗资主画诺。"①

从东汉初郅恽的干上之举到东汉末范滂操纵本地政治,汝南士的政治力量愈来愈强,士风的政治色彩也越来越浓。"西楚"风俗不再见。

与汝南不同,东汉时,颍川旧有风俗依旧存在。《后汉书》卷二〇《王霸传》:"王霸字元伯,颍川颍阳人也。世好文法,父为郡决曹掾,霸亦少为狱吏。"注引《东观记》云:王霸"祖父为诏狱丞"。王霸生活在两汉之际,"世好文法"主要指西汉家学而言。东汉好文法的家族当首推颍川郭氏。郭躬,颍川阳翟人,父弘,习《小杜律》。郭躬少传父业,官至廷尉。从此"数世皆传法律,子孙至公者一人,廷尉七人,侯者三人,刺史、二千石、侍中、中郎将者二十馀人"②。此外,颍川钟氏也是法律世家。《后汉书》卷六二《钟皓传》:"钟皓字季明,颍川长社人也。为郡著姓,世善刑律。"钟皓孙钟繇,魏文帝世任廷尉,"辨理刑狱,决嫌明疑,民无

---

① 《后汉书》卷六七《党锢传》序。
② 《后汉书》卷四六《郭躬传》。

怨者"。钟繇子钟毓,魏末又为廷尉,在法律上多有改革。"君父已没,臣子得为理谤,及士为侯,其妻不复配嫁"①,皆钟毓所创。

汉代家学通常是指世传儒经。但以上颍川士却是"世好文法"、"世善刑律",郭躬家族由此而显达于东汉,钟氏家学延至曹魏时代。这都是"高仕宦,好文法"旧俗的继续。

《汉书》卷七六《赵广汉传》:"颍川豪杰大姓相与为婚姻,吏俗朋党。"这些风俗在东汉也可以看到。钟皓之嫂为李膺的姑母,李膺的妹妹又嫁给了钟皓的侄儿。陈群之妻为荀彧之女。钟繇为荀勖的从外祖。荀、陈、钟、李四家为东汉颍川第一流高门,他们也是"相与为婚姻",只是西汉"相与为婚姻"的是豪杰大姓,东汉则是名士。人物虽已变换,但风俗依旧。东汉颍川士好为朋党,也有史为证。李膺"性简亢,无所交接,唯以同郡荀淑、陈寔为师友"②。陈寔,"年不及(钟)皓,皓引以为友"。李膺常叹曰:"荀君清识难尚,钟君至德可师。"③韩韶以病卒官,"同郡李膺、陈寔、杜密、荀淑等为立碑颂焉"④。陈寔开门教授,"时颍川荀慈明、贾伟节、李元礼、韩元长皆就陈君学"⑤。汉末名士好朋党交结是普遍的风气,不独颍川如此。但上述颍川一郡内诸名士过从甚密的关系,在其他地区确属罕见,这应与本地历史传统有关。

汝、颍相比,颍川士"高仕宦,好文法"、结朋党源远流长,而

①《三国志》卷一三《魏书·钟繇传》及注引《魏书》。
②《后汉书》卷六七《李膺传》。
③《后汉书》卷六二《钟皓传》。
④《后汉书》卷六二《韩韶传》。
⑤《三国志》卷一一《魏书·管宁传》注引《先贤行状》。

汝南士风染有政治色彩则始自东汉之初。可见,汝、颍结合,不是颍川向汝南靠拢,而是汝南向颍川靠拢。汝颍名士热衷于政治的风尚是这一地区在政治上多有奇士的重要原因。

但是,这样的解释仍嫌不够,因为独特的历史传统、独特的风尚并不是在任何时候都能发挥作用。事实上,汝颍名士在政治上崛起只是从顺帝时才开始的。所以,具体的历史环境也必须在考虑之中。

东汉自和、安以后,外戚宦官轮流执政,政治日趋黑暗。顺帝时,宦官势力进一步发展,孙程等十九人被封为列侯。阳嘉四年(135),又允许宦官养子袭爵。宦官干政使皇权不能正常运转。与此同时,各种矛盾也逐渐激化。安帝、顺帝两朝,为镇压西部羌人的反抗,支出军费达三百多亿钱。内地的动乱也此起彼伏。到桓、灵之际,“主荒政缪”,亡国之兆已经显露。险恶的政治形势使士人群体不可能再把注意力集中到学术上。安帝一朝,太学中“博士倚席不讲,朋徒相视怠散,学舍颓敝,鞠为园蔬,牧儿荛竖,至于薪刈其下”。至顺帝时,太学生激增至三万馀人,“然章句渐疏,而多以浮华相尚,儒者之风盖衰矣”[1]。顺帝以后,士人群体奔走呼号,“激扬名声,互相题拂,品覈公卿,裁量执政”[2],力图挽狂澜于既倒。他们的兴趣全在政治上。《后汉书》卷七六《循吏列传》记载的一段对话反映了当时士人的心态。陈留人仇览入

①《后汉书》卷七九《儒林传》序。
②《后汉书》卷六七《党锢传》序。

太学学习,与同乡符融为邻。符融有高名,日日宾客盈门,而仇览刻苦读书,不与符融过从。符融颇感奇怪,劝说道:"与先生同郡壤,邻房牖。今京师英雄四集,志士交结之秋,虽务经学,守之何固?"仇览不为所动,答道:"天子修设太学,岂但使人游谈其中!"仇览在政治风云激荡的年代仍潜心经学,这在当时已不多见。符融所谓"虽务经学,守之何固"一语却表现出多数士人对经学的态度。与此相适应,往日"五经无双许叔重"、"五经从横周宣光"之类有关学术的评语不复再见。新流行的评语是:"天下模楷李元礼,不畏强御陈仲举"①、"车如鸡栖马如狗,疾恶如风朱伯厚"②。其中的政治含义不言自明。

　　士人在政治上的活跃,很大程度上又表现为地方政治的活跃。歌谣称:"州县符,如霹雳,得诏书,但挂壁。"③中央对地方的控制大大削弱了。宦官告发党锢名士"养太学游士,交结诸郡生徒"④。"诸郡生徒"就是党锢名士在各个地区的政治基础,而"太学游士"也大都来自地方。许多地方士人通过游太学,成为全国著名人物。太学成了各地区士人联系的纽带。地区的活跃影响了人物品评。东汉后期,人物品评并不局限于对单个士人的品评,而是发展成对以地区为单位的群体人物品评。所谓"汝颍巧辩"、"汝颍多奇士"、"青徐儒雅"等等评语都是如此。一个地区

①《后汉书》卷六七《党锢传》序。
②《后汉书》卷六六《陈蕃传附朱震传》。
③《太平御览》卷四九六引崔寔《政论》。
④《后汉书》卷六七《党锢传》序。

是否为人仰慕,主要取决于政治斗争中杰出人士的多寡。这是一个政治才能备受推崇的时代。

东汉顺帝以后儒风不竞,士人兴趣由学术转向政治,各个地区普遍活跃起来。这对于缺乏儒雅之风而热衷于政治的汝颍名士是天赐良机。在这种条件下,汝颍地区的特殊优势由隐而显,汝颍名士遂乘时而起,雄居士林之首。

二、党锢之祸与汝颍名士

党锢之祸前夕,汝颍名士显得颇为自信。李膺"风格秀整,高自标持,欲以天下名教是非为己任"。陈蕃"言为士则,行为世范,登车揽辔,有澄清天下之志"①。范滂任清诏使,"慨然有澄清天下之志"。② 他们莫不以拯救天下为己任。陈蕃为乐安太守,拒绝⬛⬛⬛⬛⬛⬛合杀其使者。司隶校尉李膺诛杀宦官张让弟张朔⬛⬛⬛⬛⬛日不敢出宫省。杜密任北海相,宦官子弟为令长而有奸恶者,均遭严惩。范滂到冀州,当地官吏自知有罪者,莫不望风而去。其他如蔡衍、陈翔、荀昱、荀昙等汝颍名士,也均以打击宦官而著称于世。

汝颍名士视恶势力为仇雠,由此在士林中赢得极高的声誉,但这也注定了他们在党锢之祸中必定受害最深。延熹九年

---

① 《世说新语·德行》。
② 《后汉书》卷六七《范滂传》。

（166），第一次党锢之祸爆发，桓帝下令逮捕党人，受牵连者达二百馀人。李膺、杜密、范滂等相继入狱。不久，由于窦武等人的努力，他们被赦归田里，禁锢终身。建宁元年（168），第二次党锢之祸爆发，斗争进入更残酷的阶段，陈蕃谋诛宦官未遂，反为宦官所杀。李膺、杜密、范滂、荀昱均遭杀戮，荀昙、荀爽、贾彪、钟迪、钟敷、陈纪等人被禁锢终身。一时间，汝颍名士人物凋零。

经过这次打击，幸存下来的汝颍名士变得谨慎起来。《三国志》卷一〇《魏书·荀彧传》注引《典略》："中常侍唐衡欲以女妻汝南傅公明。公明不娶，转以与彧。父绲慕衡势，为彧娶之。"裴松之不同意"慕势"的说法，反驳说："《汉纪》云唐衡以桓帝延熹七年死，计彧于时年始二岁，则彧婚之日，衡之没久矣。慕势之言为不然也。"他认为荀绲此举，"必非苟得者也，将有逼而然"。范晔也不同意"慕势"说。《后汉书》卷七〇《荀彧传》称："绲畏惮宦官，乃为彧娶中常侍唐衡女。""慕势"与"畏惮"确有主动、被动之别，但不论怎样解释，荀绲与宦官联姻的政治意图都是无法否认的。《三国志》卷六《魏书·袁绍传》注引《英雄记》：党锢之祸以后，袁绍"隐居洛阳，不妄通宾客，非海内知名，不得相见。又好游侠，与张孟卓、何伯求、吴子卿、许子远、伍德瑜等皆为奔走之友"。袁绍的活动引起宦官警觉，中常侍赵忠谓诸黄门曰："袁本初坐作声价，不应呼召而养死士，不知此儿欲何所为乎？"袁绍叔父袁隗闻此而怒斥袁绍："汝且破我家！"

荀绲因畏惮宦官而为子娶唐衡女；袁隗唯恐袁绍得罪宦官而破袁氏门户。这两件事反映汝颍名士迫于形势，不得不暂时向宦官低头，以图保身。

荀绲与袁隗还不是最早转变态度的，早在第一次党锢之祸以后，荀爽就已认清了形势，他在给李膺的信中说："方今天地气闭，大人休否，智者见险，投以远害。虽匿人望，内合私愿。想甚欣然，不为恨也。愿怡神无事，偃息衡门，任其飞沉，与时抑扬。"①荀爽知时局不可救，故劝李膺"与时抑扬"，保全自身。陈寔也采取了明哲保身的政治态度。"时中常侍张让权倾天下，让父死，归葬颖川，虽一郡毕至，而名士无往者，让甚耻之，寔乃独吊焉。"陈寔吊丧与以后荀绲联姻宦官，虽手段不同，但政治目的都是为了向宦官求得妥协，以躲过政治风浪的袭击。陈寔此举收到了实效，"及后复诛党人，让感寔，故多所全宥"②。

荀爽、陈寔较早认识到了形势的险恶。当时具有这种认识的人并不多。相反，大多数士人在第一次党锢之祸后又掀起了反对宦官的新浪潮。他们"共相标榜，指天下名士，为之称号"③。"称号"，即"三君"、"八顾"之类的名号。这表明士人群体受挫尚不深，只是当第二次党锢之祸发生，士人付出了沉重代价后，政治策略才有了改变。从此，抗议浪潮销声匿迹，袁绍与"奔走之友"的活动转入地下。

士人群体政治策略的转变至关重要。对汝颖名士来说，如果没有李膺、陈蕃之辈向腐朽政治激烈抗争，汝颖名士就不成其为汝

①《后汉书》卷六七《党锢列传》。
②《后汉书》卷六二《陈寔传》。
③《后汉书》卷六七《党锢传》序。

颍名士;同样,如果没有荀绲、陈寔、袁隗向宦官妥协、退让,汝颍名士也很难保存下来,并在以后的历史中发挥作用。

三、汝颍名士的复兴与分裂

党锢之祸后,著名的汝颍人士中只有汝南袁氏在朝廷中保存下来。汝颍名士的复兴正是在这个基础上开始的。

中平六年(189),灵帝死,少帝刘辩即位。大将军何进与太傅袁隗共同辅政,袁隗参加辅政,象征性地预示汝颍名士即将复兴。当然,以后的历史事实表明,汝颍名士的复兴主要不是成于袁隗,而应归功于袁绍,是袁绍与何进的政治联盟为汝颍名士带来了生机。

何进,南阳人,灵帝皇后之兄,因外戚身份在政治上异军突起。中平元年(184)黄巾起义爆发后,何进由河南尹升任大将军。

关于何、袁联盟,《后汉书》卷六九《何进传》载:

进素知中官天下所疾,兼忿蹇硕图己,及秉朝政,阴规诛之。袁绍亦素有谋,因进亲客张津劝之曰:"黄门常侍权重日久,又与长乐太后专通奸利,将军宜更清选贤良,整齐天下,为国家除患。"进然其言。又以袁氏累世宠贵,海内所归,而绍素善养士,能得豪杰用,其从弟虎贲中郎将术亦尚气侠,故并厚待之。

这是中平六年何进刚刚辅政后的事，不过，何、袁联盟恐怕并不始于此时。早在宦官注意到袁绍时，袁绍就立即结束隐居生活，"起应大将军之命"①，为何进掾。到中平五年（188），他已位至西园八校尉之一的中军校尉，迅速接近权力中心。何进辟召袁绍为掾，袁绍也乐于入何进幕府，而且此事又发生在他引起宦官注意之后，以后又有袁隗与何进共同辅政。这些都说明何、袁联盟不是朝夕之间形成的。

　　在何进与袁绍的关系中，袁绍具有何进故吏的身份。汉代习俗，府主与故吏恩同父子，故吏对府主的隶属性极强。但是，何、袁关系不具有这种性质。何进在政治上骤起，缺乏基础，袁绍四世三公，潜在的政治势力极大。因此，何、袁联盟是以袁绍为主，何进为辅。

　　为消灭宦官，何进采纳袁绍"更清选贤良"的建议，"博征天下智谋之士"二十馀人，见于记载的共有十三人。他们是：荀攸、何颙、庞纪、郑泰、陈纪、王匡、王允、王谦、伍琼、鲍信、刘表、华歆、蒯越。② 其中荀攸、陈纪为颍川人，伍琼即伍德瑜，汝南人，他与何颙（伯求）同为袁绍的"奔走之友"。这张不完备的征召名单透露出袁绍在拟定中起了重要作用。以后消灭宦官计划的制定与实施更是由袁绍一手包办的。这些都是汝颍名士在政治上即将复兴的讯号。

---

① 《三国志》卷六《魏书·袁绍传》注引《英雄记》。
② 参唐长孺《东汉末期的大姓名士》，载《魏晋南北朝史论拾遗》，中华书局 1983 年版。

不过,汝颍名士的全面复兴还是在董卓入洛阳以后。当时,董卓虽有军力,然而在政治上却无亲信可用。主持选举工作的是吏部尚书周毖与汝南人伍琼、许靖。周毖,汉阳人,"卓信之,而阴为绍"①,地位同于汝南士。可以说,以袁绍为核心的汝南士操纵了当时的选举。随之而来的是大规模的官吏调动与任命。荀爽任司空,陈纪为尚书令,韩融官至太仆。原尚书韩馥出任冀州刺史,侍中刘岱为兖州刺史,张咨为南阳太守,孔伷为豫州刺史,张邈为陈留太守。以上八人中,荀爽、韩融、陈纪、张咨、韩馥均为颍川士。奇怪的是汝南士无人入选。这可能与当时形势有关。汝南士中的著名人物如陈蕃、范滂等均死于党锢之祸,而汝南袁氏、许氏又都已有代表人物在朝,汝南地区再找出著名人物恐怕不易,袁绍与名望不显的伍琼交往已是降格以求了。这样,操纵着选举大权的汝南士要想在汝颍地区挑选有足够声望的名士,就只能把目光投向颍川士。

新的政治格局只维持了很短一段时间。初平元年(190),与董卓闹翻的袁绍亡奔冀州,当上了讨伐董卓的盟主。那些新任命的州牧郡守纷纷加入了关东联军。形势的变化令人目不暇接。毫无军事才能的一批大小名士突然以军阀的面目在地方出现,而缺乏政治头脑的正牌地方军阀董卓却入主朝政,控制着岌岌可危的洛阳城。位置的互换使政治失去重心。一连串的宫廷政变终于不可逆转地演化为全国范围的大动乱。在这富于戏剧性的变

①《三国志》卷六《魏书·袁绍传》。

化过程中,汝颍名士再次走到历史的前台。党锢之祸以后的沉寂局面从此结束。

关东联军以讨伐董卓为名,但不久就彼此兵戎相见,关东地区陷于分裂之中。袁绍在河北积极发展自己的势力。初平二年(191)七月,他逼迫韩馥交出冀州,自领冀州牧。这时的袁绍政权中主要有三种人。首先是与袁绍一同逃奔冀州者,如南阳许攸、逢纪;其次是韩馥的颍川同乡,如荀谌、辛评、郭图等;还有河北本地豪强势力,如广平人沮授、钜鹿人田丰、魏郡人审配等。引人注目的是,除袁绍家族成员外,河北政权中几乎看不到汝南士的活动。

袁绍在冀州曾"遣使迎汝南士大夫"①,试图借同乡之谊以自固结,但是未能成功。汝南士中,只有应劭一人于兴平元年(194)自泰山郡逃奔冀州。本年内,曹操的父亲曹嵩自琅邪入泰山郡,被徐州牧陶谦遣轻骑追杀。身为泰山郡守的应劭畏惧曹操前来征伐,弃郡而逃。

汝南士不应袁绍之召,与他们在汉末的去向有关。董卓入洛阳后,许劭看到王室将乱,为老幼计,携家人先南逃广陵,复投扬州刺史刘繇于曲阿,孙策平吴后,又与刘繇南奔豫章。许靖惧董卓诛杀,逃离洛阳,先投孔伷,又依扬州刺史陈祎,祎死,南投会稽太守王朗,孙策渡江后,逃亡交州。与许氏兄弟相类似,当时不少汝南士均亡命江东以避战火。胡综,汝南固始人,"少孤,母将避

---

①《三国志》卷二三《魏书·和洽传》。

难江东"。吕範,汝南细阳人,避乱寿春,"将私客百人归策"。吕
蒙,汝南富陂人,"少南渡,依姊夫邓当。当为孙策将"①。周访,
"本汝南安成人也,汉末避地江南"②。此外,吴将领蔡珪、尚书令
陈化、尚书仆射屈晃等也都是汝南人。因地理便捷,不少汝南士
逃亡江东,这势必影响袁绍召汝南士大夫计划的实施。

与袁绍召汝南士大夫相反,曹操对尚未离开汝南的袁绍支持
者采取了镇压的政策。《三国志》卷二六《魏书·满宠传》:"时袁
绍盛于河朔,而汝南绍之本郡,门生宾客布在诸县,拥兵拒守。太
祖忧之,以宠为汝南太守。宠募其服从者五百人,率攻下二十馀
壁,诱其未降渠帅,于坐上杀十馀人,一时皆平。得户二万,兵二
千人,令就田业。"按袁氏门生宾客据坞壁自守,以"渠帅"论,他
们当不属于袁绍所要征召的有影响力的士大夫,而应归入地方豪
强一类。虽然如此,他们在政治上还是站在袁绍一边的。这是曹
操的腹心之患,必须予以镇压。此事发生于建安二年(197)以
后。③ 建安二年,曹操与袁绍的矛盾进一步尖锐,正月,曹操败于
张绣,"绍益骄,与太祖书,其辞悖慢"④。曹操与荀彧、郭嘉开始
讨论未来战争部署。荀彧建议曹操先东取吕布,镇抚关中势力,
以便将来能够集中兵力与袁绍决战。调满宠任汝南太守,镇压袁

①分见《三国志》卷六二《吴书·胡综传》、卷五六《吴书·吕範传》、卷五四《吴书·吕
　蒙传》。
②《晋书》卷五八《周访传》。
③据满宠本传载,满宠任汝南太守前为许令,曾负责处理杨彪案。杨彪入狱在建安二
　年袁术称帝后。此时满宠尚为许令,因此他升任汝南太守应在建安二年以后。
④《三国志》卷一○《魏书·荀彧传》。

绍门生宾客,当是属于这个总体战略规划中的一个环节。

　　尽管曹操预先作准备,但官渡之战爆发后,汝南地区还是出了问题。当时,汝南黄巾刘辟部突然发动叛乱响应袁绍,袁绍随即派刘备率军赴汝南,配合刘辟进攻许下。这次行动对曹操威胁极大,"自许以南,吏民不安"①。叛乱中未见袁绍门生宾客的活动,说明满宠前一阶段的镇压是较为彻底的,袁绍不得不用黄巾军。汝南黄巾军过去与颍川黄巾军合为一部,建安元年(196)二月,曹操曾将其击败。官渡之战时,汝南黄巾军复起,为袁绍而战,而颍川黄巾军却不见踪影。可以推测,随着曹、袁矛盾的激化,汝颖地区已陷于分裂之中。这个推测可以在多年以后魏文帝的诏书中得到印证。《三国志》卷二《魏书·文帝纪》载黄初二年(221)春正月诏:"复颍川郡一年田租。"为何要复颍川郡田租?非常幸运,裴注所引《魏书》保存了此诏书的详细内容:"颍川,先帝所由起兵征伐也。官渡之役,四方瓦解,远近顾望,而此郡守义,丁壮荷戈,老弱负粮。昔汉祖以秦中为国本,光武恃河内为王基,今朕复于此登坛受禅,天以此郡翼成大魏。"由此可知当年汝颖的分裂是确凿无疑了。

　　刘辟的叛乱很快被曹操大将曹仁平息。但袁绍并没有放弃在汝南开辟第二战场的计划。不久,他再次派刘备至汝南,与当地龚都部汇合,有众数千人。这次行动没有收到什么效果。官渡战场上袁绍大败后,曹操南击刘备,将其驱至荆州,龚都势力亦随

────────────

①《三国志》卷九《魏书·曹仁传》。

之瓦解。

从迎汝南士大夫去冀州，直至龚都起兵，袁绍一再试图调动本乡力量以为支援，均未成功，而曹操则反复镇压汝南各种力量。曹胜袁败的事实决定了汝南士在政治上不可避免的衰落命运。曹操要荀彧推荐汝颍奇士，但实际上荀彧只推荐颍川士而从未推荐汝南士。曹魏政权中少数汝南士，如和洽、孟建、周斐等在政治上均不具有重要地位。那些流寓江东的汝南士，随着时间的推移，逐渐落籍当地，失去了汝南士的资格。

《艺文类聚》卷二二载后汉孔融《汝颍优劣论》：

> 融以为汝南士胜颍川士。陈长文难曰："颇有芜菁。唐突人参也。"①融答之曰："汝南戴子高。亲止千乘万骑，与光武皇帝共于道中。颍川士虽抗节。未有颉颃天子者也。汝南许子伯，与其友人共说世俗将坏。因夜起，举声号哭。颍川虽忧时，未有能哭世者也。汝南府许掾，教太守邓晨图开稻陂万顷，累世获其功。夜有火光之瑞。韩元长虽好地理，未有成功见效如许掾者也。汝南张元伯，身死之后，见梦范巨卿。颍川士虽有奇异，未有能神而灵者也。汝南应世叔，读书五行俱下。颍川士虽多聪明，未有能离娄并照者也。汝南李洪为太尉掾，弟煞人当死。洪自劾诣阁，乞代弟命，便饮

---

① "颇有芜菁。唐突人参也"，以上十字，严可均《全后汉文》卷八三从《文选》任昉《到大司马记室笺》注补。

酖而死,弟用得全。颍川士虽尚节义,未有能杀身成仁如
洪者也。汝南翟子威为东郡太守,始举义兵以讨王莽。颍
川士虽疾恶,未有能破家为国者也。汝南袁公著为甲科
郎,上书欲治梁冀。颍川士虽慕忠谠,未有能投命直言
者也。

孔融回避现实,执意要在东汉历史中寻找汝南士的业绩,认定
"汝南士胜颍川士"。一向不识时务、好打抱不平的孔融突然为
汝南士辩解,其中原因不难猜想。曹魏时,汝南周斐撰写了《汝
南先贤传》,然而现实的情形却是汝南先贤后继乏人。

与汝南士的衰落相反。颍川士随着曹操的胜利,迎来了政治
上更为繁荣的时期。继戏志才、郭嘉之后,又有一批颍川士如荀
攸、荀悦、钟繇、陈群、杜袭、辛毗、赵俨等由荀彧推荐而入曹操幕
府。他们是曹氏政权中一支不可或缺的政治力量。其中尤以荀
氏家族最为显赫,荀彧官至侍中,守尚书令,居中持重,建安八年
(203)封万岁亭侯;荀攸居谋主之位;荀衍以监军校尉之职守邺
城,都督河北事;荀悦为秘书监、侍中。前引《艺文类聚》只录孔
融语,《三国志》卷一〇《魏书·荀彧传》注引《荀氏家传》载陈群
答辞:"荀文若、公达、休若、友若、仲豫,当今并无对。"陈群不提
前代而只论当今,不贬汝南而只列荀氏,言简意赅。以荀氏家族
为代表的颍川士,的确是"当今并尤对"。

四、汝颖名士的结局

本文篇首曾引西晋时贲嵩赞周顗之辞。贲嵩先提"汝颖固多奇士"之旧说,后又寄希望周顗能"振起旧风,清我邦族",是知当时不独汝南,而且是整个汝颖地区都已旧风不振,地位大不如前,这种情形至东晋之初也未改变。东晋初年,河北人祖纳、陈郡人王隐与汝南人梅陶、颍川人钟雅共论汝颖之士。《晋书》卷六二《祖逖传附祖纳传》:

> (祖纳)尝问梅陶曰:"君乡里立月旦评,何如?"陶曰:"善褒恶贬,则佳法也。"纳曰:"未益。"时王隐在坐,因曰:"《尚书》称'三载考绩,三考黜陟幽明',何得一月便行褒贬!"陶曰:"此官法也,月旦,私法也。"隐曰:"《易》称'积善之家必有馀庆,积不善之家必有馀殃',称家者岂不是官?必须积久,善恶乃著,公私何异?……"时梅陶及钟雅数说馀事,纳辄困之,因曰:"君汝颖之士,利如锥;我幽冀之士,钝如槌。持我钝槌,捶君利锥,皆当摧矣。"陶、雅并称:"有神锥,不可得槌。"纳曰:"假有神锥,必有神槌。"雅无以对。

汝南月旦评在东汉为世所重,由此发展出九品中正制,但月旦评本身在东晋之初却遭人非议。河北地区一向被人轻视,魏末,何晏、邓飏称其"土产无珍,人生质朴,上古以来,无应仁贤之例"①。西晋豫州刺史解结问僚佐:"河北白壤膏粱,何故少人士,每以三品为中正?"②尽管如此,"钝如槌"的幽冀之士终于嘲弄了"利如锥"的汝颍之士。玩笑之间,可以看出汝颍名士的地位确实是今非昔比了。

　　前文曾指出,东汉后期士风由学术转向政治,各个地区的普遍活跃是汝颍名士兴起的重要条件。既然如此,这两个条件的变化也必然会影响到汝颍名士的政治命运。魏晋之际,士风再次发生重大变化,这就是玄学思潮的兴起。在新的形势下,汝颍名士的表现究竟如何呢?周顗的事迹可以提供一些线索。周顗自称"学不通一经",终日醉酒,东晋初任官仆射,"略无醒日"。时人称之为"三日仆射"。庾亮对周顗说:"诸人咸以君方乐广。"③乐广,西晋玄学名士,"与王衍俱宅心事外,名重于时。故天下言风流者,谓王、乐为称首焉"④。周顗与乐广相类,又放荡不羁,当为玄学名士无疑。贲嵩之所以对他寄予厚望,可能就是因为他适应新时代的新风尚。这或许说明,大多数汝颍名士已不能适应新的环境。检索史籍,汝颍名士入玄风者的确不多。以荀氏家族为例,荀彧诸子中只有荀粲一人"独好言道",而诸兄"并以儒术论议"⑤,不改汉魏大族传统。荀彧同族荀融曾与王弼、钟会讨论

————————

①《初学记》卷八引《冀州论》。
②《晋书》卷七一《陈頵传》。
③《晋书》卷六九《周顗传》。
④《晋书》卷四三《乐广传》。
⑤《三国志》卷一〇《魏书·荀彧传》注引《晋阳秋》。

《易》、《老》,荀、王意见相左,"弼注《易》,颍川人荀融难弼《大衍义》"①。这种分歧究竟是玄学内部的分歧,还是玄与非玄之分歧,由于史料缺乏,难以下结论。但至少颍川钟会并非玄学家,他年轻时,"博学精练名理,以夜继昼,由是获声誉",死后,留书二十篇,"名曰《道论》,而实刑名家也"。②

　　田馀庆先生在论及两晋玄学与士族关系时说:"两晋时期,儒学家族如果不入玄风,就产生不了为世所知的名士,从而也不能继续维持其尊显的士族地位。"③这是就具体家族而言。具体家族人物有别,其兴衰更多与政治斗争相联系,似不完全依赖入玄风与否。但是,讨论地区问题,上述见解极具启发性。如前所述,汉末士风重政治,因而有此特长的汝颍名士得以乘时而起。魏晋以后,士林中玄风大作,而汝颍名士在这方面并无特殊优势可言,因而不能继续维持其显赫地位,"旧风不振"也在情理之中。

　　进入魏晋,政治格局也发生了重大变化。虽然专制皇权由于受到世家大族的侵渔而有所削弱,但中央对地方的控制大大加强。我曾提出,魏晋之际九品中正制度的重要变化是州中正的设立与司徒府参预九品评定工作。这一变化的实质在于剥夺地方郡姓操纵选举的权力,以利于加强中央集权。④　与制度变化同时,过去士人品评人物、浮华朋党、议论朝政的局面也一再遭到制

①《三国志》卷二八《魏书·钟会传》注引何劭《王弼传》。
②《三国志》卷二八《魏书·钟会传》。
③田馀庆:《东晋门阀政治》,北京大学出版社1996年第3版,356页。
④胡宝国:《魏西晋时代的九品中正制》,载《北京大学学报》1987年第1期。

止。这些变化使得各个地区由活跃转变为沉寂。汝颍名士作为地区士人群体，失去了活跃的理由，因此必衰无疑，而其他地区也不可能取代汝颍昔日的地位。

须要指出，汝颍名士群体虽然入晋而衰，但这并不排除某些汝颍家族继续保持过去的尊显地位。颍川荀氏、陈氏家族在晋代依然是冠冕相继、布列朝廷。汝南周𫖯享誉海内，与广陵戴若思并为"南北之望"①。颍川庾氏更是盛极一时，继琅邪王氏之后，与司马氏皇权共天下。历史的趋势是士族政治愈来愈发达，家族的活跃取代了地区的活跃。那些显赫如初的汝颍名士家族只是以当时社会上最具声望的诸家族之一的面貌出现，而不再标志着汝颍地区的繁荣。在士族政治下，士族关心的不是地区，而是家族。他们标榜郡望，并非出自对故土的眷恋，而是为了说明血统。所谓"琅邪王氏"，不过说明不是别的王氏而已。检索《隋书·经籍志》，可以看到像《汝南先贤传》、《陈留耆旧传》等以郡为单位的记录本地先贤的书籍，更多地出自落后地区，如庐江、东莱、襄阳、豫章、零陵、长沙、桂阳等地。而产生了著名家族的琅邪、河东等郡却无此类书，只有《王氏谱》、《裴氏家传》之类的家谱书。这些留存下来的书目似乎告诉人们，在士族政治的时代，地区远不如家族更为重要。

原载《历史研究》1991 年第 5 期

---

①《晋书》卷六九《周𫖯传》。

汉代政治文化中心的转移

汉代政治文化中心曾发生了重大变化。大致说来,西汉的政治中心是在关中地区,也就是秦之故地,而文化中心是在东部的故齐境内。东汉以后,不论是政治中心还是文化中心都在中原地区。从文化史的角度看,这一转变意味着战国历史的终结与新时代的到来。

一、战国形势与西汉区域格局

在讨论西汉政治文化中心问题之前,有必要先扼要介绍一下西汉时期区域划分的情况。在这方面,扬雄的《方言》及司马迁的《史记》为我们留下了宝贵的资料。根据《方言》的介绍,可以得到以下两点认识:第一,各地方言从战国到西汉没有发生大的变化。这是因为,该书大量使用了诸如秦、楚、赵、魏、周、韩、郑等战国国名来标明区域界限,方言区有着明显的战国痕迹。此外,扬雄编撰此书时,除去查阅典籍外,更多的是向来京城的孝廉、卫卒了解各自地区的方言。孝廉、卫卒不可能通晓久已失传的古代方言。他们所提供的只能是当时正在使用的方言。当时使用的方言表现出战国的区域特征,这只能有一种解释,那就是:从战国到西汉方言基本没有变化。第二,《方言》中也记载了一些普通语,这些普通语按周祖谟先生的意见,"是以秦晋语为主的"①。上述结论反映了当时的时代特征。一方面,西汉去战国不远,旧有的历史传统依然顽强存在,司马迁在《史记》卷一二九《货殖列传》中对楚地、齐地、河北赵魏等地的风俗描述也能使我们感受到,他生活的时代似乎还未迈出战国之门。可以说,政治上结束战国是在秦代,而从文化上看,战国还远未结束。另一方面,秦汉统一国家对社会生活的影响也已初露端倪。秦晋方言多为普通语,这与该地的政治中心地位是相适应的。

战国文化在秦汉继续存在的客观事实为我们研究当时政治文化中心问题提供了一个有用的视角。

西汉的政治中心与秦代相同,都是在关中地区。这与制度方面呈现出的所谓"汉承秦制"的特征是一致的。对此,我们当然可以从历史发展的连续性上求得解释。但是,这种解释似乎过于宽泛,也不一定符合当时人的认识。《史记》卷七《项羽本纪》:

> 广陵人召平于是为陈王徇广陵,未能下。闻陈王败走,秦兵又且至,乃渡江矫陈王命,拜梁为楚王上柱国。曰:"江东已定,急引兵西击秦……"

---

① 参阅周祖谟先生《方言校笺》自序。

同书卷八《高祖本纪》：

> ……项羽遂西，屠烧咸阳秦宫室，所过无不残破。秦人大失望。然恐，不敢不服。

同书卷九五《灌婴传》：

> 楚骑来众，汉王乃择军中可为骑将者，皆推故秦骑士重泉人李必、骆甲习骑兵，今为校尉，可为骑将。汉王欲拜之，必、甲曰："臣故秦民，恐军不信，臣愿得大王左右善骑将者傅之。"

以上"秦"、"秦人"、"秦民"诸例中的"秦"，其含义都是指战国故秦，而非我们今天所说"秦汉时代"意义上的秦。所以，在秦汉之际的人们心目中，所谓承秦，恐怕主要并不是指继承前一个时代，而是指继承关中故秦而言。这正是上文所说战国文化继续存在的结果。秦指称一个时代，最晚要到西汉中期。《史记》卷九一《黥布传》："黥布者，六人也，姓英氏，秦时为布衣。"同书卷九六《张丞相列传》："张丞相苍者，阳武人也。好书律历，秦时为御史，主柱下方书。"这里，司马迁显然是在时代的意义上使用"秦"的概念。类似的例子还有许多，不再列举。

　　总之，在秦末，"承秦"应是指承战国之秦。这样，"汉承秦制"就由一个时代接续的问题转换为一个地域问题。

　　刘邦与陈胜、项羽一样,均为楚人。战国后期,秦、楚矛盾非常尖锐。所以在反秦战争中,楚人扮演了主角。[1] 陈胜、项羽都打出了"楚"的旗号。刘邦也不例外,故初起之时称"沛公"。《汉书》卷一《高帝纪》孟康曰:"楚旧僭称王,其县宰为公。陈涉为楚王,沛公起应涉,故从楚制,称曰公。"刘邦由"从楚制"转而"承秦制",这是一个饶有趣味的问题。高敏在研究秦汉爵制时指出,"刘邦在起义过程中实行的赐爵制,从爵名来说,实因袭了秦国、秦王朝及东方诸国曾经使用过的各种旧爵名,尤其是因袭楚国的官爵名,并非单纯因袭秦制。""公元前二〇二年刘邦统一全国后,立即下令在全国范围内恢复与推行秦王朝的二十等爵制。"[2]依此说,楚制变为秦制是在统一后发生的。但是,据李开元氏考证,刘邦早在汉元年(前 206)四月进入汉中不久就废除楚制,转而依秦制。[3] 李氏的考证是可以令人信服的。刘邦入汉中即废楚制,"汉承秦制"由此发其端。这当与其时的政治形势有关。刘邦自关中入汉中,事实上已经与项羽决裂,此后再打楚的旗号显然是不利的。因为项羽是楚国旧贵族,在楚地的号召力巨大,刘邦无法与之抗衡,放弃楚制势在必行。此外,就当时的形势而言,刘邦若想与项羽争天下,仅局促于汉中一隅是不行的,只有再次占领关中才有东进的可能。而在这方面,刘邦是有优势的。正

---

①参阅田馀庆先生《说张楚——关于"亡秦必楚"问题的探讨》,载《秦汉魏晋史探微》,中华书局 1993 年版。

②高敏:《论两汉赐爵制度的历史演变》,载《秦汉史论集》,中州书画社 1982 年版,35—36 页。

③李开元:《前汉初年军功受益阶层的成立》,载《史学杂志》第 99 编第 11 号。

如韩信所说："大王之入武关，秋毫无所害，除秦苛法，与秦民约，法三章耳，秦民无不欲得大王王秦者。于诸侯之约，大王当王关中，关中民咸知之。大王失职入汉中，秦民无不恨者。今大王举而东，三秦可传檄而定也。"①刘邦在秦地的号召力一如项羽在楚地的号召力，夺取关中既属必要也有可能。这就决定了他在汉中必须走上一条弃"楚"从"秦"的道路。所谓"汉承秦制"正是在这样的政治背景下发生的。关于这个问题，研究者多从秦汉历史时代的接续性方面考虑。本文无意排斥旧说，只是想着重强调，项羽之"楚"的存在是促使这一转变出现的直接原因。

　　刘邦以故秦为依托，并不仅仅表现在制度一端。在其他方面也是如此。《汉书》卷三九《萧何传》："汉王数失军遁去，何常兴关中卒，辄补缺。""关中卒"实际就是秦民。这与前引以"秦民"为"骑将"的事例是一致的。我们有理由相信，经过多年战争，刘邦军队实际是以秦人为主，当年的楚人并不多。所以，当"垓下之围"时，项羽听到"四面皆楚歌"后便不禁要问："汉皆已得楚乎？是何楚人之多也！"②

　　《汉书》卷二八下《地理志》：

　　　　汉兴，六郡良家子选给羽林、期门，以材力为官，名将多出焉。

①《史记》卷九二《淮阴侯列传》。
②《史记》卷七《项羽本纪》。

师古曰：

> 六郡谓陇西、天水、安定、北地、上郡、西河。

六郡都在故秦境内，六郡良家子实际上就是上文所说的“秦民”的后裔。羽林、期门为汉廷之精锐部队，“名将多出焉”。这反映西汉王朝在军事上继续倚重秦人。《汉书》卷六九传末赞：

> 秦汉已来，山东出相，山西出将，……何则？ 山西天水、陇西、安定、北地处势迫近羌胡，民俗修习战备，高上勇力鞍马骑射，故《秦诗》曰：“王于兴师，修我甲兵，与子皆行。”其风声气俗自古而然。今之歌谣慷慨，风流犹存耳。

班固认识到秦汉以来在军事上倚重秦人的事实，但他以“民俗修习战备”为解释似仍不够充分。因为北方与游牧族接壤，民俗善战者并非山西一地。“山西出将”的根本原因还在于秦与西汉都是依靠该地的军事力量取得天下的。这样的历史背景为西汉将政治中心置于关中地区提供了可靠的基础。

我们注意到，刘邦建国之初，本来是准备建都于洛阳的，只是由于刘敬的建议才转而西进关中。《史记》卷九九《刘敬传》：

> 娄敬说曰：“陛下都洛阳，岂欲与周室比隆哉？”上曰：“然。”娄敬曰：“陛下取天下与周室异。……而欲比隆于成

康之时，臣窃以为不侔也。且夫秦地被山带河，四塞以为固，卒然有急，百万之众可具也。因秦之故，资甚美膏腴之地，此所谓天府者也。陛下入关而都之，山东虽乱，秦之故地可全而有也。"

这段史料容易给人留下这样的印象：似乎西汉建都长安纯属偶然。但联系上述考察，应该说，此项建议并非突然而来，如果没有刘邦在秦地多年的经营；如果没有秦人对刘邦的全力支持，刘敬不一定会提出"因秦之故"的设想，即使提出，恐怕也是难以实现的。

综上所述，由于具体政治环境的制约，起自楚地的刘邦必须承秦，关中的政治中心地位由此而形成。但是，若想全方位地继承秦的遗产也是不现实的。故秦的优势主要在于军事与制度两个方面。在政治方针及思想文化方面，汉初的秦人贡献无多。新的指导思想应该从何而来呢？在这一时刻，我们看到齐人发挥了重要的作用。

建都长安出自齐人刘敬的建议，与匈奴和亲、徙六国后实关中等项重要政策也均出自他的建议。刘敬之外，齐人盖公倡导的黄老学说成为汉初的指导思想。齐人主父偃所献"推恩"之策，使诸侯国问题终于解决。在学术上，齐人的作用也十分明显。齐与鲁是经学大师汇聚之地。《史记》卷一二一《儒林传》称："言《诗》于鲁则申培公，于齐则辕固生，于燕则韩太傅，言《尚书》自济南伏生，言《礼》自鲁高堂生，言《易》自淄川田生。言《春秋》于齐鲁自胡毋生,于赵自董仲舒。"除韩太傅、董仲舒外,经学大师均出自齐鲁之地。其中尤以齐地为多。董仲舒虽为赵人,但他所学的《春秋》公羊学却并不是产自赵地。《汉书》卷八八《儒林传》载:"宣帝即位,闻卫太子好《穀梁春秋》,以问丞相韦贤、长信少府夏侯胜及侍中乐陵侯史高,皆鲁人也,言穀梁子本鲁学,公羊氏乃齐学也,宜兴《穀梁》。"公羊学是齐学,从学术角度看,董仲舒应纳入齐的范畴。严格地说,汉武帝"独尊儒术"是独尊齐地之儒术。由以上可见,齐地文化及该文化所孕育出的士人在政治上、学术上都发挥了极重要的作用,如果没有"齐"的参与,西汉的历史可能并非我们今天看到的样子。以往论及秦汉历史,研究者多强调"汉承秦制",就制度而论,大体如此。若就思想文化来说,汉承齐更多,齐地为文化中心当属无疑。

战国后期,虽然号称七雄并立,但最强大的实际只有秦、楚、齐三国。秦灭六国,显示了秦的军力;起自楚地的陈胜、项羽、刘邦接力相继,终于灭秦,又显示了楚的军力。在战争过程中,齐居于次要地位。它的优势在思想文化方面。在汉初的和平环境中,齐地的优势终于显露出来。秦、楚、齐三地在不同的时间、以不同的方式发挥了作用。这表明战国历史并没有随着战国的结束而突然结束,历史的发展表现出不容忽视的惯性。西汉政治中心与文化中心的分离正是这一特殊的时代环境所造成的。

二、中州士与汉晋历史

进入东汉,区域格局有了重大改变。从学术文化上看,一流的经学大师在故齐境内只有郑玄一人,而郑玄的学问与本地学术传统并无关系。《后汉书》卷三五《郑玄传》:

> 郑玄字康成,北海高密人也。八世祖崇,哀帝时尚书仆射。玄少时为乡啬夫,得休归,常诣学官,不乐为吏,父数怒之,不能禁。遂造太学受业,师事京兆第五元先,始通《京氏易》、《公羊春秋》、《三统历》、《九章算术》。又从东郡张恭祖受《周官》、《礼记》、《左氏春秋》、《韩诗》、《古文尚书》。以山东无足问者,乃西入关,因涿郡卢植,事扶风马融。

郑玄先到洛阳太学学习,后又西行向马融问学。这与西汉时学者蜂拥至齐地学习形成了鲜明的对比。齐学之衰落已无可挽回。皮锡瑞《经学历史》"经学中衰"篇称:"郑君徒党遍天下,即经学论,可谓小一统时代"。皮锡瑞恐怕是夸大了郑玄的影响力。《后汉书》郑玄本传只是说当时"齐鲁间宗之"。东汉盛行古文经学,郑玄之前的大师如马融、杜林、贾逵都是扶风人,陈元是苍梧人,郑兴、服虔是河南人,许慎是汝南人。他们都与齐学无关。《后汉书》卷七九《儒林传》收录东汉儒生四十二名,其中兖州八人,豫州九人,青州五人,司隶五人,荆州三人,益州六人,徐州二人,扬州四人。很明显,儒生集中的地区在兖、豫而不在故齐。

兖豫所在地区按汉晋人的习惯常常被称为"中州"。所谓"中州",是指以洛阳为中心,以兖州、豫州为主体的中原地区。当然,这只是一种大致的划分,从文化区域的角度来看,一些邻近兖、豫的地区很可能也应归属中州。限于题目,这里不可能对此一一加以识别,但是,有一个特殊的地区是必须注意的,这就是南阳郡。南阳的归属问题涉及到对中州政治文化的理解。

汉晋时期,人们常常把南阳与楚联系在一起。陈寿的《三国志》称南阳人来敏为"荆楚名族"①,刘表之妻蔡氏称南阳人韩嵩为"楚国之望"②,这种说法是有道理的。南阳属于荆州,而荆州曾为楚地。但是,如果我们不受行政区划的限制,而是从文化区域的角度观察,情形就不同了。司马迁在《货殖列传》中将楚地分为"东楚"、"西楚"、"南楚"三个区域,东楚是指彭城以东的东海、吴、广陵。西楚是指沛、陈、汝南、南郡。南楚是指衡山、九江、江南豫章、长沙。三楚之中没有南阳。关于南阳,《货殖列传》是这样描述的:

> 颍川、南阳,夏人之居也。夏人政尚忠朴,犹有先王之遗风。颍川敦愿。秦末世,迁不轨之民于南阳。南阳西通武关、郧关,东南受汉、江、淮。宛亦一都会也,俗杂好事,业多

---

①《三国志》卷四二《来敏传》
②《三国志》卷六《刘表传》注引《傅子》

贾,其任侠,交通颍川,故至今谓之"夏人"。

司马迁将南阳与颍川合并介绍,又强调该地为"夏人之居",这就等于把南阳与楚区别开来。因为"夏"与"楚"是泾渭分明的,《货殖列传》称"陈在楚夏之交",即其显例。由此可见,南阳在文化上与楚地无关,倒是与地处中州的颍川有共同之处。王莽末年,刘秀自南阳起兵时,所依靠的除本宗族成员之外,也正是这一地区的士人,如南阳人邓禹、岑彭、贾复、马武,颍川人王常、冯异等,所谓"云台二十八将"中,南阳人和颍川人占了大半。东汉以后,区域格局发生了一些变化。譬如汝南,已摆脱了西楚风俗而与颍川紧密结合,在中州地区最为引人注目。①在这个过程中,南阳不仅继续与颍川密切联系,而且与相毗邻的汝南也日益接近。《续汉书》卷一三《五行志》载,桓帝之末,河内牢川诣阙上书:"汝、颍、南阳,上采虚誉,专作威福。"牢川之语说明当时人对三地士人的关系是有明确认识的。在政治上,南阳士与声望极高的汝颍名士保持一致,由此跻身于士人的上层。《后汉书》卷六七《党锢列传》所载三十五名党人领袖中,南阳有两名,即宗慈与岑晊,荆州其他诸郡无人入选。可以说,南阳士的所作所为更接近于中州士,他们缺乏荆州土著的色彩。

南阳士在学术上也呈现出与中州士相同的特征。西汉的南阳士在学术上无可称道,但到东汉,情况发生了变化。《后汉书》

---

① 参见拙作《汉晋之际的汝颍名士》,载《历史研究》1991 年第 5 期。

卷七九《儒林传》收录儒生四十二名,荆州有三名,即汪丹、伊敏、谢该。他们都是南阳人。在学术上,南阳在全国已占有一席之地。《后汉书》卷五二《崔骃传附崔瑗传》:

> 瑗高于文辞,尤善为书、记、箴、铭,所著赋、碑、铭、箴、颂、《七苏》、《南阳文学官志》、《叹辞》、《移社文》、《悔祈》、《草书势》、七言,凡五十七篇。其《南阳文学官志》称于后世,诸能为文者皆自以弗及。

崔瑗是涿郡人,"与南阳张衡特相友好"。他撰写《南阳文学官志》可能与此有关。该书的问世意味着东汉时期南阳的学术文化必定是有了长足的发展。

在东汉太学中,官方教授的依然是今文经学,但在民间,古文经学却日益盛行。这种新的风气在南阳也可以感受到。我们试以《春秋左氏传》的流行为例加以说明。《后汉书》卷七九上《儒林传》:"尹敏字幼季,南阳堵阳人也。少为诸生,初习《欧阳尚书》,后受《古文》,兼善《毛诗》、《穀梁》、《左氏春秋》。"尹敏是两汉之际的人,他由今文经学转向古文经学的学习经历反映了经学的发展方向。尹敏以后,古文经学,特别是《左氏春秋》在南阳始终不衰。《后汉书》卷六四《延笃传》:"延笃字叔坚,南阳犨人也。少从颍川唐溪典受《左氏传》。"延笃后来述在南阳开门教授。《风俗通》卷九《怪神》:"谨按陈国张汉直到南阳从京兆尹延叔坚读《左氏传》。"到了汉末,南阳人学习《左氏传》的风气更盛,《后汉书》卷七九下《儒林传》:"谢该字文仪,南阳章陵人也。善明《春秋左氏》,为世明儒,门徒数百千人。"与谢该同时代的南阳人来敏也是好读《左氏春秋》。《三国志》卷四二《来敏传》:"来敏字敬达,义阳新野人",刘璋时入蜀,"涉猎书籍,善《左氏春秋》,尤精于《仓》、《雅》训诂,好是正文字"。本传称来敏为义阳人。义阳实即南阳。《晋书》卷一五《地理志》下:"及武帝平吴,……分南阳立义阳郡。"陈寿撰写《三国志》在西晋时,故称来敏为义阳人。来敏虽早入蜀,但其学术兴趣可能仍是来自家乡南阳而非蜀地,因为当时"益部多贵今文"[①],古文经学并不流行。

与南阳一样,中州地区自西汉后期至东汉一代,学习《左氏传》者也不乏其人。前引《延笃传》中颍川唐溪典即其一例。此外,两汉之际的颍川人冯异也是如此,《后汉书》本传称其"好读书,通《左氏春秋》"。《后汉书》卷七九下《儒林传》:"颍容字子严,陈国长平人也。博学多通,善《春秋左氏》……初平中,避乱荆州,聚徒千馀人……著《春秋左氏条例》五万馀言。"《三国志》卷二三《裴潜传》注引《魏略》:"司隶钟繇不好《公羊》而好《左氏》,谓《左氏》为太官,而谓《公羊》为卖饼家。"同书卷四九《士燮传》:"燮少游学京师,事颍川刘子奇,治《左氏春秋》。"以上唐溪典、冯异、颍容、钟繇、刘子奇均为豫州人。又,《后汉书》卷一六《寇恂传》载,寇恂任汝南太守期间,"乃修乡校,教生徒,聘能为《左氏春秋》者,亲受学焉"。寇恂是上谷人,非中州士,他在汝

---

① 《三国志》卷四二《尹默传》。

南学习《左氏春秋》可能正是受当地风气影响。《后汉书》卷三五《郑玄传》:郑玄"从东郡张恭祖受《周官》、《礼记》、《左氏春秋》、《韩诗》、《古文尚书》"。张恭祖是东郡人,属兖州。《三国志》卷一八《李典传》注引《魏书》:"典少好学,不乐兵事,乃就师读《春秋左氏传》。"李典是兖州山阳人。张恭祖和李典的事迹说明兖州地区也流行《左氏传》。《后汉书》卷七九下《儒林传》:"服虔字子慎……河南荥阳人也……作《春秋左氏传解》,行之至今。"服虔是东汉治《左氏传》的大师。他虽然不是兖、豫之人,但其家乡河南荥阳当属中州地区无疑。

南阳流行《左氏传》,中州地区也流行《左氏传》,南阳人延笃就学于颍川唐溪典门下,陈国张汉直又以延笃为师。这些零碎的历史片断反映出两地学术的一致性。学术的一致与政治倾向的一致使我们很难把南阳士与中州士区别开来。不妨说,南阳士也是中州士。东汉的南阳一直为研究者注目,这当然是因为光武起自南阳,南阳是帝乡。但是本文认为,东汉南阳地区的文化特征更值得注意。"南阳士也是中州士",这一认识至关重要。它制约着我们对荆州学派的理解。

汉末,在刘表的治理下,荆州地区社会相对安定,文化事业比较发达,形成了荆州学派。对此,前辈学者多有论述。大致说来,荆州是当时的学术中心。巴蜀地区,长江下游、北方地区的学术都受到了它的影响。此外,荆州学派还是汉代经学向魏晋玄学转变的关键所在,离开了这一环节,便无法理解汉晋学术的演变。这些结论都是正确的。但是,荆州学派从何而来? 掩卷思之,仍

感茫然。就各地学术水平而论，荆州并不突出，不可能取代中州而成为全国的学术中心。实际上，荆州学派是由包括了南阳士在内的中州士建立起来的。当时，由于北方地区陷于战乱，不少人南逃荆州，"关西、兖、豫学士归者，盖有千数"①。刘表凭此建立了学校。王粲对当时的盛况有如下的描述："乃命五业从事宋衷新作文学，延朋徒焉。……五载之间，道化大行。耆德故老綦毋闿等，负书荷器，自远而至者，三百有馀人。"②王粲提到的宋衷即宋忠，亦称宋仲子。此人在《三国志》、《后汉书》中均无传。《三国志》卷五七《虞翻传》注引《翻别传》中有"南阳宋忠"一语，是知宋氏为南阳人。他以"五业从事"的身份为刘表主持荆州的学术。宋忠之外，重要的学者还有司马德操。《三国志》卷四二《尹默传》："益部多贵今文而不崇章句。默知其不博，乃远游荆州，从司马德操、宋仲子等受古学，皆通诸经史，又专精于《左氏春秋》。"司马德操是颍川人，他与南阳人宋忠共同教授古文经学，其中包括《左氏春秋》。这与前述中州、南阳在东汉呈现出的学术特征存在着明显的继承关系。既然南阳士也是中州士，那么，由司马德操、宋忠共同主持的荆州学派实际上也就是中州学派。中州学派出现在荆州，标志着学术中心发生了南移。对这一问题，唐长孺先生曾有论述。他在《汉末学术中心的南移与荆州学派》一文中指出："荆州学校的规模和制度远远逸出郡国学的范

---

①《后汉书》卷七四《刘表传》。
②《艺文类聚》卷三八礼部上引王粲《荆州文学记官志》，"记"字疑衍。

畴,不妨说是洛阳太学的南迁"。① 唐先生从学校的角度考虑问题自有道理。但细细思索,仍有可推敲之处。首先,东汉中后期,洛阳的太学已非学术中心,而是成了士大夫进行政治活动的场所。其次,太学中传授的都是今文经学,而荆州学校中传授的却基本上是古文经学。因此,似不必将学术中心的南移理解为太学的南迁。东汉中后期,学术大师如汝南许慎、河南服虔,颍川荀爽、陈留蔡邕等多出自中州。学术中心实在中州,只是学者未被组织起来,也没有建立官学,因而不易觉察。中州学派出现在荆州是迫于中原的战乱,因而只能是暂时的。学术中心最终还将回到中州。唐长孺先生曾敏锐地发现了河南的重要性。他指出:"魏晋新学风的兴起实在河南。王弼创通玄学,乃是山阳人,同时名士夏侯玄是谯郡人,阮籍是陈留人,嵇康是山阳人。颍川荀氏虽然还世传经学,但荀氏的易学与王弼接近,而荀粲'独好言道',也属于新学派开创人之一。创立行书法的钟繇、胡昭均是颍川人,而钟会也是精练名理。这些人都是河南人。"②唐先生所说的"河南",就是本文所说的"中州"。魏晋间新学风兴起于河南,正是学术中心回到中州的极好证明。

综上所述,南阳虽属荆州,但文化上却属于中州系统,由南阳士参预其间的荆州学派并非突然而来,它是中州学术在荆州的延

---

① 唐长孺:《汉末学术中心的南移与荆州学派》,日中国际共同研究《地域社会在六朝政治文化上所起的作用》,139 页
② 唐长孺:《读〈抱朴子〉推论南北学风的异同》,《魏晋南北朝史论丛》,生活·读书·新知三联书店 1955 年版,362 页。

续。荆州作为学术中心只是一种暂时的、表面的现象。真正的学术中心在汉晋时期始终不离中州。《三国志》卷五七《虞翻传》注引《江表传》载孙策谓虞翻曰：

> 孤昔再至寿春，见马日磾，及与中州士大夫会，语我东方人多才耳，但恨学问不博，语议之间，有所不及耳。孤意犹谓未耳。卿博学洽闻，故前欲令卿一诣许，交见朝士，以折中国妄语儿。

中州士大夫在学问上的自傲，或许正是由于该地在学术上居于领先地位。

中州不仅在学术上是中心，在政治上也是如此。光武与南阳、颍川士大夫在群雄割据中成为最终的胜利者并建都洛阳，这标志着中州在政治上的崛起。到东汉末年，这种形势就变得更加明显了。过去我在讨论汝颍名士问题时，曾根据《后汉书》卷六七《党锢列传》统计了该地的人物。实际上如果不拘泥于汝、颍，就会得出一个更有意义的结论。在三十五名党锢名士领袖中，豫州有：陈蕃、李膺、荀翌、杜密、朱寓、范滂、蔡衍、陈翔、孔昱、蕃向。兖州有：王畅、夏馥、羊陟、张俭、刘表、檀敷、度尚、张邈、王考、刘儒、胡毋班、秦周。两州相加，共计二十二名，如果再加上南阳的宗慈与岑晊，则中州士可达二十四名。这个统计数字说明，中州是士大夫领袖集中的地区。

《三国志》卷三十五《诸葛亮传》注引《魏略》：

　　亮在荆州,以建安初与颍川石广元、徐元直、汝南孟公威等俱游学,……后公威思乡里,欲北归,亮谓曰:"中国饶士大夫,遨游何必归故乡邪!"

"中国饶士大夫",诸葛亮所语与上述统计数字不谋而合。东汉后期,政治的核心是士人问题。士人领袖集中在中州,这证明中州的确是居于政治中心地位。董卓之乱爆发后,中州依然是最具活力的地区。《三国志》卷一《武帝纪》:

　　初平元年春正月,后将军袁术、冀州牧韩馥、豫州刺史孔伷、兖州刺史刘岱、河内太守王匡、勃海太守袁绍、陈留太守张邈、东郡太守桥瑁、山阳太守袁遗、济北相鲍信同时俱起兵,众各数万,推绍为盟主。太祖行奋武将军。

以上诸将中,曹操、袁绍、袁术、袁遗、韩馥、桥瑁均为豫州人,张邈、孔伷、鲍信、王匡均为兖州人,只有刘岱是青州人。讨伐董卓的关东联军基本上是由中州士领导的。这场战争可以理解为中州地区与凉州军阀之间的一场武力冲突。董卓的覆亡标志着凉州地区的失败。这以后,中州士内部又发生了分裂。曹操割据于兖、豫,袁绍称霸于河北,袁术占据南阳,刘表控制荆州。中州士彼此之间的战争使得最具有恢复统一局面实力的中州士暂时无力完成统一的历史使命。但是,历史最终还是选择了中州。建立在中州的曹魏政权在三国中最为强大,继曹魏之后的司马氏政权正是在这个基础上实现了全国的统一。

总之,从东汉到魏晋,中州既是学术中心,也是政治中心。中州士的活动影响着历史的节奏。围绕着中州士的活动,可以看到一条接连不断的历史线索。这与东汉以前的历史是迥然不同的。春秋战国以来,秦、楚、齐等大国都在中原的四周,中原是他们争夺的战场。在周边大国的压力下,中原地区的小国只能是"朝秦暮楚",不可能有大的发展,更不可能决定历史的走向。这说明中原的崛起需要具备一个条件,这就是周边大国的消失。秦、西汉时期,政治上的统一虽然实现了,但战国影响依然顽强存在。所以,政治中心在秦之故地,而文化上占优势的地区则非齐莫属。东汉以后,战国痕迹基本消失,关中的政治中心地位与齐地的文化中心地位统统让位于中州地区。因此,政治文化中心的转移从一个侧面宣告了战国文化的最终结束。

附记:本文是作者1997年4月在日本大阪"日本古代史研究会"上的讲演稿。后以附录形式收入《汉唐间史学的发展》。

对复客制与世袭领兵制的再探讨

以往的研究者认为,孙吴时期的复客制与世袭领兵制是并行的两项特权制度,体现了孙氏政权对江东大族的优待。但是,征诸史实,这个结论并不确切,甚至还包含某些明显的错误。因此,有必要对之再探讨。

一、复客制的实施对象及时间

关于复客制,《三国志·吴书》中只有以下几条记载:《陈武传》:"陈武字子烈,庐江松滋人。……建安二十年,从击合肥,奋命战死。权哀之,自临其葬。"本传注引《江表传》:"权命以其爱妾殉葬,复客二百家。"《吕蒙传》:"吕蒙字子明,汝南富陂人也。……(吕蒙死)蒙子霸袭爵,与守冢三百家,复田五十顷。"《蒋钦传》:"蒋钦字公奕,九江寿春人也。……权讨关羽,钦督水军入沔,还,道病卒。权素服举哀,以芜湖民二百户、田二百顷,给钦妻子。"《潘璋传》:"潘璋字文珪,东郡发干人也。……嘉禾三年卒。子平,以无行徙会稽。璋妻居建业,赐田宅,复客五十家。"以上记载较为明确。除此之外,还有两条史料也通常被用来证明复客制。

《三国志》卷五四《吴书·吕蒙传》:建安十九年,吕蒙击败曹操所署庐江太守朱光,"权嘉其功,即拜庐江太守,所得人马皆分与之,别赐寻阳屯田六百人,官属三十人"。这条记载与前引诸条有所不同。前引史料所载复客、赐田都是在将领死后,由国家对其遗属实施的,而吕蒙此次却是在本人在世时受到赏赐的。此外,前引史料只称"复客"、"赐田"而未及其他,而吕蒙却在受赐屯田客的同时得到"官属三十人"。由此看来,吕蒙此次受赐的性质或许不属复客范畴,而与奉邑制更为接近。建安二十年,孙权与刘备中分荆州后,又"以寻阳、阳新为蒙奉邑"①。此前受赐"屯田六百人、官属三十人",在奉邑地域内。按吴制,某些获得奉邑者可以在奉邑"自置长吏"②。孙权对吕蒙的赏赐包括"官属",或许是为了日后建立奉邑做准备。又,吴制规定奉邑不得传袭。③ 据前引《吕蒙传》,吕蒙死后,其子吕霸未见承袭寻阳屯田客及官属之事,而是得到"守冢三百家,复田五十顷"。这也可说明吕蒙在世时得到的赏赐不属复客制,所以他死后家属才按惯例得到复客优待。

《三国志》卷五四《吴书·周瑜传》:周瑜、程普死后,孙权下令,"故将军周瑜、程普,其有人客,皆不得问"。据此我们只知道周、程两家可以拥有客的数额是不受限制的。至于客是否为国家

---

①《三国志》卷五四《吴书·吕蒙传》。
②参阅高敏《孙吴奉邑制考略》,载《中国史研究》1985 年第 1 期。
③同上。

赐予并不清楚。这与前述复客情况有所区别。当然,就国家允许个人占有不为官府出赋役的私客而言,周、程两家所得到的优待与复客制的本质是一致的。

从以上关于复客制的记载来看,此制有奖励军功的含义。享受到复客、赐田待遇的都是军人之家。《三国志》卷五五《吴书·陈武传》:陈武子陈表"所受赐复人得二百家,在会稽新安县。表简视其人,皆堪好兵,乃上疏陈让,乞以还官,充足精锐。诏曰:'先将军有功于国,国家以此报之,卿何得辞焉?'"这是涉及复客原因的唯一记载。据此,以复客奖励军功之意甚明。

但是,绝非所有建立军功者都可得到这种待遇。检查以上复客之家的籍贯,周瑜、陈武,庐江人。吕蒙,汝南人。蒋钦,九江人。潘璋,东郡人。程普,右北平人。[1] 他们的原籍都在长江以北。以往论及复客制,人们都认为此制反映了孙氏政权对江东大族的优待。这个结论显然是不能成立的。不仅江东大族没有享受过复客待遇,就是江北军人建立功勋者,也并非都享受过此种待遇。琅琊人徐盛、九江人周泰、辽西人韩当三位大将死后,家属均未得到复客优待。考其卒年,徐盛"黄武中卒",周泰"黄武中卒",韩当黄武二年以后病卒。[2] 黄武为孙权称吴王时的年号(222—229)。本文开始所引诸复客事例,大都发生于黄武之前的建安年间(196—220)。周瑜与孙策"同年"[3],孙策卒于建安五

①见《三国志·吴书》各本传。
②分见《三国志》卷五五《吴书·徐盛传》、《周泰传》、《韩当传》。
③《三国志》卷五四《吴书·周瑜传》。

年(200),"年二十六"①。是知周瑜、孙策生年在公元175年。周瑜卒时三十六岁,时间当在210年,即建安十五年。据前引《陈武传》,陈武卒于建安二十年(215)。吕蒙、蒋钦均卒于建安二十四年(219)袭破关羽后不久。程普卒年不详,《三国志》卷五五《吴书·程普传》:"周瑜卒,代领南郡太守。权分荆州与刘备,普复还领江夏,迁荡寇将军,卒。"孙权与刘备中分荆州在建安二十年,可知程普卒年当在这之后。又,吴黄武元年(222)大行分封,而程普未有受封记录。据《程普传》:"权称尊号,追论普功,封子咨为亭侯。"如果程普有爵位,其子自然可以承袭而不必再次受封。据此分析,程普大约卒于封爵制尚未推行的建安之末。得到复客者,只有潘璋妻一例发生于黄武以后的嘉禾三年(234)。如果不考虑这一例外,我们可以得到这样的认识:复客制仅仅是建安年间对江北军人遗属实施的一项制度,黄武元年以后遂告废止。但是,潘璋妻嘉禾三年受赐事必须给予解释,黄武元年以后如果确实废除了复客制,其原因也须给予说明。

　　上述情形与世袭领兵制的变化有直接关系。为此,有必要暂时离开复客制的讨论,专门探究一下世袭领兵制的变化。

二、世袭领兵制的变化

　　关于江东人士世袭领兵的最早记载,是孙策向袁术"求索故

---

①《三国志》卷四六《吴书·孙策传》。

兵"一事。《三国志》卷四九《吴书·太史慈传》注引《江表传》载,孙策谓慈曰:"先君手下兵数千馀人,尽在公路许。孤志在立事,不得不屈意于公路,求索故兵,再往才得千馀人耳。"孙坚之兵由孙策继领。这个例子说明世袭领兵不是孙策到江东后才发明的,而恰恰是孙策凭着世袭领兵才得以打回江东。当然,那时的世袭领兵还不能算是制度。孙策、孙权统治时期,世袭领兵的变化是,不少将领所统之兵并不是他们父辈原有的私兵,而是孙氏兄弟授予的。[①] 这固然体现了孙吴政权与将领利益均沾的协调关系,但另一方面,士兵既然为国家授予,就不能排除在一定情况下又被国家收回的可能性。

建安五年(200)孙策死后至建安之末,世袭领兵的原则没有能够完全贯彻。《三国志》卷五四《吴书·鲁肃传》:建安十五年(210),周瑜死,鲁肃"代瑜领兵。瑜士众四千馀人,奉邑四县,皆属焉"。同卷《吕蒙传》:建安二十二年(217),"鲁肃卒,蒙西屯陆口,肃军人马万馀尽以属蒙"。这是领兵权转移的明确记载。可是,也有几条史料似乎足以表明建安年间世袭领兵制依然如旧。

《三国志》卷五五《吴书·凌统传》:凌统"父操,轻侠有胆气,孙策初兴,每从征伐……迁破贼校尉。及权统军,从讨江夏。入夏口,先登,破其前锋,轻舟独进,中流矢死。统年十五,左右多称述者,权亦以操死国事,拜统别部司马,行破贼都尉,使摄父

---

①参阅何兹全《孙吴的兵制》,载《中国史研究》1984 年第 3 期。

兵"。《三国志》卷五四《吴书·吕蒙传》:"时蒙与成当、宋定、徐顾屯次比定。三将死,子弟幼弱,权悉以兵并蒙,蒙固辞,陈启顾等皆勤劳国事,子弟虽小,不可废也,书三上,权乃听。"

以上记载因提供了世袭领兵的细节,曾被一些研究者作为研究该制度的典型材料加以引用。但是,细究文意,上述记载也恰好可以用来说明世袭领兵制在实施中出了问题。凌统得以"摄父兵",在于"左右多称述者"及孙权的考虑,成当、宋定、徐顾子弟得以世袭领兵,在于吕蒙的一再坚持,所谓"书三上,权乃听"。这两个例子岂不是告诉我们,如果没有特殊原因,世袭领兵是不可能实现的吗?反之,假使有制度的明确保障,将领子弟世袭领兵本来是无须讨论的。黄武以后,领兵制度完全恢复,史料对此记载往往非常简要,只记"袭爵领兵"寥寥数字。这个问题,后面还要加以讨论。

建安年间世袭领兵制的变化是有原因可寻的。《三国志》卷五四《吴书·吕蒙传》载,吕蒙姊夫邓当死后,"张昭荐蒙代当,拜别部司马。权统事,料诸小将兵少而用薄者,欲并合之。蒙阴赊贳,为兵作绛衣行縢,及简日,陈列赫然,兵人练习,权见之大悦,增其兵"。据此,孙权统事后曾准备收回"小将"所率之兵,重新调配。所谓"小将"即指年少而袭任的将领,吕蒙也在其中。他为了防止被收兵而采取的办法是,"阴赊贳"为士兵制新装,因此他的部队在检阅时"陈列赫然,兵人练习"。这使得吕蒙大得孙权赏识,孙权不仅没有收缴他的兵,反而还"增其兵"。这件事反映了少年吕蒙的聪敏,所以被史家特别记录了下来,但由此也可以推知,不少小将的兵是被收缴了。

上述建安年间世袭领兵的几个事例都有特殊性,这使我们有理由相信,该制度此时已很不稳固。领兵权固然是一种特权,但领兵者毕竟还是要率兵作战的。建安年间,孙氏政权基业未固,战争连绵不断,如果完全实行世袭领兵制,势必有不少部队要由年幼的小将来统帅。这将是十分危险的。在此形势下,孙权收缴小将之兵,限制世袭领兵是可以理解的。

黄武以后,世袭领兵制又完全恢复了,而且是与封爵制联系在一起的。《三国志》卷五五《吴书·徐盛传》:徐盛,"黄武中卒。子楷,袭爵领兵"。《韩当传》:韩当,"黄武二年,封石城侯,迁昭武将军……会病卒,子综,袭侯领兵"。《周泰传》:周泰封陵阳侯,"黄武中卒。子邵以骑都尉领兵……黄龙二年卒,弟承领兵袭侯"。周邵以骑都尉领兵,似未袭爵。这可能是史书漏记了。因为周承"袭侯",应是袭自周邵。周邵本人没有受封记录,他的爵位应该是承袭其父周泰而来的。"袭爵领兵"的记载还有不少,这里没有必要一一列举了。由上述几个事例不难看出,世袭领兵与世袭爵位往往是同时发生的。二者之间可能具有某种关系。《三国志》卷五五《吴书·凌统传》:凌统卒,"二子烈、封,年各数岁,权内养于宫,爱待与诸子同……(后)追录统功,封烈亭侯,还其故兵。后烈有罪免。封复袭爵领兵。"凌统卒时尚未有爵位,故后代无法袭爵,但是在"还其故兵"之前,先"封烈亭侯",这表明领兵权与爵位之间可能有关系。有了爵位,才有资格领"故兵"。既然如此,世袭爵位就自然成了世袭领兵的前提。爵位制与领兵权的结合使黄武以后的世袭领兵制更加严密了。

三、复客制与领兵制的关系

以上我们分别讨论了复客制与世袭领兵制。两个制度是有密切关系的。建安年间,世袭领兵制的实施受到了限制,而复客制恰好在这段时间施行。这说明复客制具有补偿将领世袭领兵特权受损的意义。黄武元年(222)以后,不再见对世袭领兵特权的上述限制,复客制就自然被废止了。第一节所述潘璋妻在嘉禾三年(234)得到复客待遇事具有特殊性。前引《潘璋传》载,潘璋子"以无行徙会稽",又《三国志》卷六〇《吴书·吕岱传》载:"嘉禾三年,权令岱领潘璋士众。"据此可知,潘璋子因被流徙而无法获得世袭领兵权,所以对潘璋妻只能按老办法给予复客待遇。由此可见,这个例子不仅不能否定上面的结论,反而进一步说明了两个制度的关系。

但是《蒋钦传》的记载似乎于我们的结论非常不利。该传在"以芜湖民二百户、田二百顷,给钦妻子"之后又云:"子壹封宣城侯,领兵拒刘备有功。"据此,蒋钦遗属既得复客,又受爵领兵。细查史籍,两件事并非同时发生。据《诸葛瑾传》,建安二十四年(219)平定荆州后,诸葛瑾被封为宣城侯,黄武元年改封宛陵侯。蒋壹被封为宣城侯并领兵最早也应在黄武元年。所以当蒋钦妻子在建安二十四年得到复客优待时,并没有同时得到世袭领兵的权利。以后蒋壹所领之兵也很难说是其父蒋钦的"故兵"。

世袭领兵制与复客制都是特权制度。当世袭领兵制迫于战争形势而不得不被严格限制时,另立复客制是完全可以理解的。但是,复客制何以只对江北人士施行? 对此,史籍中缺乏必要的材料用以论证,我只能提出一些推测性的意见。

众所周知,孙氏父子是起家于江北地区的。早期的武将大都为江北人。他们追随孙策到达江东后,丧失了原有的土地,有些人或许原本就没有土地。至于依附人口,像吕範"将私客百人归策"①,鲁肃"率三百馀人"②过江的情况在史籍中并不多见。一些武将在江东立足未稳,尚未来得及发展家族的经济力量就已战死或病故,而此时世袭领兵制又受到严格限制,所以孙氏政权有必要对其遗属给予特别照顾,即复客、赐田。唐许嵩《建康实录》卷一将吕蒙子吕霸所得"复田五十顷"改称"助田五十顷"不无道理。助者,扶助之意也。黄武元年以后,江北将领如前述徐盛、韩当、周泰等人的后代按制度得以世袭领兵,所以无须再给予复客优待了。

原载《中国史研究》1991 年第 4 期

---

①《三国志》卷五六《吴书·吕範传》。
②《三国志》卷五四《吴书·鲁肃传》注引《吴书》。

魏西晋时期的九品中正制

魏晋南北朝时期的九品中正制度由于存在时间很久，各个时期多有变化。因此，有必要对这一制度进行分阶段的考察。在这篇文章中，只讨论魏西晋时期的九品中正制。

一、释"上品无寒门，下品无势族"

创立于曹魏时期的九品中正制在西晋一朝遭到了大规模的抨击。当时许多人批评中正制度，其中尤以刘毅"上品无寒门，下品无势族"①一语最具代表性。涉及到九品中正制度的论著，大都据此得出结论：当时世家大族垄断了上品。本文认为，这一结论仍有值得商榷之处。②

晋武帝时，段灼上表称："今台阁选举，涂塞耳目，九品访人，

①《晋书》卷四五《刘毅传》。
②本节写定于一九八三年八月，九月送交周一良师审阅。是月，获读刚刚出版的唐长孺《士族的形成和升降》一文（载《魏晋南北朝史论拾遗》），始知唐先生对势族的解释与本节基本相同。但论证方法有所不同。本节是在将势族与寒门作比较的基础上来加以论证的。因此，既解释势族，也解释寒门。有鉴于此，本节文字仍保留。

唯问中正。故据上品者,非公侯之子孙,则当涂之昆弟也。"①段
灼与刘毅都指出一部分人垄断了上品。刘毅称为"势族",段
灼称为"公侯之子孙"、"当涂之昆弟",二者应该是相等的。
只不过段灼说得更具体些。所谓"公侯",即指封爵,"当涂"
是指高官要位。当时也有一些人并未直接批评中正制度,而
是指斥高官子弟垄断了某些官位。刘颂对晋武帝说:"泰始
之初,陛下践阼,其所服乘皆先代功臣之胤,非其子孙,则其曾
玄。"②愍怀太子被废,阎缵上疏为之申冤,更具体指出,东宫官属
如太子洗马、舍人以及"诸王师友文学"等职任人不当,"皆豪族
力能得者"③。刘毅与段灼,刘颂与阎缵所选择的批评角度虽然
不同,但却有相通之处。九品之品与具体官职存在着一定的
关系。

《晋书》卷九〇《邓攸传》:邓攸"尝诣镇军贾混。……混奇
之,以女妻焉。举灼然二品,为吴王文学"。《晋书》卷五二《华谭
传》:"太康中,刺史稽喜举谭秀才。……寻除郎中,迁太子舍人,
本国中正。"《晋书》卷四六《李重传》:"李重……弱冠为本国中
正,逊让不行,后为始平王文学。"《晋书》卷六一《周浚传》:"(周
馥)起家为诸王文学,累迁司徒左西属。司徒王浑表'馥理识清
正,兼有才干,主定九品,检括精详'。"

担任中正者,本人必须是二品。司徒左西属是司徒府的官

---

①《晋书》卷四八《段灼传》。
②《晋书》卷四六《刘颂传》。
③《晋书》卷四八《阎缵传》。

吏，"主定九品"，有时还可兼中正，自然也应是二品。① 我们看到，被中正定为二品的人往往可以任太子舍人、诸王文学，这些职务正是阎缵所提到的。因此，阎缵批评"豪族"垄断这些职务与刘毅、段灼批评他们垄断上品当是一回事。换言之，正是因为他们垄断了上品，所以才能位居上述职务。

但是，"势族"、"公侯之子孙"、"当涂之昆弟"究竟是些什么人呢？按通常的解释，这不过是世家大族的代名词而已，世族垄断上品的结论就是由此得出的。但考察一下上述批评中正制度的人的家世，事情就会复杂起来。《晋书》卷四五《刘毅传》："刘毅字仲雄，东莱掖人，汉城阳景王章之后，父喈，丞相属。"《晋书》卷四六《刘颂传》："刘颂字子雅，广陵人，汉广陵厉王胥之后也。世为名族。同郡有雷、蒋、谷、鲁四姓，皆出其下。时人为之语曰：'雷、蒋、谷、鲁，刘最为祖。'"《晋书》卷四八《段灼传》："段灼字休然。敦煌人也，世为西土著姓。"同卷《阎缵传》："阎缵字续伯，巴西安汉人也。"《华阳国志》卷一《巴志》："安汉县号出人士，大姓陈、范、阎、赵。"以上四人，刘毅为"汉阳城景王章之后"，其父曾任丞相属，究竟属于哪一阶层，难以确定。其他三人或曰"名族"，或称"著姓"，或为"大姓"，当是世族。

①《通典》卷三二《晋起居注》："仆射诸葛恢启称，'州都大中正为吏部尚书及郎，司徒左长史掾属皆为中正，臣今领吏部，请解大中正，以为都中正职局可理，不宜兼也'。"《太平御览》卷二六五引文与《通典》同。《晋书》卷七七《诸葛恢传》称，诸葛恢任吏部尚书后，"累迁尚书右仆射，加散骑常侍，银青光禄大夫，领选本州大中正。尚书令、常侍，吏部如故"。诸葛恢的请求似乎未被批准。

　　所谓世族,通常是指累世做官的家族。由于在一个地区长久不衰地任官,即被当地人目之为"著姓"、"大姓"、"名族",或者也可称作地方郡姓。汉代以来,有一些著姓、名族的政治势力及影响并未局限在本地区,如汝南袁氏、弘农杨氏,这些家族世代在中央居高位,在全国范围内都有影响,这样的世族,可以称之为高等世族,以别于地方世族、地方郡姓。

　　身为世族的刘颂、段灼、阎缵为什么要攻击世族垄断上品呢?其实,"世族"并不等于"势族"。我们可以通过元康年间举寒素一事加以推断。

　　《晋书》卷九四《范粲传》:"元康中,诏求廉让冲退履道寒素者,不计资。"何谓寒素?何谓不计资?据《晋书》卷四六《李重传》载,诏令下达后,"燕国中正刘沈举霍原为寒素",但司徒府未通过。司徒左长史荀组认为,"寒素者,当谓门寒、身素、无世祚之资。原为列侯,显佩金紫,先为人间流通之事,晚乃务学……草野之誉未洽,德礼无闻。不应寒素之目。"与荀组不同,李重则积极为霍原辩护:"如诏书之旨,以二品系资,或失廉退之士,故开寒素,以明尚德之举……沈为中正,亲执铨衡,陈原隐居求志,笃古好学……如诏书所求之旨,应为二品。"据此,可以得出如下认识:一、此诏是为了解决九品中正制实施中所出现的问题而发的。具体说,就是要冲破某些人仅凭"资"独占二品这种局面,其措施就是举寒素。按此传先云举霍原为寒素,后又云"应为二品",可知举寒素意即举寒素者为二品。① 二、前引刘毅说，势族垄断了二品，此传又称"二品系资"，可知势族获得二品即是凭借"资"。因此，有资者即为势族，反之则是寒素，势族是与寒素相对而言的。三、按荀组的说法，寒素应包括两项内容：门寒、身素，又可概括地称之为"无世祚之资"。门寒一词较空洞，留待下面讨论。所谓身素当是指本人无官无爵。荀组正是从此出发反对举霍原为寒素的。其理由主要有二：第一，"原为列侯"，第二，德行不够。德行较抽象，很难说清，所以第一条理由才是重要的。霍原为列侯，不符合"身素"一项，此外，霍原家世虽不可考，但本人未出仕却有封爵，应该说是从祖先那里袭来的，因此，霍原属于"公侯之子孙"，也即是势族，自然也就不能算"门寒"了。可见，荀组虽然仅指出"原为列侯"，但实际意味着霍原二项条件均不符合，所以才反对举他为寒素。

《晋书》中明言被举为寒素者还有二人。《晋书》卷六八《纪瞻传》："祖亮，吴尚书令。父陟，光禄大夫……永（元?）康初，州又举（瞻）寒素，大司马辟东阁祭酒。"《晋书》卷九四《范粲传》："元康中，诏求廉让冲退履道寒素者，不计资，以参选叙，尚书郎王琨乃荐（范）乔曰：'乔禀德真粹，立操高洁……诚当今之寒素。著历俗之清彦。'时张华领司徒，天下所举凡十七人，于乔特发优论。"②据此，当时被举为寒素者共十七人，由于史料缺乏，已无法

①《晋书》卷八九《刘沈传》、卷九四《霍原传》俱云霍原被举为二品。
②此传称张华领司徒。误，张华从未领过司徒。

全部了解他们的情况。但《李重传》却为我们透露了一点消息。元康年间,李重任尚书吏部郎,"务抑华竞,不通私谒,特留心隐逸。由是群才毕举,拔用北海西郭汤、琅邪刘珩、燕国霍原、冯翊吉谋等为秘书郎及诸王文学"①。霍原被举为寒素后并未出仕,此处误记。但我们怀疑其他三人均系被举为寒素者,因为他们被"拔用"的时间也是在元康年间,且既称"拔用",显然地位不高,又与霍原相提并论,最后又被任命为"诸王文学"之类。如前所述,这些职务往往是由二品人士担任的。

　　至此,我们知道被举为寒素者除霍原外还有五人。其中西郭汤、刘珩事迹不详,范乔情况较为特殊。其父范粲在魏末官至侍中,但始终不与司马氏合作,"阳狂不言"三十六载。② 范乔被举为寒素前未出仕。纪瞻父祖均为吴国高官,纪瞻本人为"江南之望"。③ 吉谋家世也略有可考。《三国志》卷二二《魏书·裴潜传》注引《魏略》云:"冯翊甲族桓、田、吉、郭。"同书卷二三《常林传》注引《魏略》云:"吉茂字叔畅,冯翊池阳人也,世为著姓。"

　　由此可见,被举为寒素者中起码有两名世族,即纪瞻与吉谋,他们被推举没有引起争论,看来是符合"门寒、身素、无世祚之资"这些条件的。换言之,他们并非势族。所以,世族并不等于势族。势族垄断上品不意味着世族垄断上品。所谓势族,乃是指现实有势力的家族,即那些魏晋政权中的公侯与当涂者。这些人

---

①《晋书》卷四六《李重传》。
②《晋书》卷九四《范粲传》。
③《晋书》卷六五《王导传》。

中固然也有两汉以来的著姓、大族,如琅琊王氏、太原王氏、河内
司马氏、河东裴氏等等,但也有像石苞、邓艾、石鉴这样一些起自
寒微者。① 他们显然不能以世族目之。固然势族只要稳定地、一
代一代地延续下去,终有一天会演变为世族,但那毕竟是以后的
事。在魏晋时期,势族不等于世族。势族的地位也并不十分稳固。
在瞬息万变的政治斗争中,一些势族衰落了,一些人又上升为势
族,虽然势族垄断了上品,但他们当中具体的家族由于现实政治地
位不稳定,品也不稳定。《晋书》卷三三《何曾传附子何劭传》:

> 劭初亡,袁粲吊岐(何劭子),岐辞以疾。粲独哭而出
> 曰:"今年决下婢子品!"王诠谓之曰:"知死吊死,何必见生!
> 岐前多罪,尔时不下,何公新亡,便下岐品,人谓中正畏强易
> 弱。"粲乃止。

何岐虽最终未被降品,但可看出其品并不稳定。《晋书》卷四三
《王戎传》:"(戎)自经典选,未尝进寒素,退虚名,但与时浮沉,户
调门选而已。"按"户调门选",须"与时浮沉",说明门户地位常有
浮沉。刘毅云:"今之中正……高下逐强弱,是非由爱憎,随世兴

---

① 《三国志》卷二八《魏书·邓艾传》注引《世语》载,邓艾、石苞曾任典农部民。《晋
书》卷四四《石鉴传》:石鉴"乐陵厌次人也,出自寒素",武帝时"拜光禄勋",后位至
三公。《晋书》卷四五《刘毅传》载"于时青州自二品以上光禄勋石鉴等共奏曰"。
石鉴虽出身寒素,先世无闻,但只要升任高官,也是二品,按石鉴为乐陵人,乐陵属
冀州,"青州"当为"冀州"之误。

衰,不顾才实,衰则削下,兴则扶上,一人之身,旬日异状。"①这是对现实政治的真实描述。另一方面,原有的著姓大族只要未跻身于公侯、当涂者之列,就不能算作势族。所以纪瞻、吉谋可以被举为寒素,而安汉大姓阎缵在势族面前只能自称"臣素寒门"。②

稍后的例子也可以证明此点。东晋初年,王敦叛乱中刁协被杀,事后左光禄大夫蔡谟为刁协争追赠官位,在致庾冰的信中说:"又闻谈者亦多谓宜赠。凡事不允当而得众助者,若以善柔得众,而刁令粗刚多怨;若以贵也,刁氏今贱;若以富也,刁氏今贫。人士何故反助寒门而此言之,足下宜察此意。"③渤海刁氏是很显赫的家族,刁协父刁攸"武帝时御史中丞",但一旦官场失意却被称为寒门,因此,这一时期寒门一词的含义与宋齐以后不同。地方郡姓在本地虽然绝对不属于寒门,但与"势族"相比,却只能处于寒门的地位。

西晋时期,人们批评九品中正制度的另一个方面是,九品评定全由中正,不遵乡里舆论。刘毅在论九品疏中一开始就指斥说:"今立中正,定九品,高下任意,荣辱在手",在以后所论中正制度的"八损"中,他不厌其烦地屡次指出这一点,批评中正不听乡里舆论,"采誉于台府,纳毁于流言",以私情定品。前引段灼上疏也指斥:"今九品访人,唯问中正。"所以,许多反对九品中正制度的人都主张废除中正制,在土断的基础上行乡举里选。

---

①《晋书》卷四五《刘毅传》。
②《晋书》卷四八《阎缵传》。
③《晋书》卷六九《刁协传》。

综上所述,西晋一朝,人们对中正制度的批评主要集中在两点。第一,势族凭资垄断上品。第二,中正不遵乡论。晋武帝时,卫瓘与汝南王亮的上疏可以说是对中正制度弊端的总结:

> 魏氏承颠覆之运,起丧乱之后,人士流移,考详无地,故立九品之制,粗且为一时选用之本耳。其始造也,乡邑清议,不拘爵位,褒贬所加,足为劝励,犹有乡论馀风。中间渐染,遂计资定品,使天下观望,唯以居位为贵。①

按卫瓘的说法,中正制度两方面的弊端是有联系的。正是由于中正不遵乡论,才导致"计资定品"。值得注意的是,中正制度初建时并非如此,只是"中间渐染"。这说明九品中正制度在魏晋时期曾经有过重大变化。

二、魏、西晋中正制度的演变

《通典》卷一四选举二历代制中载:"晋依魏氏九品之制,内官吏部尚书,司徒左长史。外官州有大中正,郡国有小中正,皆掌选举。"按此则魏晋时期的九品中正制没有任何变化。这是不准确的。赵翼《廿二史劄记》卷八中正条:"魏文帝初定九品中正之法,郡邑设小中正,州设大中正,由小中正品第人才,以上大中正,

---

①《晋书》卷三六《卫瓘传》。

大中正核实以上司徒,司徒再核,然后付尚书选用,此陈群所建白也。"这个说法虽然系统化,但比《通典》更不准确。魏晋时期的九品中正制是有变化的。郡中正与州中正之设置并非同时。对此,唐长孺已有精确的考证。按他的意见,中正制度刚建立时,只有郡中正,州中正的设立"至迟不出嘉平二年(250),至早不出正始元年(240),也即是说在曹芳时"①。唐先生的这一论断是完全正确的。但是《晋书》卷四四《郑袤传附郑默传》还有须要解释的史料:

> 初,帝以贵公子当品,乡里莫敢与为辈。求之州内,于是十二郡中正佥共举默……及武帝出祀南郊,诏使默骖乘。因谓默曰:"卿知何以得骖乘乎?昔州里举卿相辈,常愧有累清谈。"

晋武帝当品事发生于魏末,但究竟在哪一年,史无明文。《晋书》卷三《武帝纪》:"武皇帝……魏嘉平中(249—254),封北平亭侯,历给事中,奉车都尉。"既云"嘉平中",则武帝出仕年代肯定在公元 250 年以后。一般来说,获得中正品第之后即可出仕,尤其是晋武帝这样的贵公子,不大可能已经得到中正品第无官做,也不大可能出仕后尚无中正品第。因此,他出仕与获得中正品第应该

---

① 见唐长孺《九品中正制度试释》,载《魏晋南北朝史论丛》,生活·读书·新知三联书店 1955 年版。

大致同时，即都是在"嘉平中"。按《郑默传》载，晋武帝与郑默是由"州内"推举的。但"求之州内"却没有州中正推举，反而由一州之内的全体郡中正"佥共举默"，①当时似乎并没有州中正。《晋书》的记载疑有错误。汤球所辑王隐《晋书》卷六亦载此事："默为散骑常侍。世祖出祀南郊。侍中已陪乘，诏曰：'使郑常侍参乘。'谓默曰：'卿知何以得参乘？昔州内举卿，十二郡中正举以相辈，常愧有累清谈。'"汤球注明此段文字辑自《艺文类聚》卷四八、《初学记》卷一二所引王隐《晋书》。查此二书，《艺文类聚》引作："郑默为散骑常侍，世祖祠南郊，侍中已陪乘。诏曰：'使郑常侍默。'曰：'卿知何以得参乘？昔州内举卿相辈，常愧有累清谈。'"《初学记》引作："郑默，字思元，为散骑常侍，武帝出南郊，侍中以陪乘。诏曰：'使郑常侍参乘。'"二书均无"十二郡中正举以"七字。汤球可能是从其他地方辑出而在注出处时疏忽了。如此推测无大错，则王隐《晋书》与唐修《晋书》记载此事有所不同。即王隐《晋书》在"十二郡中正"诸字之后无"佥共"二字。虽只差二字，但却是非常重要的。因为有时史籍中说若干郡中正只不过是某州中正的代名词。《世说新语·贤媛》篇注引王隐《晋书》云："后（羊）晫为十郡中正，举陶侃为鄱阳小中正，始得上品也。"羊晫举陶侃在西晋后期。《晋书》卷一五《地理志》下："惠帝

---

①"十二郡中正"当为后来追记。司马氏为河内人，属司州。西晋时司州方有十二郡，此为魏末事，不应有"十二郡中正"。参阅周一良师《晋书札记》"相辈与清谈"条，载《文史》第十辑。但《晋书》作者此处的用意还是可以看出的。这里仅要说明当时司州境内所有的郡中正都联合起来推举郑默。

元康元年……割扬州之豫章、鄱阳、庐陵、临川、南康、建安、晋安、荆州之武昌、桂阳、安成十郡,因江水之名而置江州。"羊瞺所任"十郡中正"即指任此十郡的中正。其中包括鄱阳郡,所以羊瞺可以推举鄱阳人陶侃为郡中正。"十郡中正",实际就是江州大中正。《太平御览》卷二六五中正条引《晋书》云:"杨瞺、陶侃共载诣顾荣。州大中正温雅责瞺与小人共载。瞺曰:'江州名少风俗,卿己不能养进寒儁,且可不毁之。'杨瞺代雅为州大中正,举侃为鄱阳小中正。"杨瞺当为羊瞺,此处明言为江州大中正。据此推论前述"十二郡中正"实际当是司州中正的异称。唐修《晋书》记载此事大概是参考了王隐《晋书》,又觉得"十二郡中正举以相辈"费解,故增"金共"二字,但意思就大不相同了。由以上的分析可知,唐先生关于州中正建立时间的考证还是不可动摇的。

　　下面讨论另一个问题。据前引杜佑语,似乎不仅州中正与郡中正是在制度初创时就已同时存在,而且司徒府参预九品评定工作也是从那时开始的。赵翼更明言"此陈群所建白也。"这一说法也是不正确的。首先,史料中从未发现曹魏时司徒府参预品评工作。魏明帝时,傅嘏在难刘劭考课法时说:"方今九州之民,爰及京城,未有六乡之举,其选才之职,专任吏部"。[1] 可见,当时选举工作在中央是由吏部一手包办的。其次,杜佑自己在《通典》卷二〇职官二中也说:西晋"太始三年……司徒加置左长史。掌

<hr/>

[1]《三国志》卷二一《魏书·傅嘏传》。

差次九品，铨衡人伦"。既然说"加置"，时间又如此具体，在这之前当无左长史。杜氏自相矛盾。《晋书》卷二四《职官志》也有明确记载："司徒加置左右长史各一人。"《艺文类聚》卷三一引潘尼《答傅咸诗序》："司徒左长史傅长虞，会定九品，左长史宜得其才。屈为此职，此职执天下清议，宰割百国，而长虞性直而行，或有不堪。余与之亲，作诗以规焉。"诗中有句云："悠悠群吏，非子不整，嗷嗷众议，非子不靖。"这是西晋司徒左长史参预评定九品的例子。

综合上文，魏晋之际州中正的建立与司徒府参预九品评定工作是九品中正制的一大变化。这一变化的出现是有原因的。《太平御览》卷二六五中正条引晋宣帝除九品州置大中正议曰："案九品之状，诸中正既未能料究人才，以为可除九制（品？），州置大中正。"同卷又引《曹羲集》九品议："伏见明论欲除九品而置州中正，欲检虚实。一州阔远，略不相识，访不得知，会复转访本郡先达者耳，此为问中正而实决于郡人。"据此，置州中正的建议是由司马懿提出的，而曹羲则持不同意见。据同卷引应璩《新论》，应璩也反对建立州中正。他说："百郡立中正，九州置都士，州闾与郡县希疏，如马齿不相识面，何缘别义理？"应璩的观点与曹羲的观点在某些方面是一致的。他们都认为不必设州中正，因为一州之地过于辽阔，州中正对郡县的情况不了解。所谓"略不相识"、"如马齿不相识面"都是这个意思。但应璩仅仅担心义理难辩，而曹羲所担心的是，由于州中正不清楚下属郡县的情况，结果还得回去访问"本郡先达"，名曰州中正负责，但"实决于郡人"，这样就失去了建立州中正的意义。曹羲的担心是有道理的。中正制初创时就规定"各使诸郡选置中正"①。既然中正的推举权在"诸郡"，推举出来的中正当然是最能体现"诸郡"意志的人。九品评定最终"决于郡人"，"决于本郡先达"就不可避免。所以，如果州中正建立后也落得同样下场就等于毫无意义了。由此可以看到，司马懿的本意原是想不理会"本郡先达"的意见，改变中正品评"决于郡人"的现状。曹羲所提出的问题在魏末究竟是如何解决的，由于史料缺乏，还不清楚。但西晋"诸郡"推举中正的权力终于被剥夺而转交给司徒府。中正品评人物必须由司徒府最终核实，"决于郡人"的局面一去不复返了。②

在此，须着重指出，所谓"郡人"、"本郡先达"绝不包括一郡内的所有人，只能是那些地方上的郡姓、著姓、大族。司马懿所要打击的正是他们。明乎此，我们终于可以理解西晋时期一批地方

---

① 《三国志》卷二三《魏书·常林传》注引《魏略》："先时国家始制九品，各使诸郡选置中正，差叙自公卿以下至于郎吏功德才行所任。"此段材料常常被误认为中正品评人物的范围上自公卿下至郎吏。其实不然。这里的意思是说，只能在上自公卿下至郎吏的范围内选中正。杜佑看懂了这句话。《通典》"云：'魏氏革命，州郡县俱置大小中正，各以本处人任，诸府公卿及台省郎吏有德充才盛者为之。"

② 曹魏，郡中正由诸郡推举。西晋，州中正由司徒府选授，郡中正有时由州中正推举，但最终也要由司徒府批准。对此，唐长孺先生在《九品中正制度试释》一文中早已指出。不过，唐先生并未指出这一变化出现的原因。所以本段文字仍保留。此外，即使在西晋，也偶有由诸郡推举中正的情况。《晋书》卷九四《任旭传》："任旭字次龙，临海章安人也……寻察孝廉，除郎中，州郡仍举为郡中正，固辞归家。"这种特殊情况可能与任旭所在州郡原属吴国有关，原蜀汉地区的中正制度也具特点。何攀为蜀郡郫人，西晋太康年间曾任梁益二州中正（见《晋书》卷四五《何攀传》）。像这样一人兼任二州中正的情况，在西晋，就我所见史料，仅此一例。西晋时期，中央政权对原吴蜀地区似乎有些特殊政策。

郡姓为何要攻击中正制度了。但是,魏末作为皇权的实际执行者司马懿、曹爽兄弟等人为何要打击地方郡姓呢? 由此为何又导致了势族垄断上品?

如前所述,势族中有不少人就是两汉以来的著姓、大族,就此而论,他们与地方郡姓似乎并无区别。过去的研究往往将他们视为一体。这是不无道理的,但又不完全对。固然,自汉代以来,郡姓、大族一般都是在本地发展起来的,但是其中一部分郡姓并没有就此止步,而是跨出州郡,走向中央,累世公卿,如汝南袁氏"四世五公",弘农杨氏"四世三公"。这些人的利益已经不仅仅是与地方州郡相联系了,更多的则是与中央政权联系在一起。没有统一的东汉帝国,"四世三公"就只能是一场空幻的梦。因此,董卓之乱以后,他们都企图重建统一国家。建安元年(196),曹操"挟天子"后,许多人纷纷归附到他的旗帜下,就是由于他们认为曹操"乃心王室"。① 地方郡姓与中央政权联系并不密切,他们的力量在于州郡、在于宗族乡里。因此,董卓之乱爆发后,大量的地方郡姓并没有离开本土。这一方面使他们以后难以上升,另一方面又使他们能够有效地控制宗族乡里,并进而建立自己的武装。在各个地区,他们往往是不安定的因素。西晋时期,地方郡姓依然垄断着州郡僚佐的职务,操纵着乡里舆论。② 虽然与势族相比,他们处于寒门的地位,但在本地仍不失为著姓、大族。他们

---

① 《三国志》卷一三《魏书·钟繇传》。
② 参阅严耕望《中国地方行政制度史》上编《魏晋南北朝地方行政制度》,上海古籍出版社 2007 年版。

的一切特权也就是来源于此。愈是依靠门第过活,便愈要排挤那些没有门第的人。因此,轻视寒人的风气在地方州郡中自汉末历魏晋而不衰。①

　　总之,地方郡姓由于远离政治斗争中心,所以在汉末以来的历次动乱中都没有受到重大损失,这个阶层基本上没有什么变化。

　　与此不同,汉末的高等世族既然寄生在东汉中央政权的躯体上,当统一帝国崩溃后,他们便四散逃亡了。虽然他们都希望重建统一国家,但究竟借助于哪一种力量、哪一派军阀来实现其目的,每个人的选择并不一样,有人投靠曹操,有人追随刘表,有人与孙氏父子共患难,也有人跟着刘备辗转他乡。尽管他们的主观动机一致,但客观行动却使本阶层陷入了分裂中,今天的史家虽然可以根据血统把他们集合在自己的笔下,但在现实斗争中,血统并没有使他们团结在一起。高等世族能否存在下去,也不在于他们的血统。袁绍凭借"四世三公"的地位当了讨伐董卓的盟主,但当大族一旦发现他并非救世主,便又纷纷离开了他。随着官渡之战的结束,这个家族终于迎来了自己的末日。在动乱的年代里,他们能否存在下去,关键在于自身的能力。荀彧帮助曹操

---

①东汉末年,世族轻视寒人的风气已经形成。唐长孺先生早已指出这一点。如天水大姓排挤薛夏,单家张既在本地受大姓歧视,严幹、李义不敢与冠族相争等等(见唐长孺《门阀的形成及其衰落》一文,载《武汉大学人文科学学报》1959 年第 8 期)。我们注意到,这种情况基本上都是发生于地方州郡中。进入西晋以后,地方郡姓依然轻视寒人。此类史料甚多,请参阅《晋书》卷九八《王沈传》、卷三三《孙铄传》、卷四五《郭奕传》、卷八九《易雄传》。

艰苦创业,几度难关;司马懿战诸葛、平辽东,战功赫赫,因此他们的家族才能延续下去,成为魏晋政治舞台上的重要角色。也正是由于他们并非依靠门第过活,所以对于那些卑微之士也并不特别压抑。颍川戏志才、郭嘉先世无闻,有"负俗之讥",但荀彧"取士不以一揆"①,大胆拔用了他们。司马懿"知人拔善,显扬侧陋,王基、邓艾、周泰、贾越之徒皆起自寒门而著绩于朝"②。司马师为了任用石苞公开提倡曹操当年唯才是举的方针:"苞虽细行不足而有经国才略。夫贞廉之士,未必能经济世务,是以齐桓忘管仲之奢僭而录其匡合之大谋;汉高舍陈平之污行而取其六奇之妙算。苞虽未可以上俦二子,亦今日之选也。"③魏晋政权的势族基本就是由战火中锻炼出来的高等世族与这些有"经国才略"的卑微之士组成的。此时,他们的利益又与魏晋中央政权紧密相连了。

由以上分析可以看到,汉末以来,地方郡姓与中央高等世族经历了不同的道路,不能把二者混为一谈。正始之初,司马懿与曹爽等人同受托孤之任,双方斗争尚未展开。此时,他们事实上行使的是皇权,加强中央对地方的控制是当务之急,而地方郡姓操纵选举显然是与之背道而驰的。因此必须予以打击。

打击地方郡姓的措施是成功的,但由此导致势族垄断上品却是司马懿始料不及的。正如西晋刘毅所说:"置州都者,取州里

①《三国志》卷一〇《魏书·荀彧传》。
②《太平御览》卷九五引虞预《晋书》。
③《晋书》卷三三《石苞传》。

清议,咸所归服。将以镇异同,一言议,不谓一人之身了一州之才,一人不审便坐之。"①州中正一人说了算是不符合司马懿本意的。司马懿反对地方郡姓操纵选举,但并不反对乡里清议,他所要做的正是要使乡里清议摆脱地方郡姓的控制。然而,这一时期势族正处于向上发展的阶段,加强中央集权的措施在很大程度上被他们改造成一项特权制度。西晋皇权无力根本扭转这一局面,只能在一定意义上加以限制,试图使中正制度不至于完全背离当初创建它的目的。

与东晋相此,西晋中正主持清议的事例还是不少的。《廿二史劄记》卷八"九品中正"条所载中正清议事例,基本属于西晋时期。这反映出当时皇权还是比较强大的,仅仅根据势族地位而不顾才德定品,在理论上是不能成立的。正是在这样的背景下,才会有前述元康年间举寒素事发生。也是在元康年间,西晋王朝曾发动了一场清议活动。此事《晋书》失载,有幸《通典》保存了这段材料。《通典》卷六〇礼二〇嘉五周丧不可嫁女娶妇议:

> 惠帝元康二年,司徒王浑奏云:"前以冒丧婚娶,伤化悖礼,下十六州推举,今本州中正各有言上。太子家令虞濬有弟丧,嫁女拜时;镇东司马陈湛有弟丧,嫁女拜时;上庸太守王崇有兄丧,嫁女拜时;夏侯俊有弟子丧,为息恒纳妇,恒无

---

① 《晋书》卷四五《刘毅传》,《通典》卷一四亦引此语,作"一人不审,遂为坐废"。文义较胜。

服;国子祭酒邹湛有弟妇丧,为息蒙娶妇拜时,蒙有周服;给
事中王琛有兄丧,为息稜娶妇拜时;并州刺史羊暨有兄丧,为
息明娶妇拜时;征西长史牟昌有弟丧,为息彦娶妇拜时。湛
职儒官,身虽无服,据为婚主。按《礼》'大功之末可以嫁子,
小功之末可以娶妇'。无齐缞嫁娶之文,亏违典宪,宜加贬
黜,以肃王法。请台免官,以正清议。"……诏曰:"下殇小
功,可以嫁娶,俊等简忽丧纪,轻违《礼经》,皆宜如所正。"

按清议工作,本应由中正主动进行,而此次大规模的清议活动却
是在司徒"下十六州推举"的情况下才发生的。这说明中正对清
议事不够负责,但也还不能违抗朝廷的命令。清议当否最终由皇
帝审批,说明皇权还是有一定力量的。

综上所述,西晋皇权对势族垄断上品的特权虽不得不认可,
但另一方面,皇权还是企图对势族加以限制,这个目的在一定程
度上实现了。中正制度在执行中所起的互相矛盾的作用反映出
时代的矛盾性。西晋是以后高门世族形成的时期。势族的力量
在发展,中正"计资定品"是发展趋势,但势族还不能彻底超越皇
权的限制。皇权也还可以有限度地利用中正制度来维护统治
秩序。

三、九品中正制度的作用

以往的研究者认为,此制度在客观上保证了世家大族的世袭

特权，东晋南朝以后，流于形式。根据本文第一节所论述的观点，西晋时，它仅仅是保证了当时的高官显贵的世袭特权，从而在势族的形成以及势族向世族（或称士族）的演变过程中起了重要作用。但只是这样泛泛而论是不够的。因为，单从保障某些高级官吏的世袭特权这一点看，九品中正制并非创举，大家所熟知的汉代的任子制也具有同样的作用。过去，人们在研究九品中正制时，大都将其与汉代的察举制联系起来考虑，这对于探讨中正制度建立的原因无疑是有益的。但是，中正制度在实际运行中既然已经在相当大程度上转化成一种特权制度，它就不再是仅仅与察举制相联系了，而更多的则是与汉代的任子制存在某种继承关系。只有对这两个制度进行比较，才可以更清楚九品中正制的作用。

任子制与九品中正制虽有相同之处，但也还存在某些差异。首先，在人数上，任子制有严格限制。西汉初年，二千石以上的官吏可以送弟或子到京师为郎官，这叫作任子为郎。《汉书》卷一一《哀帝纪》颜师古注引应劭曰："任子令者，《汉仪注》：吏二千石以上视事满三年，得任同产若子一人为郎。"东汉安帝在建光元年（121）又下诏发展了西汉的任子制，申明"以公卿、校尉、尚书子弟一人为郎、舍人"[1]。不仅可以任子为郎，而且也可以任子为舍人，这是一个变化。但任子弟一人为官的规定还是一循西汉。在这种制度下，有任子特权的官吏不可能使其后代全部由任子一

①《后汉书》卷五《安帝纪》。

途入仕。东汉高门世族袁安位至司徒，其子袁敞"以父任为太子舍人"①，但另一子袁赏直到袁安死尚未入仕。袁安本传称：袁安死后"数月，窦氏败，帝始亲万机，追思前议者邪正之节，乃除安子赏为郎"。袁安孙袁汤"桓帝初为司空"，据袁安本传注引《风俗通》云：汤"有子十二人"，但见于记载的只有四人："长子平，平弟成，左中郎将，并早卒。成弟逢，逢弟隗，皆为公。"②袁汤数子入仕，但并不能据此认为他们都是凭借着任子特权。弘农杨氏家族与袁氏家族情况相似，延光三年（124）杨震"因饮酖而卒，时年七十馀……岁馀，顺帝即位，樊丰、周广等诛死，震门生虞放、陈翼诣阙追讼震事，朝廷咸称其忠，乃下诏除二子为郎。"③由以上袁、杨家族任子情况看，任子有限额的规定还是执行得比较认真。袁安子袁赏、杨震二子都是在其父死后，按特殊情况授予郎官的。袁、杨家族尚且如此，一般官吏的任子数量也很难超过制度的规定。虽然高官子弟除去任子制度外，还可以从其他途径入仕，如察举、征辟等等，但这毕竟不属于特权制度，其他人士如一般的地方郡姓也可由此途上升。

　　与任子制不同，九品中正制建立时并不是一项特权制度，因此也不可能规定高官子弟可以获得上品的人数。没有人数限制而在实际执行中又确实成为特权制度，这就构成了九品中正制度

①《后汉书》卷四五《袁安传》。
②《三国志》卷六《魏书·袁绍传》注引华峤《汉书》。又《后汉书》卷四五《袁安传》载，袁汤长子为袁成，未提袁平。二书记载不同，不知孰是。
③《后汉书》卷五四《杨震传》。

的一大特点。在此情况下,高官子弟大都可以获得上品,步入清途。说得明确些,高官子弟是以族的规模进入政治舞台的,官之为族终于实现了。这在汉代是缺乏保障的。汉代某些高官家族后来演化为累世相承地做官的世家大族,与其说是靠任子制,倒不如说是靠累世通经,察举入仕更为接近事实。魏晋时期,察举制依然存在,但正如严耕望所说:"晋世公卿另有捷径,故即在西晋,汉代经制之秀孝两途已渐不见重视,东晋以下更无论矣。"严氏更引日本学者宫崎市定所述王谢大族不应秀才之举以为佐证。① 晋代高官子弟对秀、孝两途的不重视正是由于保障其世袭特权的九品中正制没有人数限制。他们不必再以察举制作为入仕的补充手段了。

　　制度是对现实的反映,任子制与九品中正制的上述差异表明,汉代高门世族与魏晋以降的高门世族在保障整个宗族的世袭特权方面所具有的能力是不同的。汉代高门世族在皇权、外戚、宦官的限制下还不可能把任子制发展为九品中正制。宗族政治力量有限,在复杂激烈的斗争中要想壮大力量,就必须到本宗族以外寻求支持。史称袁绍能"折节下士",其目的不过是为了争取"士多附之"而已。不仅袁绍如此,袁氏家族"自安以下,皆博爱宾客,无所拣择,宾客入其门,无贤愚皆得所欲,为天下所归"②。汉末袁绍被认为是最有力量的,但这并不是由于自身"四

————————

① 参阅严耕望《中国地方行政制度史》上编《魏晋南北朝地方行政制度》上,魏晋南朝第八章、第七章。
② 《三国志》卷六《魏书·袁绍传》及注引《魏书》。

世五公"的空名,而是在于"树恩四世,门生故吏遍于天下"①。建安年间,在袁绍家乡汝南"拥兵拒守",反抗曹操的并不是袁绍的宗族成员,而是"布在诸县"的"门生宾客"。② 众所周知,汉代的门生故吏与其宗师举主存在着一种类似父子的关系,宗师举主有势,门生故吏可因此飞黄腾达;宗师举主被贬,他们亦同时被贬,宗师举主死后,他们要为之服丧。非血缘关系被罩上了一层宗法面纱。这表明,社会中宗法观念在发展,世族可以借此壮大自己的势力。但另一方面,宗法观念、宗族力量还不够十分发展,盘踞中央的高门世族还不可能使自己的整个家族都不受限制地进入政治舞台。

　　魏晋南朝,门生、故吏、宾客依然存在,但他们参加政治活动的记载则不多见了,地位明显下降。③ 高门世族也并不以广召门生、宾客为重要任务,也从来没有人认为高门世族的政治力量是体现在他所控制的门生、故吏、宾客方面。这些变化说明世族自身的宗族力量大大加强了,因此,在政治斗争中,高门世族靠的是本宗族成员占据高官要职,靠的是世族与世族的政治联盟,而联盟的手段则是婚姻。

　　以上讨论了任子制与九品中正制不同的一个方面,以及这种不同产生的历史原因。除此之外,任子制与九品中正制还存在另

①《三国志》卷六《魏书·袁绍传》及注引《魏书》。
②《三国志》卷二六《魏书·满宠传》。
③关于南朝门生故吏地位下降问题,请参阅唐长孺先生《南朝寒人的兴起》,载《魏晋南北朝史论丛续编》,生活·读书·新知三联书店1959年版。

一个不同的方面。汉代的任子制不具有垄断性,除去任子为郎外,拥有赀产十万钱而又非商人者,也可凭赀产为郎,叫作赀选。在察举制下,被举为秀才、孝廉者也多除郎中。此外,还有献策为郎等多种途径。所以,汉代高官子弟不可能垄断郎官。而在九品中正制度下,"上品无寒门,下品无势族",低等世族很难进入上品之列。高门世族在很大程度上切断了低等世族上升之路。垄断的特征,一方面造成了高低两等世族长期较为稳定的并存局面,另一方面,随着时间的推移,随着门阀政治理论的确立,又必然地出现了族之为官的转变,即某些家族的子弟理所当然地居高位。从依据现实的政治地位以培植本宗族的力量,到依靠族姓地位以巩固自己的力量——官之为族,族之为官,这就是魏晋南朝高门世族所走过的历程。

综上所述,没有人数限制、封闭性是九品中正制度区别于任子制的关键所在。在此制度下,高门世族的宗族政治力量必然呈现出日益扩张的趋势。毫无疑问,在不断扩大基础上的世袭特权具有更稳固的特征,因为某一分支的衰落不会影响整个宗族政治权力的继续传袭。南朝一些高门世族的家世,往往可以追溯到晋代,其原因必定是复杂多样的,但九品中正制的实行显然是原因之一。

原载《北京大学学报》1987 年第 1 期

东晋南朝时期的九品中正制

东晋南朝时期，虽然九品中正制依然存在，但当时人对此却很少议论。由于史料缺乏，很难对此展开全面系统的讨论，本篇短文只是试图依据有限的材料，围绕南朝二品的增多、清浊之别以及中正清议权力的转移这几个问题，提出一些初步的意见。

一、二品的增多与清浊之别

与魏晋"上品无寒门，下品无势族"不同，南朝获得二品的人越来越多。《宋书》卷八四《邓琬传》：

> 时军旅大起，国用不足，募民上米二百斛，钱五万，杂谷五百斛，同赐荒县除。上米三百斛，钱八万，杂谷千斛，同赐五品正令史；满报，若欲署四品在家，亦听。上米四百斛，钱十二万，杂谷一千三百斛，同赐四品正令史；满报，若欲署三品在家，亦听。上米五百斛，钱十五万，杂谷一千五百斛，同赐三品令史；满报，若欲署内监在家，亦听。上米七百斛，钱二十万，

杂谷二千斛,同赐荒郡除;若欲署诸王国三令在家,亦听。

《宋书》卷四〇《百官志》下载,内台正令史官品第八,内台书令史、外台正令史官品第九。令史官品未有在五品以上者。这里不断提到的品当为中正品第。据此,令史乡品有所不同,最高者为三品。九品之制,二品以下,"遂成卑庶"①,这与令史的低下地位正合。②"满报"一词颇费解,联系上下文,大约为满员之意。此段材料的意思是,纳资应得之官,如果已经满员,可以挂名不任职,即所谓"在家,亦听"。因为仅仅是挂名,所以可晋升一品。按其叙述方式,"内监"、"荒郡"之守、"王国三令"均应是二品。令史品第有所不同,故须标示。以上诸职未标出"二品",表明这是不言而喻的。这是刘宋时期的规定。《隋书》卷二六《百官志》上:

> 梁武受命之初,官班多同宋、齐之旧,……王国置郎中令、将军、常侍官。又置典祠令、庙长、陵长、典医丞、典府丞、典书令、学官令、食官长、中尉、侍郎、执事中尉、司马、谒者、典卫令、舍人、中大夫、大农等官。……自此以下,并不登二品。

---

①《宋书》卷九四《恩幸传》序。
②《晋书》卷一〇〇《陈敏传》:"陈敏仓部令史,七第顽宂,六品下才。"《南齐书》卷二八《崔祖思传》:"今廷尉律生,乃令史门户。"《梁书》卷二一《王泰传》:"自过江,吏部郎不复典大选,令史以下,小人求竞者相辐凑。"这些都反映了当时令史地位的低下。

上述诸官均应由二品人士担任。王国三令指典祠、典卫、学官三令，①在诸官之列。可见，王国三令由二品人士担任的规定自宋初至梁初未变。②

《宋书》卷九五《索虏传》：

> （元嘉二十七年）军旅大起，王公妃主及朝士牧守，各献金帛等物，以助国用，下及富室小民，亦有献私财至数十万者。又以兵力不足，尚书左仆射何尚之参议发南兖州三五民丁，父祖伯叔兄弟仕州居职从事，及仕北徐、兖为皇弟皇子从事、庶姓主簿、诸皇弟皇子府参军督护、国三令以上相府舍（疑脱"人"字）者，不在发例，其馀悉倩暂行征。

何尚之的建议仅限于征发"三五民丁"，但同时他又申明包括王国三令在内的上述诸官亲属"不在发例"，这意味着他们也属于"三五民丁"，否则根本无须涉及。此次不征发，就当时而言，只是特殊照顾而已，后来变成了常制。但是，仅从元嘉二十七年（450）才享有荫族特权看，这些官员的地位并不高。然而根据前引纳资拜官的规定，国三令已位至二品。一般人可由纳资一途获

----

①参阅唐长孺《士人荫族特权和士族队伍的扩大》，载《魏晋南北朝史论拾遗》，中华书局1983年版。
②梁天监七年改官制后，王国三令降至二品以下，不知何故，见《隋书》卷二六《百官志》上。

二品国三令。宋代著名的寒人董元嗣、李道儿等人都曾任此职。[1] 高级士族以外的人可以通过纳资一途获得二品，这是一个重要的变化。

《宋书》卷六〇《范泰传》载范泰上表：

> 昔中朝助教，亦用二品。颍川陈载已辟太保掾，而国子取为助教，即为太尉准之弟。所贵在于得才，无系于定品。……今有职闲而学优者，可以本官领之。门地二品，宜以朝请领助教。既可以甄其名品，斯亦敦学之一隅。其二品才堪，自依旧从事。

按范泰的建议，助教应由三种人担任。第一是"职闲而学优者"，第二是"门地二品"，第三是"二品才堪"。唐长孺先生认为："门地二品是由于家世而列于二品的，至于二品才堪则是不单由于家世而也确有才能的。"[2]但"二品才堪"既然与"门地二品"分别列举，说明前者可能并不包括家世一项，而只是凭其才能得到二品的。宋明帝时，出自寒微的朱幼，就是因有"济办之能"，"遂官涉二品"[3]。《宋书》卷四三《徐羡之传》：

---

①参见《宋书》卷九四《戴明宝传》。
②唐长孺：《九品中正试释》，载《魏晋南北朝史论丛》，生活·读书·新知三联书店1955年版。
③《宋书》卷九四《朱幼传》。《南史》卷七七《恩幸传》作"官涉三品"，误。参阅祝总斌《刘裕门第考》，载《北京大学学报》1982年第1期。

> 徐羡之字宗文,东海郯人也。祖宁,尚书吏部郎,江州刺史,未拜卒。父祚之,上虞令。羡之……义熙十一年,除鹰扬将军、琅邪内史,仍为大司马从事中郎,将军如故。高祖北伐,转太尉左司马。……初,高祖议欲北伐,朝士多谏,唯羡之默然。或问何独不言。羡之曰:"吾位至二品,官为两千石,志愿久充。"①

徐羡之自称"起自布衣",但在晋末却得到了二品。这也是"二品才堪"。从徐羡之所谓"志愿久充"一语来看,他获得二品还不是一件很容易的事。又,按前引《邓琬传》载,邓琬曾任"本州大中正",他自称"南土寒士"。担任大中正的人自然是二品,身为寒士的邓琬获得二品大概也是属于"二品才堪"。

总之,"二品才堪"的规定,很可能是在晋宋之际出现的。晋宋之际,门阀士族拥有特权已经是合理合法的事情,而低等士族与寒门的力量也在日益壮大。"门地二品"、"二品才堪"反映了这一时期特点。一方面,高门士族可以合理合法地依其族姓地位获得二品,另一方面,一些非高门者也可凭借个人才能位至二品。《隋书》卷二六《百官志》上载,梁天监七年,吏部尚书徐勉主持官制改革,建立了十八班制,"以班多者为贵",上自十八班,下至一

---

① 中华书局标点本《宋书》本卷末引张森楷《校勘记》云:"案羡之时以鹰扬将军、琅邪内史,仍为大司马从事中郎,转太尉左司马。据《百官志》,无一官在二品者,而鹰扬之号及内史并为第五品,疑二品是五品之误。"此说不确。"位至二品"当指中正品第,非官品。东晋南朝史籍中常常提到的"二品",大都是指中正品第。

班,包括了三公(十八班)、诸将军开府仪同三司(十七班)、尚书令(十六班)、尚书仆射(十五班)、吏部尚书(十四班)、中书令(十三班)、侍中(十二班)、御史中丞(十一班)、中散大夫(十班)、尚书左丞(九班)、公府从事中郎(八班)、五校(七班)、太子洗马(六班)、尚书郎中(五班)、中书舍人(四班)、太子舍人(三班)、秘书郎(二班)、左右尚方(一班)等一大批官吏。紧接其后,《百官志》又云:"位不登二品者,又为七班。"言外之意,以上十八班官职都是由位居二品者担任的。这与西晋有所不同。《北堂书钞》卷六八引镇东大司马司马伷表:"从事中郎缺,用第二品。中散大夫河南山简,清粹履正,才职通济,品仪第二也。"可见,西晋从事中郎、中散大夫可以由三品人士担任。中书舍人是"寒人掌机要"之职,此时也已位至二品。

郡守未明言用哪一品人士。东晋郡守的品第有所不同。《晋书》卷六七《温峤传》:"使命愈远,益宜得才。宣扬王化,延誉四方。人情不乐,遂取卑品之人,亏辱国命,生长患害。故宜重其选,不可减二千石见居二品者。"这说明当时有的二千石中正品第在二品以下。关于梁代郡守,《百官志》仅称"郡守及丞各为十班"。据严耕望考证,"大郡地位高至第十三四班,小郡地位低至三班"。[1] 也都在十八班内,即都是二品。

南朝沈约对于二品日益增多的变化是很清楚的。他在《宋

①严耕望:《中国地方行政制度史》上编卷中《魏晋南北朝地方行政制度》上魏晋南朝第四章,上海古籍出版社2007年版。

书》卷九四《恩幸传》序中说：

> 魏武始基，军中仓卒，权立九品，盖以论人才优劣，非为世族高卑。因此相沿，遂为成法。自魏至晋，莫之能改，州都郡正，以才品人，而举世人才，升降盖寡。徒以冯藉世资，用相陵驾，都正俗士，斟酌时宜，品目少多，随事俯仰，刘毅所云"下品无高门，上品无贱族"者也。岁月迁讹，斯风渐笃，凡厥衣冠，莫非二品，自此以还，遂成卑庶。

在沈约看来，"凡厥衣冠，莫非二品"并不是从制度初建时就是如此，而是随着时间的推移在以后才出现的。

伴随着二品的增多，清浊之别在南朝越来越受到重视。在南朝史籍中常常可以见到"二品清官"的记载。《南齐书》卷四一《张融传》：张融为仪曹郎"寻请假奔叔父丧。道中罚干钱敬道鞭杖五十，寄系延陵狱。大明五年制，二品清官行僮干杖，不得出十。为左丞孙缅所奏，免官。"同书卷九《礼志》上：永明五年（487）十月，有司奏："南郡王昭业冠，求仪注未有前准。"尚书令王俭议："其日内外二品清官以上，诣止车集贺，并诣东宫南门通笺。"同书卷七《东昏侯纪》：永元元年春正月诏："三品清资官以上应食禄者，有二亲或祖父母年登七十，并给见钱。"①《南史》卷

---

① "三品清资官"中的"三"字大约是"二"字之误。九品之制，二品以下遂成卑庶，不应有三品清资官。《南史》齐本纪全删此句，可能李延寿也觉得颇费解？

七七《沈客卿传》："旧制军人、士人，二品清官，并无关市之税。"
《法书要录》卷二引庾元威《论书》："近来贵宰，于二品清宦进不
假手作书，而笔迹过鄙，无法度。""二品清宦"当即"二品清官"。

　　"二品清官"这一称谓在史籍中不断出现意味着什么呢？官分
清浊始于西晋。《北堂书钞》卷六六载齐王攸与山涛书："洗马，今
之清选，前后典文书才义也。"所谓清官即是高门多担任的官，反之
则是浊官。① 西晋人不大议论清浊问题。但是到南朝，清浊之分变
得日益突出。这当是有原因的。前引范泰上表建议"门地二品"者
以奉朝请领助教，其首要目的在于"甄其名品"，意即声明他们是
"门地二品"而不是其他二品。奉朝请一职是公认的清官，所以能
够起到此种作用，只是永初以后才"选杂"。② 由此可见，在二品日
益增多的情况下，二品已不足以标明身份。二品必须靠清官才能说
明其价值。根据前引史料，南朝的一些制度以及特权的享受均以"二
品清官"为界限，正可说明这个问题。简言之，二品的增多使高门士
族必须另找办法来维护其特权地位，这个办法就是强调清浊之别。

二、清议权力的转移

　　所谓"清议"，最初仅指"东汉以来乡里中形成的关于某个人

①参阅周一良《南齐书丘灵鞠传试释兼论南朝文武官位及清浊》，《魏晋南北朝史论
　集》中华书局 1963 年版。
②奉朝请为清要之职，祝总斌《刘裕门第考》中已有论述。《宋书》卷四〇《百官志》下："奉
　朝请无员，亦不为官。……永初已来，以奉朝请选杂，其尚主者，唯拜驸马都尉。"

的舆论。"①其内容包括对被品评者道德上优缺点两个方面的评价。评价的理论依据是儒家的名教思想。按九品中正制度的规定,中正应听取乡里清议并依此来确定或升降被品评者的品第。但发展到后来,中正并不大采纳乡里的意见,而是"高下任意,荣辱在手"。②此外,"清议"一词的含义也不再包括对被品评者优点的评价,而是专指对其违反儒家道德观念的言行的揭发。尽管西晋中正营私舞弊,致使"上品无寒门,下品无势族",但慑于皇权的压力,有时也不得不主持清议。但东晋以后中正似乎很少起作用。人们在评论选举时,大都指斥吏部专权,而从不提中正。对此,日本学者宫川尚志、矢野主税等已有论述,不必重复。③《晋书》卷七〇《卞壶传》载,东晋初年,淮南小中正王式违反名教,御史中丞卞壶上奏:

> 时淮南小中正王式继母,前夫终,更适式父。式父终,丧服讫,议还前夫家。前夫家亦有继子,奉养至终,遂合葬于前夫。式自云:"父临终,母求去,父许诺。"于是制出母齐衰朞。壶奏曰:"……继母如母,圣人之教。式为国士,闺门之内犯礼违义,开辟未有,于父则无追亡之善,于母则无孝敬之

---

① 周一良:《两晋南朝的清议》,载《魏晋南北朝史论集续编》,北京大学出版社 1991 年版,116 页。
② 《晋书》卷四五《刘毅传》。
③ 参阅宫川尚志《六朝史研究·政治社会篇》第四章;矢野主税:《魏晋中正制の性格についての一考察》,载《史学杂志》第七十二篇第二号。

道,存则去留自由,亡则合葬路人,可谓生事不以礼,死葬不
以礼者也。亏损世教,不可以居人伦诠正之任。案侍中、司
徒、临颍公组敷宣五教,实在任人,而含容违礼,曾不贬黜;扬
州大中正、侍中、平望亭侯晔,淮南大中正、散骑侍郎弘,显执
邦论,朝野取信,曾不能率礼正违,崇孝敬之教,并为不胜其
任。请以见事免组、晔、弘官,大鸿胪削爵土,廷尉结罪。"疏
奏,诏特原组等,式付乡邑清议,废弃终身。

按此,似乎清议工作已转交御史中丞。但卞壸奏免中正、司徒的
理由是"并为不胜其任",则制度上清议仍应由中正与司徒负责。
当时,"不胜其任"者并不在少数。《晋书》卷七八《孔愉传》:

初,愉为司徒长史①,以平南将军温峤母亡遭乱不葬,乃
不过其品。至是,峤平,而峤有重功,愉往石头诣峤,峤执愉
手而流涕曰:"天下丧乱,忠孝道废。能持古人之节,岁寒不
凋者,唯君一人耳。"时人咸称峤居公而重愉之守正。

同书卷七五《韩伯传》:

陈郡周勰为谢安主簿,居丧废礼,崇尚庄老,脱落名教。

①"司徒长史"当是"司徒左长史"的省称。本传前云:"帝为晋王,使长兼中书
郎。……出为司徒左长史。"

伯领中正，不通緦，议曰："拜下之敬，犹违众从礼，情理之极，不宜以多比为通。"时人惮焉。识者谓伯可谓澄世所不能澄，而裁世所不能裁者矣。

孔愉不过温峤品，韩伯不通周緦，本是照章办事，但孔愉却因此得到"岁寒不凋者，唯君一人耳"的称赞，韩伯也因此引起有识者的感叹。可见，真正在其任，履行职责者已寥寥无几。东晋时期，"王与马共天下"，皇权极度衰落。九品中正制度愈来愈成为大族手中的特权工具。中正不行清议之权是可以想象的。

因为中正不行清议之权，所以当需要使用清议手段时，往往让御史中丞出面。《宋书》卷六〇《范泰传》载，东晋末年，"桓玄辅晋，使御史中丞祖台之奏泰及前司徒左长史王准之、辅国将军司马珣之并居丧无礼，泰坐废徙丹徒"。桓玄不让中正提出清议，却偏偏要御史中丞上奏弹劾。此时清议的权力事实上已转交御史中丞。《宋书》卷六九《范晔传》：元嘉十六年，范晔"母亡，报之以疾，晔不时奔赴，及行，又携妓妾自随，为御史中丞刘损所奏，太祖爱其才，不罪也。"这也是御史中丞行使清议权力的例子。

但梁天监以后清议之权又转回中正手中。《梁书》卷二《武帝纪》中载，天监七年"诏于州郡县置州望、郡宗、乡豪各一人，专掌搜荐。"此诏常常使人迷惑不解，似乎梁代又建立了与九品中正制类似的另一套系统。马端临曾提出"梁初无中正"的说法。对此，杨筠如在《九品中正与六朝门阀》一书第二章"九品中正内容的分析"中指出："我疑天监七年所置的州望、郡宗，只是帮助中正专掌搜荐之事,他的职务约与访问相同,决不是废了中正而置,可以断言。"这一推测很有道理。《法书要录》卷二引庾元威《论书》:梁制,"私吊答中,彼此言感恩乖错者,州望须刺大中正处,入清议,终身不得仕,盛名年少,宜留意勉之"。"州望"不仅有"搜荐"的使命,而且也要参预清议工作。犯清议事由州望通知大中正,既说明州望与中正属于同一系统,也说明中正又负责清议了。《南史》卷六一《陈庆之传》:"少弟暄,学不师受,文才俊逸。尤嗜酒,无节操,遍历王公门,沉湎谊谠,过差非度。……暄以落魄不为中正所品,久不得调。"这是中正负责清议的例子。《隋书》卷二五《刑法志》载,梁武帝天监元年(502)定律,"士人有禁锢之科,亦有轻重为差。其犯清议,则终身不齿"。这与前引庾元威《论书》中的说法是一致的。当时清议威力极大。

　　周一良先生指出,梁武帝用人政策的特点是重用低等士族。[1] 梁武帝说"官以人而清,岂限以甲族"。[2] 在起家入仕问题上,梁武帝说:"且闻中间立格,甲族以二十登仕,后门以过立试吏,求之愚怀,抑有未达。"[3]他对甲族入仕特权是颇为不满的。《梁书》卷二《武帝纪》中载天监四年(505)诏:"今九流常选,年未三十,不通一经,不得解褐。"《隋书》卷二六《百官志》:"陈依梁制,年未满三十者,不得入仕。唯经学生策试得第,诸州光迎主

①参阅周一良《论梁武帝及其时代》,载《魏晋南北朝史论集续编》,北京大学出版社1991年版。
②《梁书》卷四九《庾於陵传》。
③《梁书》卷一《武帝纪》上。

簿,西曹左奏及经为挽郎得仕。"不分甲族后门,一律以三十岁为入仕年龄。这是对甲族入仕特权的否定。这一时期,高门甲族子弟往往是通过策试进入仕途的。《陈书》卷一七《王通传》:"王通字公达,琅琊临沂人也。祖份,梁左光禄大夫。父琳,司徒左长史。……通,梁世起家国子生,举明经,为秘书郎、太子舍人"。本传又载:"劢字公济,通之弟也。……梁世为国子《周易》生,射策举高第,除秘书郎、太子舍人"。同书卷一八《王质传》:王通弟王质,"梁世以武帝甥封甲口亭侯,补国子《周易》生,射策高第。起家秘书郎、太子舍人"。《南史》卷二三《王彧传附王锡传》:王锡"十二为国子生,十四举清茂,除秘书郎"。《陈书》卷二一《萧乾传》:祖嶷,齐丞相豫章文献王,父子范,秘书监。萧乾"年九岁,召补国子《周易》生。……十五,举明经。释褐东中郎湘东王法曹参军"。颜之推说,梁代"贵游子弟"明经求第,则顾人答策"[1]。高门子弟之所以作弊,就是因为他们的特权受到了限制。

梁武帝重视儒家学说,重视清议而又在一定程度上否定高门甲族的门地特权。正是在此时,清议之权又转回中正手中。这似乎可以说明中正定品的原则有了变化,高门子弟虽然有"门地二品"的特权,但涉及德行的清议也是影响仕途的重要因素。

原载《中国史研究》1987 年第 4 期

---

[1]《颜氏家训·勉学》篇。

九品中正制杂考

一、中正品第与官品官位

　　九品中正制下,中正给予某人的品第虽然不等于官位,但二者是有密切关系的。日本学者宫崎市定认为,乡品(即中正品第)与起家官品相差四级,即获得乡品二品者可以从六品官起家,获得乡品三品者可以从七品官起家。馀依此类推。[①] 宫崎氏是根据以下材料做出这一推断的:

　　《晋书》卷四六《李重传》:"迁尚书吏部郎……拔用北海西郭汤、琅琊刘珩、燕国霍原、冯翊吉谋等为秘书郎(六品)及诸王文学(七品)。"

　　《晋书》卷八六《张轨传》:"泰始初,受叔父锡官五品。中书监张华与轨论经义及政事损益,甚器之。谓安定中正为蔽善抑才,乃美为之谈,以为二品之精。卫将军杨珧辟为掾(七品),除太子

①宫崎市定:《九品官人法の研究》第二编本论第二章《魏晋の九品官人法》。

舍人。"

《晋书》卷九〇《邓攸传》:"尝诣镇军贾混……混奇之,以女妻焉。举灼然二品,为吴王文学(七品)。"

《晋书》卷六七《温峤传》:"后举秀才,灼然。司徒辟东阁祭酒(七品)。"

《晋书》卷六〇《李含传》:"李含……侨居始平……州刺史郭奕……擢含为别驾……寻举秀才,荐之公府,自太保掾(七品)转秦国郎中令(六品),司徒选含领始平中正……退割为五品。归长安。岁馀,光禄差含为寿城邸阁督(九品)。"

《北堂书钞》卷六八引镇东大将军司马伷表:"从事中郎缺,用第三品。中散大夫(七品)河内山简,清精履正,才识通济,品仪第三也。"①

根据以上史料,宫崎氏列表如下:

姓名	霍原	温峤	张轨	邓攸	李含	山简	李含
乡品	2	2	2	2	2	3	5
起家官品	6(7?)	7	7	7	7	7	9

此表与宫崎氏结论有明显矛盾之处。表中乡品与起家官品明确相差四级的只有二例,而相差五品者居多。如何解释这一现象呢？宫崎氏认为,制度的制定与实行总会有些出入的。这从道理上讲是对的。但既然相差五级者多于相差四级者,岂不是更可

以得出二者相差五级的结论吗？对此，宫崎氏不可能看不出来。他之所以要总结出相差四级的结论是有原因的。

魏代司徒华歆之子华表，二十岁以五品散骑黄门郎起家。① 司马炎以五品给事中起家。② 晋大臣王浑子王济以五品中书郎起家。③ 据此，宫崎市定说，乡品一品是否存在，这向来是有疑问的，但既然已有五品起家的例子，根据相差四级说，他就自然得出了乡品一品存在的结论。可以看出，宫崎市定是绝对不能承认相差五级的，因为承认了此点，就意味着上述三人的乡品都是零，即没有乡品。我们认为，相差四级说是缺乏根据的，由此推出一品存在的结论更不能成立。从来的研究者都认为乡品一品实际上是虚设的。二品就是最高品。华表、司马炎、王济都是高官子弟，他们获乡品二品应该是没有问题的。起家官品与乡品只差三级。唐长孺先生在《九品中正制度试释》一文中引《晋书》卷三六《张华传附刘卞传》，刘卞在太学试经得乡品四品，后因得罪中正属官访问，被中正退为尚书令史。《初学记》卷二一引王隐《晋书》："访问案卞罪，下品二等，补左人尚书令史。"据此，唐先生说："左人尚书令史例以六品人充当。"④按尚书令史官品第九，刘卞的官品与乡品也是相差三级。《晋书》卷四四《郑默传》载，晋武帝司马炎与郑默同时获乡品，后晋武帝对郑默说："昔州里举卿相辈，常愧

①《晋书》卷四四《华表传》。
②《晋书》卷一《武帝纪》。
③《晋书》卷四二《王济传》。
④唐长孺：《九品中正制度试释》，载《魏晋南北朝史论丛》，生活·读书·新知三联书店1955年版。

有累清谈。""相辈"即指列为同品。① 郑默是以六品秘书郎起家的,司马炎则是从五品给事中起家。二人乡品相同,但起家官品却不同。

综上所述,乡品与起家官品有相差三级、四级、五级者。二者在品的次第上并无固定联系,宫崎氏的相差四级说是不能成立的。

本文认为,乡品仅仅是与具体官职有关系,而且也不只限于起家官职。《晋书》卷六六《刘弘传》:刘弘任荆州刺史,上表:"被中诏,敕臣随资品选,补诸缺吏……南郡廉吏仇勃……尚书令史郭贞……虽各四品,皆可以训奖臣子,长益风教。臣辄以勃为归乡令,贞为信陵令。"刘弘先称被中诏随资品选补,后又列仇、郭二人乡品,可知"资品"就是乡品。《晋书》卷六八《贺循传》:贺循为武康令,"无援于朝,久不进序。著作郎陆机上疏荐循曰:'伏见武康令贺循德量邃茂……至于才望资品,循可尚书郎……谨条资品,乞蒙简察。'"这里所说的资品也是乡品。官吏任命要依此进行。郭贞被刘弘任命为县令前已出仕,陆机推荐贺循时,贺循已是县令,但他们进一步升迁仍需参考乡品品级。这说明乡品并不仅仅在起家做官时有意义。我在《魏西晋时代的九品中正制》一文中曾指出,东宫官属与诸王文学等职往往由获得二品的势族子弟担任。② 此外,据前引《北堂书钞》卷六八所载司马伷表,西

---

①参阅周一良《晋书札记》"相辈与清谈"条,载《文史》第10辑。
②胡宝国:《魏西晋时期的九品中正制》,载《北京大学学报》1987年第1期。

晋从事中郎一职应由三品人士担任。助教一职,刘宋初年范泰说:"昔中朝助教,亦用二品。"①上述事实表明,乡品与任官确实有一定联系,或是制度有所规定,或是不成文的习惯。就官职与乡品而言,某些具体的官职须具有某些乡品的人担任。所以,就个人的乡品与任官而言,乡品决定的只是他可以担任哪些具体官职。当时人从不提乡品的等级与官品的等级有何联系。

西晋高官子弟居二品,所以多从东宫官属、诸王文学起家。除此之外,也有从公府掾起家者。《晋书》卷二四《职官志》载,太宰、太傅、太保、太尉、司徒、大司马、大将军为八公。"骠骑、车骑、卫将军、伏波、抚军、都护、镇军、中军、四征、四镇、龙骧、典军、上军、辅国等大将军,左右光禄、光禄三大夫,开府者皆为位从公。"又"诸公及开府位从公者……置长史一人,秩一千石;西、东阁祭酒,西、东曹掾……加兵者增置司马一人,秩千石。"所谓公府掾,即指诸公及开府位从公下属的东、西曹掾。史载羊祜兄子羊伊"初为车骑贾充掾"②。荀藩子荀闿"大司马、齐王囧辟为掾"③。卢钦弟子卢志"初辟公府掾"④。这与乡品是有关系的。《晋书》卷四九《阮籍传》:"阮瞻……举止灼然。见司徒王戎,戎问曰:'圣人贵名教,老庄明自然,其旨同异?'瞻曰:'将无同。'戎咨嗟良久,即命辟之。时人谓之'三语掾'。""举止灼然"衍一

①《宋书》卷六〇《范泰传》。
②《晋书》卷三四《羊祜传》。
③《晋书》卷三九《荀闿传》。
④《晋书》卷四四《卢钦传》。

"止"字,应为"举灼然",意即举灼然二品。① 阮瞻为二品,又任司徒掾,可见司徒掾应由二品人士担任。

《晋书》卷八九《刘沈传》:"太保卫瓘辟为掾,领本州大中正。"中正必须是二品,可证太保掾应由二品人士担任。《宋书》卷六〇《范泰传》:"昔中朝助教亦用二品。颍川陈载已辟太保掾,而国子取为助教。"陈载由太保掾转为助教,即因为他位居二品。这两个官职都须二品的人充当。前引《张轨传》载张华盛赞张轨,"以为二品之精。卫将军杨珧辟为掾"。据此可知,卫将军掾应为二品。

《晋书》卷四六《刘颂传》:"初,颂嫁女临淮陈矫……中正刘友讥之……友辟公府掾。"中正刘友以二品之位任公府掾,由此可见,公府掾应是由二品人士担任的。宫崎氏为论证他的乡品与起家官品相差四级说指出:"在当时(指魏晋——引者按)乡品二品是很难获得的,大多数得到的是乡品三品,因而通常是以七品官公府掾属起家。"②这与上述事实显然相违背。

据《晋书》卷二四《职官志》载,公府掾之上还有长史,西、东阁祭酒,加兵者还要置司马。这些职务也多由二品人士充当。《晋书》卷六〇《张辅传》:"梁州刺史杨欣有姊丧,未经旬,车骑长史韩预强聘其女为妻。辅为中正,贬预以清风俗。"《通典》卷六〇亦载此事:"南阳中正张辅言司徒府云:'故凉州刺史杨欣

---

① 中华书局标点本《晋书》卷四九《阮籍传》校勘记:"举止灼然　劳校:孙志祖曰:'止'字疑衍。'灼然'者,晋世选举之名,于九品中正为第二品,见《温峤传》、《邓攸传》。"
② 宫崎市定:《九品官人法の研究》第二编本论第三章《南朝における流品の发达》。

女,以九月二十日出赴姊丧殡,而欣息俊因丧服二十六日,强嫁妹与南阳韩氏,而韩氏就杨家共成婚姻。韩氏居妻丧,不顾礼义,三旬内成婚。伤化败俗,非冠带所行。下本品二等。第二人(品)今为第四,请正黄纸。'"《通典》记事与《晋书》有所不同,但就中正降韩预品而言,二书是一致的。综合两条史料,韩预作为车骑长史时,其乡品应是二品。

《晋书》卷六八《纪瞻传》:"后又举寒素,大司马辟东阁祭酒。"《晋书》卷四七《傅玄传》:"豫州大中正夏侯骏上言:鲁国小中正司空司马孔毓,四移病所,不能接宾……"按纪瞻以寒素资格得二品任公府掾,孔毓以公府司马兼中正,可知公府祭酒、司马也由二品人士担任。[①]

综合上文,公府掾、祭酒、长史、司马大都是二品人士担任的职务,且往往是以辟举的方式担任。辟举制沿自汉代,但在西晋,它却受到九品中正制度的限制,高官子弟位居二品,所以可任公府掾等职。

不论是公府掾、祭酒,或是东宫官属、诸王师友文学等职,都是属官一类的职务,而不是独当一面的官职。前者一般来说是高官势族的属官,后者则是皇族的属官,担任此类职务,大约就意味着与最上层建立了联系,由此可以得到其庇护与推荐。这对于以后进一步升迁是大有好处的。前引《贺循传》也可以从反面说明这个问题。贺循之所以长期担任县令,"久不进序",就是因为他

---

① 关于纪瞻以寒素资格获二品事,请参阅前引拙作《魏西晋时期的九品中正制》。

"无援于朝"。但是,须要指出,八公及开府位从公者并非人人都有实权,对于那些仅领虚衔而无实权者,势族子弟是不屑一顾的。晋灭吴后,"伏波将军孙秀以亡国支庶,府望不显,中华人士耻为掾属"①。与上述诸属官品级相同的官职还有很多,但势族子弟并不去争,这就告诉我们,获得乡品二品的意义不在于做几品官,而在于做哪一类官。简言之,乡品是与具体官职联系在一起的。

二、东晋末及南朝中正的其他职责

晋末南朝,中正除去评定九品外,还有其他职责。《宋书》卷五二《谢景仁传附谢述传》:"随兄纯在江陵。纯遇害,述奉纯丧还都。行至西塞,值暴风,纯丧舫流漂,不知所在。述乘小船寻求之……因冒浪而进,见纯丧几没,述号叫呼天,幸而获免。咸以为精诚所致也。高祖闻而嘉之,及临豫州,讽中正以述为主簿。"《南齐书》卷三三《张绪传》:吴郡张绪"复领中正(州中正)。长沙王晃属选用吴兴闻人邕为州议曹,绪以资籍不当,执不许。晃遣书佐固请之地,绪正色谓晃信曰:'此是身家州乡,殿下何得见逼!'"按此,州中正有任命州刺史僚佐的权力。宫崎氏更明确指出,宋齐以后,州中正只能品评推荐州郡僚属,成为刺史下面的属官。② 此说似可再商讨。日本学者越智重明认为,宋代州中正都

---

①《晋书》卷六六《陶侃传》。
②宫崎市定:《九品官人法の研究》第二编本论第三章《南朝における流品の发达》。

是中央高官兼任的。不可能成为州刺史的属官。[①] 我同意他的
观点。我们还可以从其他方面再讨论这个问题。上引《宋书》所
载谢述事迹,《南史》卷一九《谢裕传附谢述传》亦载,但文字有所
不同,作:"武帝闻而嘉之,及临豫州,讽中正以为迎主簿。"主簿
与迎主簿虽只是一字之差,但却是有区别的。《通典》卷三二引
刘毅上表:"刺史初临州,大中正选州里才业高者兼主簿、从事迎
刺史。若吏部选用,犹下中正,问人事所在,父祖位状。"刘毅讲
得很清楚,中正仅仅有任命迎接新到任刺史的主簿与从事的权
力。《宋书》"以述为主簿"疑应作"以为迎主簿"。李延寿之所以
改字,证明他是懂得这个制度的。《张绪传》所载"长沙王晃属选
用吴兴闻人邕为州议曹"云云,大约是脱一"迎"字,因为除去此
例外,再无中正任命一般州郡僚佐的记载。《南史》卷六〇《徐勉
传》:"旧扬、徐首迎主簿,尽选国华,中正取勉子崧充南徐选首。
帝敕之曰:'卿寒士,而子与王志子同迎。偃王以来未之有
也。'"[②]这是州中正任命迎主簿的例子。《南齐书》卷三二《王琨
传》:王琨为本州中正,"时王俭为宰相,属琨用东海郡迎吏。琨
谓信人曰:'语郎,三台五省,皆是郎用人;外方小郡,当乞寒贱省
官。何容复夺之?'遂不过其事"。"用东海郡迎吏"一语,意即让
州中正王琨任用某人为东海郡迎吏。由此看来,州中正不仅可以
任命州迎主簿等,就是郡迎吏也必须由他任命。日本学者宫川尚

①越智重明:《魏晋南朝の贵族制》第六章《宋齐政权と宋齐贵族制》。
②中华书局标点本《南史》此句断为:"旧扬、徐首迎主簿,尽选国华中正,取勉子崧充
南徐选首。"误。

志指出,南朝郡中正多见于丹阳、吴郡、会稽、南郡等重要郡邑。[1]
检索史料,确实如此,上述诸郡外,如著名的琅琊郡、颍川郡等也
有郡中正,[2]而一般郡邑则不见。郡迎吏由州中正任命,恐与此
有关。总之,州中正能够任命的只是州郡迎吏,而非一般州郡长
官的属佐。

原载《文史》1992 年第 3 辑总第 36 辑

---

①宫川尚志:《六朝史研究·政治社会篇》第四章。
②参见《宋书》卷六〇《王准之传》、《王韶之传》、《荀伯子传》。

两晋时期的"南人"、"北人"

自东晋十六国始,因长期分裂,南北两地在学术文化方面呈现出很多差异。这些差异历来为研究者所关注。但是回顾以往的研究史,我们发现研究者对涉及南北差异的一些关键性史料的理解并不相同,比如对《世说新语》记载的一段有关"南人"、"北人"的对话,研究者的认识就有分歧。这些分歧不解决,进一步讨论就很困难。

一、"南人"、"北人"

《世说新语·文学》篇:

> 褚季野语孙安国云:"北人学问,渊综广博。"孙答曰:"南人学问,清通简要。"支道林闻之曰:"圣贤固所忘言。自中人以还,北人看书,如显处视月;南人学问,如牖中窥日。"

针对这段对话,唐长孺先生曾经解释说:"从来引这一段来说明

南北学风的都以为褚裒、孙盛和支道林所说的南北就相当于以后
南北朝的界限。我觉得在东晋时可能范围有些出入。褚裒(季
野)为阳翟人,孙盛(安国)是太原人,所谓南北应指河南北。东
迁侨人并不放弃原来籍贯,孙褚二人的对话只是河南北侨人彼此
推重,与《隋书·儒林传序》所云:'南人约简,得其英华;北学深
芜,穷其枝叶',虽同是南北,而界限是不一致的。"①

　　唐先生关于"南北"地域界限的推测相当有分寸,只是说"可能
范围有些出入",而没有把话说死。这是很重要的,因为的确没有过
硬的史料可以支持这一推测。《晋书》卷六二《祖逖传附祖纳传》:

　　　　时梅陶及钟雅数说馀事,纳辄困之,因曰:"君汝颍之
　　士,利如锥;我幽冀之士,钝如槌。持我钝槌,捶君利锥,皆当
　　摧矣。"陶、雅并称"有神锥,不可得槌"。纳曰:"假有神锥,
　　必有神槌。"雅无以对。

　　唐先生试图用这条史料证成己说。他说:"祖纳为范阳人,钟雅为
颍川人,这又是河南北人的彼此诋毁,与褚孙的相互推重事虽不
同,而同以河南北相对比则一。"范阳在河北、颍川在河南,这自然
是不错的,但问题是当时人钟雅、祖纳所使用的称谓恰恰不是"南
人"、"北人",而是"汝颍之士"、"幽冀之士"。此外,唐先生还引了

―――――――
①唐长孺:《读抱朴子推论南北学风的异同》,载《魏晋南北朝史论丛》,生活·读书·
　新知三联书店1955年版,361页。

卢毓《冀州论》中的一段文字:"冀州,天下之上国也。尚书何平叔、邓玄茂谓其土产无珍,人生质朴,上古以来,无应仁贤之例,异徐、雍、豫诸州也。"唐先生解释说:"何晏的贬抑冀州也许意在贬抑河内之司马氏。但卢毓为涿郡人,何晏、邓飏都是南阳人,卢毓为汉代经学世家,何晏则新兴之玄学创始人,这里的徐、豫与冀州也是河南北的对比,雍州只是作为陪衬而已。"①这里的问题与上面的例子相同,卢毓等人使用的也是具体政区的称谓而非"南北"。

对于幽冀地区,除"幽冀"外,当时人也常用"河北"来指称。《三国志》卷一《武帝纪》注引《魏书》曰:"袁绍之在河北,军人仰食桑椹。"《武帝纪》载曹操令曰:"河北罹袁氏之难,其令无出今年租赋!"《晋书》卷七一《陈頵传》载,解结问僚佐:"河北白壤膏粱,何故少人士,每以三品为中正?"这样的例子很多,但未见将"河北"省称为"北"的例证。

对于大河以南地区,当时人也并不以"南"视之。《三国志》卷三五《诸葛亮传》注引《魏略》曰:

> 亮在荆州,以建安初与颍川石广元、徐元直、汝南孟公威等俱游学,……后公威思乡里,欲北归,亮谓之曰:"中国饶士大夫,遨游何必故乡邪!"

《晋书》卷六五《王导传》:

---

① 唐长孺:《读抱朴子推论南北学风的异同》,载《魏晋南北朝史论丛》,362 页。

桓彝初过江，见朝廷微弱，谓周顗曰："我以中州多故，来此欲求全活，而寡弱如此，将何以济！"忧惧不乐。

《晋书》卷七三《庾亮传》载庾亮上书曰：

臣凡庸固陋，少无殊操，昔以中州多故，旧邦丧乱，随侍先臣远庇有道，爰容逃难，求食而已。

《晋书》卷一〇〇《陈敏传》：

及赵王伦篡逆，三王起义兵，久屯不散，京师仓廪空虚，敏建议曰："南方米谷皆积数十年，时将欲腐败，而不漕运以济中州，非所以救患周急也。"朝廷从之，以敏为合肥度支，迁广陵度支。

以上如汝南孟公威、谯国桓彝、颍川庾亮籍贯均在大河之南。又《陈敏传》前云"京师"，后称"中州"，据此可知当时人对大河以南地区习惯上是称"中州"，或称"中国"。① 与此相适应，对该地之人则多称"中州士人"、"中州之士"、"中州人"等，如陈寿书称：

① 《三国志》卷五四《鲁肃传》注引《吴书》曰："后雄杰并起，中州扰乱，肃乃命其属曰：'中国失纲，寇贼横暴，淮、泗间非遗种之地，吾闻江东沃野万里，民富兵强，可以避害，宁肯相随俱至乐土，以观时变乎？'其属皆从命。"按此，"中州"、"中国"所指相同。

"是时中州士人避乱而南,依(全)琮居者以百数。"①华谭致顾荣信中云:"诸贤何颜见中州之士邪!"②孙盛《晋阳秋》曰:"吴人以中州人为伧。"③类似的例证很多,不一一列举。

关于"南人"、"北人"的含义,史籍中是有明确记载的。《三国志》卷五六《吕範传》注引《九州春秋》:

> 初平三年,扬州刺史陈祎死,袁术使瑀领扬州牧。后术为曹公所败于封丘,南人叛瑀,瑀拒之。

《世说新语·排调》篇:

> 晋武帝问孙皓:"闻南人好作《尔汝歌》,颇能为不?"皓正饮酒,因举觞劝帝而言曰:"昔与汝为邻,今与汝为臣。上汝一杯酒,令汝寿万春。"帝悔之。

《晋书》卷五七《吾彦传》:

> 会交州刺史陶璜卒,以彦为南中都督、交州刺史。重饷陆机兄弟,机将受之,云曰:"彦本微贱,为先公所拔,而答诏不善,安可受之!"机乃止。因此每毁之。长沙孝廉尹虞谓

---

①《三国志》卷六〇《全琮传》。
②《晋书》卷一〇〇《陈敏传》。
③《世说新语》卷六《雅量》篇注引《晋阳秋》。

机等曰:"自古由贱而兴者,乃有帝王,何但公卿。若何元幹、侯孝明、唐儒宗、张义允等,并起自寒微,皆内侍外镇,人无讥者。卿以士则答诏小有不善,毁之无已,吾恐南人皆将去卿,卿便独坐也。"于是机等意始解,毁言渐息矣。

以上诸条中的"南人"显然都是指江南之人。又,《晋书》卷五四《陆云传附传》:"太康中,下诏曰:'伪尚书陆喜等十五人,南士归称,并以贞洁不容皓朝,或忠而获罪,或退身修志,放在草野。主者可皆随本位就下拜除,敕所在以礼发遣,须到随才授用。'"同书卷六五《王导传》载王导语:"顾荣、贺循、纪瞻、周玘,皆南土之秀,愿尽优礼,则天下安矣。"同书卷六八《薛兼传》:"兼清素有器宇,少与同郡纪瞻、广陵闵鸿、吴郡顾荣、会稽贺循齐名,号为'五儁'。初入洛,司空张华见而奇之,曰:'皆南金也。'"以上"南士"、"南土之秀"、"南金"中的"南",与所谓"南人"之"南"含义完全一致。我们再看有关"北人"的记载。《晋书》卷六七《郗鉴传》载郗鉴咸康五年(339)临终语:

　　臣所统错杂,率多北人,或逼迁徙,或是新附,百姓怀土,皆有归本之心。

郗鉴是兖州高平人,率领北方流民来到南方,所以他说"臣所统错杂,率多北人"。又,《世说新语·德行》篇:

　　邓攸始避难,于道中弃己子,全弟子。既过江,取一妾,甚宠爱。历年后讯其所由,妾具说是北人遭乱,忆父母姓名,乃攸之甥也。攸素有德业,言行无玷,闻之哀恨终身,遂不复畜妾。

邓攸是平阳襄陵人。平阳郡属司州。邓攸之甥称"北人"。此"北人"与郗鉴所云"北人"含义相同,都是指北方之人。

　　总之,分析魏晋人用语习惯,可知"南人"就是指南方人,"北人"就是指北方人,与大河南北没有关系。

二、"渊综广博"与"清通简要"

　　关于南人、北人学术上的差异,东晋褚、孙的讨论实际上并不是第一次,至少在东汉末年就已经有过讨论。《三国志》卷五七《虞翻传》注引《江表传》:

　　策既定豫章,引军还吴,飨赐将士,计功行赏,谓翻曰:"孤昔再至寿春,见马日䃅,及与中州士大夫会,语我东方人多才耳,但恨学问不博,语议之间,有所不及耳。孤意犹谓未耳。卿博学洽闻,故前欲令卿一诣许,交见朝士,以折中国妄语儿。"

孙策与中州士大夫的讨论也涉及到了南北学风的差异,只是没有用"南人"、"北人"的称谓,而是以"中州士大夫"、"东方人"相称。按孙策语,中州士大夫认为东方人学问不博,言外之意当然是认为自己学问渊博了,这与褚季野所谓"北人学问渊综广博"正可呼应,说明"北人"的确是指北方之人。值得注意的是,两次讨论都是在"学问"上比较南北差异。那么,什么是"学问"呢?一般而论,"学问"当然是泛指各种知识而言,不过东汉人所说的"学问"往往是专指经学上的学问。《后汉书》卷二二《马武传》:

> 帝后与功臣诸侯谠语,从容言曰:"诸卿不遭际会,自度爵禄何所至乎?"高密侯邓禹先对曰:"臣少尝学问,可郡文学博士。"

《太平御览》卷二二八引《东观汉记》:

> 周泽少修高节,耿介特立,好学问,治《严氏春秋》,门徒数百人,隐居山野,不汲汲于时俗。

《后汉书》卷四四《徐防传》注引《东观记》载防上疏曰:

> 试《论语》本文章句,但通度,勿以射策。冀令学者务本,有所一心,专精师门,思核经意,事得其实,道得其真。于此弘广经术,尊重圣业,有益于化。虽从来久,六经衰微,学问寖浅,诚宜反本,改矫其失。

《三国志》卷四九《士燮传》：

> 燮体器宽厚,谦虚下士,中国士人往依避难者以百数。耽玩《春秋》,为之注解。陈国袁徽与尚书令荀彧书曰:"交阯士府君既学问优博,……《春秋左氏传》尤简练精微,吾数以咨问传中诸疑,皆有师说,意思甚密。又《尚书》兼通古今,大义详备。闻京师古今之学,是非忿争,今欲条《左氏》、《尚书》长义上之。"

以上都是东汉人以经学为"学问"的例子。魏晋人也常常是在这个意义上理解"学问"。《后汉书》卷八二上《谢夷吾传》注引《谢承书》曰:"县人女子张雨,早丧父母,年五十,不肯嫁,留养孤弟二人,教其学问,各得通经。"鱼豢《魏略》称"(严)幹从破乱之后,更折节学问,特善《春秋公羊》","长安市侩有刘仲始者,一为市吏所辱,乃感激,蹋其尺折之,遂行学问,经明行修,流名海内"。[1]又,《三国志》卷一八《李典传》注引《魏书》曰:"典少好学,不乐兵事,乃就师读《春秋左氏传》,博观群书。"陈寿在本传中的描述是:"典好学问,贵儒雅。"

　　"学问"含义既然如此,我们就有必要着重从经学的角度考察南北学风的异同。东汉时期,北方很多著名学者在经学上都有"博通"的特点,如杜林"博洽多闻,时称通儒",桓谭"博学多通,

----

[1]《三国志》卷二三《裴潜传》注引《魏略》。

遍习五经,皆诂训大义,不为章句",贾逵"博物多识",班固"博贯载籍,九流百家之言,无不穷究。所学无常师,不为章句,举大义而已",崔骃"博学有伟才,尽通古今训诂百家之言",马融"才高博洽,为世通儒",许慎"少博学经籍,马融常推敬之,时人为之语曰:'五经无双许叔重。'"周举"博学洽闻,为儒者所宗,故京师为之语曰:'五经从横周宣光。'"延笃"从马融受业,博通经传及百家之言,能著文章,有名京师",荀淑"博学而不好章句",颍容"博学多通,善《春秋左氏》",蔡邕"少博学,师事太傅胡广。好辞章、数术、天文,妙操音律",应劭"少笃学,博览多闻"。① 当然,南方也有博览多通的学者,如王充"后到京师,受业太学,师事扶风班彪,好博览而不守章句。家贫无书,常游洛阳市肆,阅所卖书,一见辄能诵忆,遂博通众流百家之言",又如胡广"学究五经,古今术艺皆毕览之。"②不过比较而言,这样的学者在南方似乎不多,而且从王充的经历可以知道他的学问其实主要是来自北方。

北方崇尚"博通"的风气可能与东汉古文经学的发展有关。上述"博通"的学者基本都是古文经学家或倾向于古文经学的学者。相反,今文学家中像杨震那样"明经博览,无不穷究"③的学者却较少见到。《三国志》卷四二《尹默传》:"尹默字思潜,梓潼涪人也。益部多贵今文而不崇章句,默知其不博,乃远游

---

① 分见《后汉书》各本传。
② 《后汉书》卷四四《胡广传》注引《谢承书》。
③ 《后汉书》卷五四《杨震传》。

荆州,从司马德操、宋仲子等受古学。"①尹默认为今文经学"不博",所以要学"古学",由此可以看到"博通"与古文经学家的关系了。

北方的学术思潮对南方影响不大。一直到汉魏之际,南方一流的学者所学的依然是今文经学。《三国志》卷五七《虞翻传》注引《翻别传》载虞翻上奏曰:

> 臣高祖父故零陵太守光,少治《孟氏易》,曾祖父故平舆令成,缵述其业,至臣祖父凤为之最密。臣亡考故日南太守歆,受本于凤,最有旧书,世传其业,至臣五世。

虞翻家族五世相传的《孟氏易》属于时人认为"不博"的今文经学。按其本传载,虞翻除《易注》外,"又为《老子》、《论语》、《国语》训注,皆传于世"。这在吴地学者中大概是非常突出的,所以孙策认为虞翻"博学洽闻",希望他能去北方"折中国妄语儿"。除虞翻外,吴地陆绩也是《易》学大家,按唐长孺先生考证,陆绩专以象数说经,也是今文学家。②

古文经学在南方未能流行,南方学者"学问不博",这些或许与南方的地理条件有关。我在讨论东汉家学的衰落时曾指出,所谓"家学"是指累世传一经,学者若想学通五经,就势必要突破家

①按今文经学均崇尚章句,此传谓"不崇章句","不"字疑衍。
②唐长孺:《读抱朴子推论南北学风的异同》,载《魏晋南北朝史论丛》,364 页。

学的限制,甚至也要突破地区的限制。① 受这个因素影响,所以东汉一代游学之风日盛,郑玄回忆自己学习经历说:"游学周、秦之都,往来幽、并、兖、豫之域,获觐乎在位通人,处逸大儒,得意者咸从捧手,有所受焉。遂博稽六艺,……"②与此不同,在偏远地区,受地理条件制约,游学就不那么容易了,当时南北文化交流可能还是很困难的。《后汉书》卷四九《王充传》李贤注引《袁山松书》称:"充所作《论衡》,中土未有传者,蔡邕入吴始得之,恒秘玩以为谈助。其后王朗为会稽太守,又得其书,及还许下,时人称其才进。或曰不见异人,当得异书。问之,果以《论衡》之益,由是遂见传焉。"按此,《论衡》自写成后直到东汉末年才得以传至中土,可见当时北方与南方还是相当隔绝的。南方士人要想学习,求诸家内是最现实的选择。这可能是南方家学得以长期维持的一个重要原因。

虞翻最终未去北方,只是将自己的著作寄给了孔融。据《虞翻传》载,"翻与少府孔融书,并示以所著《易注》。融答书曰:'闻延陵之理乐,睹吾子之治《易》,乃知东南之美者,非徒会稽之竹箭也'"。孔融在赞美虞翻,但赞美之中依然明显地流露出对南方学术的轻视。《三国志》卷四七《吴主权传》注引《吴书》曰:

(赵)咨字德度,南阳人,博闻多识,应对辩捷,权为吴

---

①胡宝国:《汉代的家学》,载《中国古史论丛》,河北教育出版社 1995 年版。
②《后汉书》卷三五《郑玄传》。

王,擢中大夫,使魏。魏文帝善之,嘲咨曰:"吴王颇知学
乎?"咨曰:"吴王浮江万艘,带甲百万,任贤使能,志存经略,
虽有馀闲,博览书传历史,藉采奇异,不效诸生寻章摘句
而已。"

这段发生在魏、吴建国后的故事说明当时北方人仍然看不起南方
人的学问。《三国志》卷二《文帝纪》陈寿评曰:"文帝天资文藻,
下笔成章,博闻强识,才艺兼该。"他的傲慢不无理由。有趣的
是,替吴王辩解且"博闻多识"的赵咨却不是吴国本地人,而是原
属北方的南阳人。[①] 赵咨并不是唯一出使北方的北方人,据《三
国志》卷四七《吴主权传》注引《吴书》记载,"博览众书"的汝南
人陈化也曾"为郎中令使魏",颍川人中大夫冯熙也曾为吴王"使
于魏"。这些零碎的历史片断似乎都可以在中州士人轻视南方
学术的背景下加以考虑。

　　总之,汉魏以来崇尚"博通"的学者多在北方,而世传今文经
学的南方学者依然是固守家学。

　　以上关于南北学问博通与否的讨论,都是局限在经学范围之
内。如果不局限于此,而是着眼于一个更广阔的知识领域,我们
就会感受到东汉魏晋时期,北方地区士人对博与通的追求有愈来

[①]南阳属南方的荆州,但从文化上看,南阳应属中州区域。我在《汉代政治文化中心
的转移》一文中有详细讨论,读者可以参看。

愈超出经学范围的倾向。① 前引东汉古文经学家除经学外,常常还通"百家之言"。对此,古今学者都曾注意到。颜之推就章句之学的衰败说:"空守章句,但诵师言,施之世务,殆无一可。故士大夫子弟皆以博涉为贵,不肯专儒。"②余英时先生在分析东汉士风转变时发现:"东汉中叶以降士大夫多博学能文雅擅术艺之辈,如马季良、蔡伯喈、边文礼、郦文胜、祢正平等皆是也。"③汉晋之际,此风犹在。应劭"博学多识,尤好事。诸所撰述《风俗通》等,凡百馀篇,辞虽不典,世服其博闻"④,王粲"博物多识,问无不对"⑤,钟会"博学精练名理"⑥,吴质"才学通博"⑦,杜预"博学多通"⑧,张华"尝徙居,载书三十乘。……天下奇秘,世所希有者,悉在华所。由是博物洽闻,世无与比"⑨。其时玄学名士中也不

①汤用彤先生曾经说:"汉代经学依于文句,故朴实说理,而不免拘泥。魏世以后,学尚玄远,虽颇乖于圣道,而因主得意,思想言论乃较为自由。汉人所习曰章句,魏晋所尚者曰'通'。章句多随文饰说,通者会通其义而不以辞害意。"(《言意之辨》,载《汤用彤学术论文集》,中华书局1983年版,217—218页)按此,汤用彤先生早已注意到魏晋学者尚通的风气,不过他的理解与本文的理解有所不同。汤先生似乎是用汉代今文家的章句之学概括了汉代经学的全部,而忽略了古文家追求博通的学术风尚,所以他将尚通的风气仅仅视为魏晋时期的学术特征。按本文上面所论,东汉魏晋,尚通之风从来如此,只是所通之内容有愈来愈广的倾向。

②《颜氏家训》卷三《勉学》。

③余英时:《汉晋之际士之新自觉与新思潮》,载《士与中国文化》,上海人民出版社2003年版,294页。

④《三国志》卷二一《王粲传》注引华峤《汉书》。

⑤《三国志》卷二一《王粲传》。

⑥《三国志》卷二八《钟会传》。

⑦《三国志》卷二一《吴质传》注引《魏略》。

⑧《晋书》卷三四《杜预传》。

⑨《晋书》卷三六《张华传》。

乏博通之士,如阮籍"博览群籍"①,嵇康"博览无不该通"②。

必须指出,汉晋时期南方士人在经学领域之外,也有向博通方向发展的趋势,如陆绩"博学多识,星历算数无不该览"③,谢沈"博学多识,明练经史"④,葛洪"博闻深洽,江左绝伦"⑤,贺循"博览众书,尤精礼传"⑥。但是,这样的学者在南方可能并不多,所以未能从根本上改变当时人对南方士人学问的评价,"渊综广博"依然被褚裒等人看作是北人学问的特征。

关于"南人学问清通简要"一说,向来缺乏详细讨论。研究者大都以为"清通简要"就是指玄学而言。唐先生之所以要把"南人"中的"南"解释成河南地区,也正是因为他把"清通简要"等同于玄学了,而玄学思潮恰恰是兴起于河南地区的。我认为这样的解释还是有些可疑。固然玄学有求"简要"的倾向,但这并不是玄学所独有的,追求简要本是东汉以来具有普遍性的学术思潮。余英时先生曾指出:"论魏晋玄学者,又谓其为对儒学之直接反动,则亦未能得持论之正。儒学之简化既早已蔚成运动,与玄学之尚虚玄至少在发展之趋向上,并行不悖,则二者之间似不应为正与反之关系。何晏、王弼皆儒道双修,并未叛离儒门,此点近人已有定论。故就一部分意义言,玄学正是儒学简化之更进一

---

①《晋书》卷四九《阮籍传》。
②《晋书》卷四九《嵇康传》。
③《三国志》卷五七《陆绩传》。
④《晋书》卷八二《谢沈传》。
⑤《晋书》卷七二《葛洪传》。
⑥《晋书》卷六八《贺循传》。

步之发展,所谓'千里来龙,至此结穴'者是也。"①受余英时先生观点的启发,我曾发现东汉魏晋时期在史学领域内也存在着追求简化的潮流。② 既然如此,既然经学、史学的简化在前,而玄学在其后发生,我们当然就不能说凡有"简要"特征的学问就一定是指玄学、就一定是受了玄学影响。事实上,魏晋经史学家大都是排斥玄学的。③

在我看来,孙盛所说的"清通简要"既然是相对于"渊综广博"而言,那么其含义就不应该是指玄学。我们来看刘孝标的解释。他针对支道林所谓"圣贤固所忘言。自中人以还,北人看书,如显处视月;南人学问,如牖中窥日"解释说:"支所言但譬成孙、褚之理也。然则学广则难周,难周则识暗,故如显处视月;学寡则易核,易核则智明,故如牖中窥日也。"按刘孝标的解释,南人之所以能够"清通简要",就在于知识少,因少而精,即所谓"学寡则易核"。他并没有将其与玄学联系起来。余嘉锡先生在褚、孙对话条下解释说:"此言北人博而不精,南人精而不博。"④他也没有将"清通简要"解释为玄学。我以为这些解释是符合孙盛原意的。唐长孺先生文中引虞预《晋书·贺循传》曰:"时朝廷初建,动有疑议,宗庙制度,皆循所定,朝野谘询,为一时儒宗。"唐

---

① 余英时:《汉晋之际士之新自觉与新思潮》,载《士与中国文化》,上海人民出版社 2003 年版,321 页。
② 胡宝国:《〈三国志〉裴注》,载《汉唐间史学的发展》,商务印书馆 2003 年版。
③ 胡宝国:《史论》,载《汉唐间史学的发展》,商务印书馆 2003 年版。
④ 余嘉锡:《世说新语笺疏》(修订本),上海古籍出版社 1993 年版,216 页。

先生就此说:"据《晋书》卷六九《刁协传》,及卷七五《荀崧传》东渡礼仪为二人所定。荀崧为颍川荀氏,荀彧的玄孙,乃经学世家;刁协也以谙练故事著称,但剖析疑义却不能不征求南士贺循的意见。"[1]贺氏家族世代传礼,贺循的事迹或许正可说明南人的学问自有精妙之处,"清通简要"并非过誉之词。

以上我们尝试着解释了"北人学问渊综广博"与"南人学问清通简要"。但最后,还有一个问题应该说明。据《晋书》褚裒本传,褚裒死于永和五年(349)。按此,褚、孙对话时间不会晚过此年。据《晋书》孙盛本传,孙盛"避难渡江"时年龄只有十岁。褚裒死时年仅四十七岁,过江时年龄当与孙盛相仿佛。他们少年时期过江,不大可能对北方原来的学术状况有什么了解和记忆,而他们过江后一直到永和五年,北方政局不稳,战争不断,南北几乎没有什么交往。[2] 既然如此,他们是如何了解到"北人学问渊综广博"的呢? 我推测,褚裒、孙盛讨论中所说的"北人",并不是指当时还在北方的北人,而应该是指已经过江的北人,也就是带领他们过江的父辈以及他们自身。据《晋书》载,东晋初年王敦称周颛、戴渊为"南北之望"。[3] 周颛是汝南人,戴渊是广陵人,祖烈,吴左将军,父昌,会稽太守。按此,他们虽同在南土,但各自的"南"、"北"身份并未改变。从以后的历史看,过江北人的"北人"身份持续了很长时间。直到南朝,南方内部北来侨人与南方本地

①唐长孺:《读抱朴子推论南北学风的异同》,载《魏晋南北朝史论丛》,373页。
②参阅田馀庆先生《东晋门阀政治》第一篇第四节:《关于"不与刘、石通使"问题》。
③《晋书》卷六九《周颛传》。

人的区别依然存在,《宋书》卷六五《杜骥传》:

> 兄坦,颇涉史传。高祖征长安,席卷随从南还。太祖元
> 嘉中,任遇甚厚,历后军将军,龙骧将军,青、冀二州刺史,南
> 平王铄右将军司马。晚渡北人,朝廷常以伧荒遇之,虽复人
> 才可施,每为清涂所隔,坦以此慨然。

《宋书》作者沈约是吴兴人,属南方土著,他称过江较晚的北方人
为"晚渡北人"。所谓"晚渡"当是相对着"早渡"而言的,可知在
沈约心目中,北方过江较早者也还是"北人",只不过是早渡而
已。而在北来侨人眼中,南方土著也还是"南人"。《宋书》卷八
一《顾觊之传》:

> 尝于太祖坐论江左人物,言及顾荣,袁淑谓觊之曰:"卿
> 南人怯懦,岂办作贼。"觊之正色曰:"卿乃复以忠义笑人!"
> 淑有愧色。

《南齐书》卷三三《张绪传》:

> 寻加骁骑将军。欲用绪为右仆射,以问王俭,俭曰:"南
> 士由来少居此职。"褚渊在座,启上曰:"俭年少,或不尽忆。
> 江左用陆玩、顾和,皆南人也。"俭曰:"晋氏衰政,不可以为
> 准则。"上乃止。

顾觊之、张绪都是吴郡人,属南方土著;袁淑是陈郡人,王俭是琅邪人,褚渊是河南人,属北来侨人。虽然他们的家族南渡已久,但他们仍将顾觊之、张绪看作是与己不同的"南人"、"南士"。从这个角度看,东晋褚裒、孙盛所说的"南人"与"北人"也应该是指南方境内的南人与北人。

从长过程看,南渡北人的学术最终势必会与南方本地的学术融为一体,但在过江之初还不可能。相反地,当大量北人突然出现在南方,并与南人近距离接触时,南北学术上的差别反而会变得格外醒目,得到格外的强调。褚、孙的对话或许正是面对着这样一个特殊的历史情景而来的。

原载《文史》2005 年第 4 辑总第 73 辑

晚渡北人与东晋中期的历史变化

永嘉之乱时,大批北人渡江南来。在以后相当长的时间里,还有北人陆续过江。按当时人的认识,东晋中期过江的北人被视为"晚渡北人"。晚渡北人在政治上不得志,难以进入权力中心,这些情形已为研究者所熟知。本文所要特别揭示的是,轻视、排挤晚渡北人的其实并非南方土著势力,而是早过江的北人。

一、元嘉时期的晚渡北人

晚渡北人的问题虽然早在东晋中期就已经出现,但是问题变得醒目起来却是在刘宋元嘉年间。为论述的方便,我们首先从这一时期开始讨论。《宋书》卷六五《杜骥传》:

> 杜骥字度世,京兆杜陵人也。高祖预,晋征南将军。曾祖耽,避难河西,因仕张氏。苻坚平凉州,父祖始还关中。兄坦,颇涉史传。高祖征长安,席卷随从南还。太祖元嘉中,任遇甚厚,历后军将军,龙骧将军,青、冀二州刺史,南平王铄右

将军司马。晚渡北人,朝廷常以伧荒遇之,虽复人才可施,每为清涂所隔,坦以此慨然。尝与太祖言及史籍,上曰:"金日磾忠孝淳深,汉朝莫及,恨今世无复如此辈人。"坦曰:"日磾之美,诚如圣诏。假使生乎今世,养马不暇,岂办见知。"上变色曰:"卿何量朝廷之薄也。"坦曰:"请以臣言之。臣本中华高族,亡曾祖晋氏丧乱,播迁凉土,世叶相承,不殒其旧。直以南度不早,便以荒伧赐隔。日磾胡人,身为牧圉,便超入内侍,齿列名贤。圣朝虽复拔才,臣恐未必能也。"上默然。

西晋末年,"洛京倾覆,中州士女避乱江左者十六七"①。根据上述记载,晚渡江者仕途不顺,"每为清涂所隔"。杜坦南来是在"高祖征长安"时。刘裕西征长安是在东晋义熙十三年(417)。按此,晋末过江者即属"晚渡北人"。《宋书》卷七六《王玄谟传》:

> 孝武狎侮群臣,随其状貌,各有比类,多须者谓之羊。颜师伯缺齿,号之曰齴。刘秀之俭吝,呼为老悭。……柳元景、垣护之并北人,而玄谟独受"老伧"之目。凡所称谓,四方书疏亦如之。

"老伧"与"伧荒"含义相同。据本传,王玄谟是太原祁人,"祖牢,

---

① 《晋书》卷六五《王导传》。

仕慕容氏为上谷太守,陷慕容德,居青州。父秀,早卒。玄谟幼而
不群,……武帝临徐州,辟为从事史"。按上文文意,不仅王玄谟
为"老伧",而且柳元景、垣护之也属同类。柳元景是河东解人,
"曾祖卓,自本郡迁于襄阳,官至汝南太守。祖恬,西河太守。父
凭,冯翊太守"①。该家族究竟何时南迁已不可考,但肯定也是较
晚,而非永嘉时南迁。② 垣护之是略阳桓道人,"祖敞,仕苻氏,为
长乐国郎中令。慕容德入青州,以敞为车骑长史。德兄子超袭伪
位,伯父遵、父苗复见委任。遵为尚书,苗京兆太守。高祖围广
固,遵、苗踰城归降,并以为太尉行参军"③。按此,垣氏家族过江
当在晋末。此外,《宋书》中所载申恬、鲁爽、薛安都、谭金诸人也
都属于晚渡北人。这些人多以武力见长,在文化上则无可论说,
不能与永嘉年间过江之辈相比。

关于晚渡北人,还有一条史料是应该注意的。《宋书》卷八
六《刘勔传》:

　　　淮西人贾元友上书太宗,劝北攻悬瓠,可收陈郡、南顿、
汝南、新蔡四郡之地。上以其所陈示勔,使具条答。勔对曰:
"……臣窃寻元嘉以来,伧荒远人,多干国议,负儋归阙,皆
劝讨虏。鲁爽诞说,实挫国威,徒失兵力,虚费金宝。凡此之

---

① 《宋书》卷七七《柳元景传》。
② 参见韩树峰《南北朝时期淮汉迤北的边境豪族》第五章第一节《河东柳氏南迁时间
　的考察》,社会科学文献出版社 2003 年版,168—174 页。
③ 《宋书》卷五〇《垣护之传》。

徒，每规近说，从来信纳，皆诒后悔。界上之人，唯视强弱，王
师至境，必壶浆候涂，裁见退军，便抄截蜂起。首领回师，何
尝不为河畔所弊。"

针对"淮西人贾元友"劝太宗北伐的建议，刘勔说"伧荒远人，多
干国议"，是知贾氏也属"伧荒"一类。刘勔说他们"负儋归阙，皆
劝讨虏"，对北伐很积极，并举了鲁爽的例子。我们还可以再举
出王玄谟的例子："玄谟每陈北侵之策，上谓殷景仁曰：'闻王玄
谟陈说，使人有封狼居胥意。'"①《通鉴》卷一二五文帝元嘉二十
六年胡注："汉霍去病伐匈奴，封狼居胥，禅于姑衍，以临瀚海。"
按文帝云"使人有封狼居胥意"，即是以西汉事为比喻，意指王玄
谟在鼓动北伐。

伧荒之辈热衷于北伐，元嘉以来"多干国议"。这既与其地
域背景有关，也与元嘉年间的政治、军事形势有关。

"伧荒"南来较晚，多以武力见长，缺乏文化素养，很难进入
南方士族政治的权力核心。他们的势力基础还是在江北，热衷于
北伐在情理之中。

元嘉年间，"伧荒"被重用，当与其时北府兵衰落、宋文帝对
北伐的态度有关。关于东晋军事集团的分布，陈寅恪先生曾指
出，东晋南来北人武力集团分长江下游京口与长江上游襄阳两
类。后者南迁较晚，"故其战斗力之衰退亦较诸居住长江下游京

①《宋书》卷七六《王玄谟传》。

口晋陵一带之武力集团为稍迟"①。晚近田馀庆先生又进一步指出,京口的北府兵到刘宋初年已经是兵源枯竭,渐渐衰落,"兵将的来源,日益移到西楚的襄阳"。② 前述柳元景、鲁爽等正是驻留襄阳的晚渡北人。当然,还不能据此将晚渡北人仅仅理解为驻留襄阳的北人,如王玄谟、垣护之等就不是来自该地。总之,在北府兵衰落之后,刘宋朝廷不得不另有选择,晚渡北人起到了替代的作用。元嘉年间,宋文帝"有志北略",③元嘉七年、二十七年、二十九年,三次大举北伐。其中如杜骥、垣护之、王玄谟、柳元景、薛安都、鲁爽等人均积极参预。与此不同,当时朝廷上却是"举朝为不可"④。在这种形势下,宋文帝重用晚渡北人也在预料之中了。

二、北人心态的变化

晚渡北人在刘宋初年的活跃本身并不具有特别重要的意义。真正重要的是,通过观察晚渡北人在南方的境遇,我们可以看到早渡北人心态的一些变化。

"伧荒",本是南人对北人的通称。《艺文类聚》卷七二引《笑林》:"吴人至京,为设食者有酪苏,未知是何物也,强而食之,归

---

①陈寅恪:《述东晋王导之功业》,载《金明馆丛稿初编》,上海古籍出版社 1980 年版,67 页。
②田馀庆:《北府兵始末》,载《秦汉魏晋史探微》(重订本),中华书局 2004 年版,330 页。
③《宋书》卷九五《索虏传》。
④《宋书》卷七一《江湛传》。

吐,遂至困顿。谓其子曰:'与伧人同死,亦无所恨,然汝故宜慎之。'"《晋书》卷九二《左思传》:陆机入洛,闻左思作《三都赋》,与弟云书曰:"此间有伧父,欲作《三都赋》,须其成当以覆酒瓮耳!"永嘉以后,吴人依然视北来者为"伧"。《世说新语·排调》篇:"陆太尉诣王丞相,王公食以酪。陆还,遂病。明日与王笺云:'昨食酪小过,通夜委顿,民虽吴人,几为伧鬼。'"《晋书》卷五八《周处传附周玘传》:"将卒,谓子勰曰:'杀我者诸伧子,能复之,乃吾子也。'吴人谓中州人曰'伧',故云耳。"

有趣的是,当晚渡北人到达南方后,称他们为"荒伧"的却不是吴人,而是早渡北人。关于晚渡北人被轻视,《通鉴》卷一二四元嘉二十三年是这样描述的:"时江东王、谢诸族方盛,北人晚渡者,朝廷悉以伧荒遇之。"这是一个概括性的描述,并不十分准确。元嘉年间,似不能说"王谢诸族方盛",但如果仅是以"王谢诸族"来象征北来侨人的话,《通鉴》的说法也可通,因为当时的"朝廷"的确是由北人控制着。现在,正是这些早渡北人视晚渡者为"荒伧"。

以上所引轻视晚渡北人的事例在刘宋初年。不过,这还不是最早的。《晋书》卷八四《杨佺期传》:

> 杨佺期,弘农华阴人,汉太尉震之后也。曾祖准,太常。自震至准,七世有名德。祖林,少有才望,值乱没胡。父亮,少仕伪朝,后归国,终于梁州刺史,以贞干知名。佺期沉勇果劲,而兄广及弟思平等皆强犷粗暴。自云门户承籍,江表莫

比,有以其门地比王珣者,犹恚恨,而时人以其晚过江,婚宦失类,每排抑之,恒慷慨切齿,欲因事际以逞其志。

杨佺期之父杨亮"归国"事,《晋书》卷一一六《姚襄载记》也有记载:"先是,弘农杨亮归襄,襄待以客礼。后奔桓温,温问襄于亮,亮曰:'神明器宇,孙策之俦,而雄武过之。'其见重如是。"《通鉴》系此事于穆帝永和十二年(356)。据此,东晋中期过江的北人已属"晚过江",并因此而受到压制。这是耐人寻味的。

东晋中期,如祖逖(266—321)、王敦(266—324)、周𫖮(269—322)、桓彝(275—327)、王导(276—339)、温峤(288—329)、庾亮(289—340)等永嘉年间渡江的一代人大都故去了。当时活跃在东晋朝野的人,如桓彝之子桓温、谢衰之子谢安、王导从子王羲之,以及孙盛、褚裒、孙绰、刘惔、王蒙、李充、袁宏等人均属渡江北人的第二代。视晚渡北人为"荒伧"的就是这一代人。这批人或幼年过江,或生于南土。对他们来说,南方已经成了事实上的故乡,北方最多只有一个朦胧的记忆,甚至连朦胧的记忆都没有。因此他们对刚刚到来的北方人缺乏认同感,所以才学着吴人的腔调称后来者为"荒伧",而几乎忘记了自己的来历。

对"晚渡北人"的不认同,说到底是对北方的不认同。在这方面,渡江的两代人是很不相同的。永嘉年间渡江的北人并没有在南方扎下根来的意愿,他们对故土仍难以忘怀。《晋书》卷七五《王湛传附王承传》:"寻去官,东渡江。是时道路梗涩,人怀危惧,承每遇艰险,处之夷然,虽家人近习,不见其忧喜之色。既至下邳,登山北望,叹曰:'人言愁,我始欲愁矣.'"《世说新语·言语》篇:"卫洗马初欲渡江,形神惨顇,语左右云:'见此芒芒,不觉百端交集。苟未免有情,亦复谁能遣此!'"《晋书》卷六五《王导传》:"过江人士,每至暇日,相要出新亭饮宴。周顗中坐而叹曰:'风景不殊,举目有江河之异。'皆相视流涕。惟导愀然变色曰:'当共勠力王室,克复神州,何至作楚囚相对泣邪!'"北来流民领袖郗鉴临终上疏说:"臣所统错杂,率多北人,或逼迁徙,或是新附,百姓怀土,皆有归本之心。臣宜国恩,示以好恶,处与田宅,渐得少安。"①郗鉴死于成帝咸康五年(339)。按郗鉴所说,当时北人虽被迫南迁,但并不愿长久滞留南方,"皆有归本之心",只是因为"处与田宅",才"渐得少安"。

　　与此不同,第二代人对北方已经没有什么眷恋之心了。隆和(362—363)初,桓温北伐,收复失地,上疏称:"丧乱缅邈,五十馀载,先旧沮没,后来童幼,班荆辍音,积习成俗,遂望绝于本邦,宴安于所托。"桓温建议"自永嘉之乱,播流江表者,请一切北徙,以实河南"②,这个建议引起了强烈反对。当时孙绰就上疏明确说出了不愿意北迁的理由。他说北人既然"播流江表,已经数世"、"植根于江外数十年",家业已成,自然不愿意"离坟墓,弃生业"、"舍安乐之国,适习乱之乡,出必安之地,就累卵之危"。③殷浩北伐时,王羲之也强烈反对。他说:"今军破于外,资竭于内,保淮

①《晋书》卷六七《郗鉴传》。
②《晋书》卷九八《桓温传》。
③《晋书》卷五六《孙楚传附孙绰传》。

之志非复所及,莫过还保长江,都督将各复旧镇,自长江以外,羁
縻而已。"他直言道:"以区区吴越经纬天下十分之九,不亡
何待!"①

　　应该说,从东晋初年开始,北来侨人对北伐就不够热心。就
当时的客观形势而言,北人在南方立足未稳,也的确不具备北伐
成功的可能性。不过,不管他们内心深处究竟如何考虑,至少在
表面上,王导一辈人是不敢像孙绰、王羲之这样公开反对北迁、反
对北伐的。如果公开反对北伐,司马睿政权的合法性就成了问
题。从孙绰、王羲之的言论看,到东晋中期,这个问题已经不存在
了,偏安是可以接受的。

　　北人心态的改变,影响到了制度的变化。孝武帝时范甯上
疏说:

　　　　古者分土割境,以益百姓之心;圣王作制,籍无黄白之
　　别。昔中原丧乱,流寓江左,庶有旋反之期,故许其挟注本
　　郡。自尔渐久,人安其业,丘垄坟柏,皆已成行,虽无本邦之
　　名,而有安土之实。今宜正其封疆,以土断人户,明考课之
　　科,修闾伍之法。难者必曰:"人各有桑梓,俗自有南北。一
　　朝属户,长为人隶,君子则有土风之慨,小人则怀下役之
　　虑。"斯诚并兼者之所执,而非通理者之笃论也。古者失地
　　之君,犹臣所寓之主,列国之臣,亦有违适之礼。随会仕秦,

----

① 《晋书》卷八〇《王羲之传》。

致称《春秋》；乐毅宦燕，见襄良史。且今普天之人，原其氏出，皆随世迁移，何至于今而独不可？①

按范甯说，过江之初户籍分黄、白，"许其挟注本郡"，是因为当时北人认为南来只是暂时的，即所谓"庶有旋反之期"，而现在的情形却是"自尔渐久，人安其业，丘垄坟柏，皆已成行，虽无本邦之名，而有安土之实"，因此，为了"明考课之科，修闾伍之法"，应该"土断人户"，取消户口差别。② 为了论证安于南方的合理性，范甯还找到了历史上的根据，即所谓"普天之人，原其氏出，皆随世迁移"。③

　周一良先生曾发现，南朝北来侨人以世代居住地为"本州"。他说："东晋时北人南渡，侨立州郡县，以别于土著，独得免除租税力役之特权。桓温刘裕于北伐之前皆曾实行土断，以扩大兵源。……经东晋末以及宋齐多次土断后，侨人著籍于所定居之郡县者益多，因径以所居之地为本州本郡，……东晋朝野尚以北伐为念，而宋齐以后，侨人遂安于南方，不再作北伐之想，与土断后即以世居之地为本州，盖不无联系也。"④周先生由"本州"一词的含义看出侨人安于南方现状的变化，确具卓识。不过根据上面的

①《晋书》卷七五《范汪传附子甯传》。
②《晋书》卷七《成帝纪》所记载东晋的第一次土断发生在成帝咸康七年（341）。但是《陈书》卷一《高祖纪》载陈霸先籍贯"咸和中土断，故为长城人"。关于咸和土断，仅此一条记载，我怀疑"咸和"或为"咸康"之误。
③范甯上疏，《通鉴》系之于孝武帝太元十四年（389）。
④周一良：《魏晋南北朝史札记》，"土断后所居之地即称本州"条，中华书局1985年版，280—281页。

讨论,这个变化的发生是可以提前到东晋中期的。前述孙绰、王羲之反对北伐的态度、范甯对户籍制度改革的意见、土断的实行等等,都表明自东晋中期以后,随着渡江北人第二代的登场,北来侨人已经安于南方了。他们对晚渡北人的轻视就是在这个背景下发生的。

北人无意北还,这种心态是造成东晋中叶以后北伐一再失败的重要原因。四世纪中叶,即所谓"胡亡氐乱"之时,北方陷入混乱,对南方来说,这是一个很好的机会,但桓温的北伐还是失败了。桓温的失败固然与他本人并非真心北伐有关,但南方朝野的不支持也是一个重要的原因。淝水之战后,前秦瓦解,北方再次陷入混乱,刘裕能够灭南燕、灭后秦,说明当时北方地区已经没有一支能够与南方抗衡的力量了。但是北伐依然没有进行到底。可以说,一直到北魏入主中原之前,南方一直是有机会的。一再的失败都是因为南方政权并无意真正北伐。元嘉年间的北伐也并不是真的要统一全境。元嘉七年,宋文帝先遣殿中将军田奇衔命告拓跋焘:"河南旧是宋土,中为彼所侵,今当修复旧境,不关河北。"①他的目标只是夺回河南地。但是,此时北魏势力已经形成,连这个目标也不可能实现了。

三、北人去会稽

北来侨人若想在南方扎下根来,就必须占有土地。陈寅恪先

---

① 《宋书》卷九五《索虏传》。

生说:"新都近旁既无空虚之地,京口晋陵一带又为北来次等士族所占有,至若吴郡、义兴、吴兴等皆是吴人势力强盛之地,不可插入。故惟有渡过钱塘江,至吴人士族力量较弱之会稽郡,转而东进,为经济之发展。"①唐长孺先生解释东晋以后的山泽占领时说:"屯、邸、别墅所以在山泽之地发展的原因,是由于北来侨人(包括皇室、士族、军人等)在南方获得已垦熟田之不易,其土地欲望不能不以占领山泽方法获得满足。"②

就我的观察,第一代北人似乎没有什么求田问舍的行动。定居会稽是从第二代开始的,具体时间则是在苏峻之乱以后。但是,也有的研究者认为早在两晋之际,就已经有不少北来者定居会稽了。

王志邦先生曾有专文讨论这个问题。③ 他认为自西晋末年到东晋朝,流寓会稽的北方士人大体可分为三个时期。第一个时期是从西晋末年到东晋元帝时期。从文中引证诸事例看,最有力的证据可能是许氏家族定居会稽事。《建康实录》卷八载,许归"以琅琊太守随中宗(元帝)过江,迁会稽内史,因家于山阴"。除

① 陈寅恪:《述东晋王导之功业》,载《金明馆丛稿初编》,61 页。台湾学者刘淑芬不同意陈寅恪的解释。她说:"其实,浙东的会稽郡也是较早开发之地,自汉末以后业有本地士族、豪族势力的兴起,而且早已在此占有广大的土地。假若北方大族只是因为要避开吴人势力所在的三吴,而到会稽从事经济活动,则在会稽也会碰上本地士族豪家。"(刘淑芬:《六朝的城市与社会》,台湾学生书局 1992 年版,228 页。)这个质疑是相当有道理的。
② 唐长孺:《南朝的屯、邸、别墅及山泽占领》,载《山居存稿》,中华书局 1989 年版,21 页。
③ 王志邦:《东晋朝流寓会稽的北方士人研究》,载谷川道雄编日中国际共同研究《地域社会在六朝政治文化上所起的作用》,玄文社 1989 年版。

此之外，其他例证颇有可疑之处。

关于北地傅氏，作者说："傅玄的孙子傅敷、傅晞兄弟俩，'永嘉之乱，避地会稽。'元帝任傅敷为镇东从事中郎；傅晞'为上虞令，甚有政绩'。傅晞的后代遂家居上虞。"他的意见可能还须要再斟酌。《晋书》卷四七《傅玄传》："（傅敷）永嘉之乱，避地会稽，元帝引为镇东从事中郎。素有羸疾，频见敦喻，辞不获免，舆病到职。数月卒，时年四十六。晞亦有才思，为上虞令，甚有政绩，卒于司徒西曹属。"据此，东晋初傅敷曾"避地会稽"，后任元帝镇东从事中郎，当是离开了会稽。傅晞一度出任上虞令，后又任职朝廷，卒于司徒西曹属任上，似不能说傅氏兄弟已经定居会稽。《宋书》卷五五《傅隆传》："隆字伯祚，北地灵州人也。高祖咸，晋司隶校尉。曾祖晞，司徒属。父祖早亡。隆少孤，又无近属，单贫有学行，不好交游。义熙初，年四十，始为孟昶建威参军，员外散骑侍郎。坐辞兼，免。复为会稽征虏参军。家在上虞，及东归，便有终焉之志。"傅晞曾孙傅隆生活的时代已到东晋末期，"家在上虞"很难说是从东晋初年傅晞时就已开始。

王文还举出了颍川庾琛的例子。据《晋书》卷九三《庾琛传》、卷七三《庾亮传》的记载，庾琛西晋末一度任会稽太守，后转丞相军咨祭酒。庾亮曾随父在会稽。这个例子只能说明庾氏父子去过会稽，不能说明他们已经定居此地。

关于谢氏家族，王文说："谢安寓居始宁东山，谢灵运的祖父并葬始宁。谢氏一门在始宁建有庞大的庄园。谢氏由谁先流寓于此，浙江上虞新近发现的《盖东谢氏宗谱》提供了线索。该宗谱记载:谢衡被任命为国子祭酒而寓居始宁。"这是比较可疑的。田馀庆先生曾经针对王文指出:"谢衡迁国子祭酒当在元康初,此后谢衡还擢居太子少傅、散骑常侍,在散骑常侍任内曾有奉诏议皇太孙丧礼之事,其活动地点无疑皆在洛阳朝廷。《盖东谢氏宗谱》说谢衡迁国子祭酒而寓居会稽始宁,似难置信。"[1]

关于北人何时开始到会稽定居,台湾学者刘淑芬先生《六朝的城市与社会》一书也有详细讨论。[2] 刘书中有"定居浙东北方大族田园庐墓表",表中第一人即是谢安。其中"园宅所在"一项,列上虞,"庐墓所在"一项中加注说明道:"《嘉泰会稽志》卷六云,谢安墓在上虞县西北四十里,而《建康实录》称谢安墓在建康梅岗。"备注称:"渡江即居此地。"按《晋书》谢安本传未载园宅、庐墓所在地,作者是采纳了《会稽志》的记载。《会稽志》,南宋施宿等撰,以此为史料依据恐有不妥。关于庐墓所在地,还是相信《建康实录》比较合理。谢安死于建康,按常理自然也应葬于建康。[3] 据《晋书》卷七九谢安本传记载,谢安曾"寓居会稽,与王羲之及高阳许询、桑门支遁游处"。时间是在东晋中期。

表中列有阮裕,备注称:"渡江即居此。"这也是不准确的。《晋书》卷四九《阮籍传附阮裕传》:"咸和初,除尚书郎。时事故之后,公私弛废,裕遂去职还家,居会稽剡县。"这里所谓"事故"是指苏峻之乱,时间在咸和二年(327),此时距司马睿过江已经

①田馀庆:《东晋门阀政治》,北京大学出版社 1996 年版,202 页注 1。
②刘淑芬:《六朝的城市与社会》,台湾学生书局 1992 年版。
③关于谢安墓所在地,可参阅田馀庆前引书第 200 页注 1。

有二十年之久,因此不能说阮裕渡江即居此地。

　　表中还列有孙统、孙绰,备注称:"渡江即居此。"按《晋书》卷五六《孙楚传附孙统传》:"幼与绰及从弟盛过江。诞任不羁,而善属文,时人以为有楚风。征北将军褚裒闻其名,命为参军,辞不就,家于会稽。"按孙统幼年过江,至褚裒征其为参军,中间应该有相当长时间。《晋书》卷九三《褚裒传》载,褚裒任征北大将军是在穆帝永和年间。孙统被征当在此时,以后才有"家于会稽"之事发生,因此尚无证据说孙统渡江即居会稽。孙绰"少与高阳许询俱有高尚之志。居于会稽,游放山水,十有馀年,乃作《遂初赋》以致其意"①。时间应是在东晋中期。

　　根据以上考察,可知王志邦、刘淑芬所认定的西晋末年、东晋过江之初即定居会稽的事例大多不可靠。从史料上看,北来侨人最早成批地去会稽可能是在成帝咸和(326—334)年间苏峻之乱时。《晋书》卷七〇《刘超传》:"及苏峻谋逆,超代赵胤为左卫将军。时京邑大乱,朝士多遣家人入东避难。""东"通常是指会稽地区。这可能是北人"发现"会稽的开始。《晋书》卷六五《王导传》:苏峻之乱后,"宗庙宫室并为灰烬,温峤议迁都豫章,三吴之豪请都会稽,二论纷纭,未有所适。"此事《建康实录》卷七也有记载,作:"温峤议迁都豫章,朝士及三吴之豪议都会稽。"《建康实录》在"三吴之豪"前面还有"朝士"二字,很有道理。可能正是因为大量"朝士"的"家人"到了会稽避难,所以他们才会与"三吴之

————————

① 《晋书》卷五六《孙楚传附孙绰传》

豪"共同提议迁都会稽。王导没有同意这个建议。他说:"建康,古之金陵,旧为帝里,又孙仲谋、刘玄德俱言王者之宅。古之帝王不必以丰俭移都,苟弘卫文大帛之冠,则无往不可。若不绩其麻,则乐土为虚矣。且北寇游魂伺我之隙,一旦示弱,窜于蛮越,求之望实,惧非良计。"他对会稽没有兴趣。

四、南方文化对北人的影响

到穆帝永和(345—356)年间,会稽已经聚集了很多北来士人。《晋书》卷八○《王羲之传》:"羲之雅好服食养性,不乐在京师,初渡浙江,便有终焉之志。会稽有佳山水,名士多居之,谢安未仕时亦居焉。孙绰、李充、许询、支遁等皆以文义冠世,并筑室东土,与羲之同好。"田馀庆先生《东晋门阀政治》一书中有"永和政局与永和人物"一节。他说:"永和以来长时间的安定局面,使浮沉于其间的士族名士得以遂其闲适。他们品评人物,辨析名理,留下的佚闻佚事,在东晋一朝比较集中,形成永和历史的一大特点。"作者所说"永和人物"中的不少人都在会稽。

在会稽,他们与当地人士有了密切接触。永和九年,众多士人聚会于兰亭。王羲之《临河叙》称:"右将军司马太原孙丞公等二十六人,赋诗如左。前馀姚令会稽谢胜等十五人,不能赋诗,罚酒各三斗。"①按此,参加这次聚会并不是只有北来侨人,也有像

---

① 《世说新语·企羡》注引。

会稽谢氏这样的当地人士参加。《世说新语·赏誉》篇:"会稽孔沈、魏颛、虞球、虞存、谢奉,并是四族之儁,于时之杰。孙兴公目之曰:'沈为孔家金,颛为魏家玉,虞为长、琳宗,谢为弘道伏。'"如果不是彼此相当熟悉,孙绰对四姓人士难有这样概括性地评价。①

　　北人长期生活在吴地,不可能不学吴语。《世说》载,"支道林入东,见王子猷兄弟,还,人问:'见诸王何如?'答曰:'见一群白颈乌,但闻唤哑哑声。'"②余嘉锡说:"道林之言,讥王氏兄弟作吴音耳。"③王导为拉拢吴人,过江之初曾作吴语。不过刚到此地,可能他的吴语水平还不高。东晋中期以后,侨人使用吴语应该是相当纯熟了。他们已经可以模仿江南民间流行的吴歌进行创作。孙绰曾作《碧玉歌》:"碧玉小家女,不敢攀贵德。感郎千金意,惭无倾城色。"④此外,还有王献之作《桃叶歌》,王廙作《长史变歌》。东晋后期,司马道子"尝集朝士,置酒于东府,尚书令谢石因醉为委巷之歌,恭正色曰:'居端右之重,集藩王之第,而肆淫声,欲令群下何所取则!'石深衔之"⑤。《北堂书钞》卷五九引《晋中兴书·太原王录》作"尚书令谢石为吴歌"。可知"委巷

①孙绰兄孙统曾作《存诔叙》,盛赞会稽虞存"幼而卓拔,风情高逸"(《世说新语·政事》篇)。
②《世说新语·轻诋》篇。
③余嘉锡:《世说新语笺疏》(修订本),上海古籍出版社1993年版,848页。
④《玉台新咏》卷十。
⑤《晋书》卷八四《王恭传》。

之歌"即是"吴歌"。[1] 按谢石"因醉"方敢为吴歌,而王恭则可以
因此而当众斥责谢石。看来当时吴歌进入贵族社会还不具有合
法性。但是,毕竟喜欢吴歌的北人是越来越多了。桓玄曾问羊
孚:"何以共重吴声?"羊曰:"当以其妖而浮。"羊孚,字子道,泰山
人,也是北来者。[2]

　　东晋以后,南朝诸帝都喜好吴歌西曲,甚至亲自创作,民间文
化终于合法地进入到贵族社会。唐长孺先生曾经从宫廷中流行
吴歌西曲的现象中,敏锐地觉察到南朝寒人的兴起。[3] 这个结论
至今不可动摇。不过若不仅仅局限于阶层变动一端,而是着眼于
地域文化,则东晋中期以后北人对吴歌西曲的喜爱同样值得注
意。它意味着南方本土文化对这些在南方成长起来的外来者已
经发生了影响。

　　南方土著文化对北人的影响除了吴歌西曲一事外,在宗教方
面也有反映。我们注意到,东晋中期以后,一些北人开始信仰天
师道。

　　关于天师道,陈寅恪先生曾有专文论述,[4]但其中一些推测
性意见可能难以落实。他研究中古学术文化十分重视家族传统

①参王运熙《乐府诗述论》(增补本)上编《六朝乐府与民歌》,上海古籍出版社 2006
　年版。
②《世说新语·言语》及注引《羊氏谱》。
③唐长孺:《南朝寒人的兴起》,载《魏晋南北朝史论丛续编》,生活·读书·新知三联
　书店 1959 年版,93—123 页。
④陈寅恪:《天师道与滨海地域之关系》,载《金明馆丛稿初编》,上海古籍出版社 1980
　年版,1—40 页。

的影响,文中列举了若干来自北方的天师道世家,用以说明其信仰来自家族。以下我们来逐一分析。

《晋书》卷八〇《王羲之传》:

> (羲之)与道士许迈共修服食,采药石不远千里……有七子,知名者五人。玄之早卒。次凝之,亦工草隶,仕历江州刺史、左将军、会稽内史。王氏世事张氏五斗米道,凝之弥笃。孙恩之攻会稽,僚佐请为之备。凝之不从,方入靖室请祷,出语诸将佐曰:"吾已请大道,许鬼兵相助,贼自破矣。"既不设备,遂为孙恩所害。

对王氏家族信奉天师道问题,陈寅恪引《真诰》说西汉琅邪王吉得仙事,后称:"天师道以王吉为得仙,此实一确证,故吾人虽不敢谓琅邪王氏之祖宗在西汉时即与后来之天师道直接有关,但地域风习影响于思想信仰者至深且巨。若王吉贡禹甘忠可等者,可谓上承齐学有渊源。下启天师之道术,而后来琅邪王氏子孙之为五斗米教徒,必其地域薰习,家世遗传,由来已久。"[1]此处话虽然说得含蓄、有分寸,但观点的倾向性还是很明显的,即王氏家族信仰道教由来已久。这个分析颇有可疑之处。不论《真诰》所言是否可信,单就王氏家族而言,从西汉王吉一直到东晋中期的王羲之,在这相当长的时间里,陈文未能再提供出任何王氏家族与道

---

[1]陈寅恪:《天师道与滨海地域之关系》,18—19页。

教有关的例证。

《晋书》卷一〇〇《孙恩传》："孙恩字灵秀，琅邪人，孙秀之族也。世奉五斗米道。"同书卷五九《赵王伦传》："伦、秀并惑巫鬼，听妖邪之说。"陈文分析说："以'世奉五斗米道'之语推之，秀自当与恩同奉一教。"①如此看来，孙氏家族的信仰也是由来已久，至少可以追溯到西晋。唐长孺先生对此分析颇有疑问。他说："孙秀所奉是否五斗米道，却无明证。"他认为孙秀所奉教"似有太平道的嫌疑"②。关于孙泰、孙恩信教事，其实《晋书》原本有明确记载，无须过多联想。孙恩本传紧接其上文载："恩叔父泰，字敬远，师事钱唐杜子恭。……子恭死，泰传其术。"据此可知，孙恩信奉道教是来自叔父孙泰，而孙泰之术则是来自江南本地人钱塘杜子恭。看来，《晋书》作者所谓"世事"、"世奉"之类的描述用语不一定意味着真的就是由来已久，似乎只要有两代人的传承，就可以这样说。至少王氏、孙氏家族的情况就是如此。

《晋书》卷六七《郗鉴传》：郗鉴，"赵王伦辟为掾，知伦有不臣之迹，称疾去职。及伦篡，其党皆至大官，而鉴闭门自守，不染逆节。"鉴叔父隆"少为赵王伦所善，及伦专擅，召为散骑常侍。伦之篡也，以为扬州刺史"。《晋书》卷七七《何充传》："于时（郗鉴子）郗愔及弟昙奉天师道，而充与弟準崇信释氏，谢万讥之云：'二郗谄于道，二何佞于佛。'"据此家世背景，陈寅恪推论说：

---

① 陈寅恪：《天师道与滨海地域之关系》，3 页。
② 唐长孺：《太平道与天师道》，载《唐长孺文存》，上海古籍出版社 2006 年版，750 页。

"《晋书》卷一四《地理志》金乡为兖州高平国之属县,距海滨虽略远,然观郗氏一门在西晋时与赵王伦关系之密切如此,则郗隆父子与孙秀等实皆伦之死党,事败俱以身殉,不过一处中枢,一居方镇之别耳。故以东晋时愔、昙之笃信天师道,及愔字道徽,恢字道胤而推论之,疑其先代在西晋时即已崇奉此教。"[1]这个推测也不可靠。他的逻辑是,因为孙秀、赵王伦信教,所以推论出赵王伦一党都是信教者,郗隆既然是赵王伦一党,所以也可能信教。这样,从西晋的郗隆到东晋的郗愔及弟郗昙,郗氏家族就成了天师道世家。他这种连续不断的推论极难令人信服。

《晋书》卷八四《殷仲堪传》:"领晋陵太守,……父病积年,仲堪衣不解带,躬学医术,究其精妙,执药挥泪,遂眇一目。……仲堪少奉天师道,又精心事神,不吝财贿,而急行仁义,啬于周急,及玄来攻,犹勤请祷。"殷仲堪是东晋中后期人。陈文引《世说新语·术解》篇"殷中军妙解经脉"条,然后解释说:"殷仲堪为陈郡长平人。陈郡非滨海地域。虽妻为琅邪王氏,本天师道世家,然疑仲堪之奉道,必已家世相传,由来甚久,而不可考矣。今所传《黄帝内经素问》,虽出后人伪造,实为中国医术古籍,而与天师道有关。……殷仲堪之伯父殷浩即已妙解经脉,然则仲堪之精于医术,(《隋书》三四《经籍志》:子部医方类《殷荆州要方》一卷,殷仲堪撰,亡。)亦当为家门风习渐染所致,非偶因父病始从事

---

[1]陈寅恪:《天师道与滨海地域之关系》,20页。

学医也。"①这个推论也比较勉强。首先,天师道徒是否一定懂医
术?其次,殷仲堪的医术是否从伯父殷浩处学来?对这两个问
题,《晋书》记载本来已经很明确。殷仲堪虽然"少奉天师道",但
学医术则是在成年以后,具体说来是在"领晋陵太守"之后,因父
亲生病而开始学习,与殷浩无关。陈寅恪为了证成己说,对如此
明白的记载不愿意相信。

　　从以上几条记载看,陈寅恪认定这些北来家族信奉天师道均
属"家世相传,由来已久"是很难成立的。他研究问题一向重视
长时段,重视家族传统,这固然展现出他视野的开阔,但在史料不
支持的情况下,仍去刻意寻找"由来已久"的家族传统,就不免给
人以牵强附会的感觉了。他的见解不仅不正确,而且还会遮蔽真
正的问题所在。在北来侨人信奉天师道的问题上,如果不带偏
见,平心静气地面对现有史料,我们只能说:北来侨人信奉天师道
是从东晋中期的第二代人开始的。王羲之王献之父子、孙泰、孙
恩、郗愔、郗昙,以及殷仲堪都是东晋中后期的人物。

　　我怀疑这些北人信奉天师道很可能是受到南方当地文化的
影响。吴越之地早有道教传统。东汉末年琅邪于吉往来吴会之
间传播道教已为人所熟知。到东晋,在东部地区道教势力依然很
强大。沈约《宋书》自序称:"钱唐人杜子恭通灵有道术,东土豪
家及京邑贵望,并事之为弟子,执在三之敬。"由此可见杜氏在南
方本土的强大影响。孙泰、孙恩继承了这份遗产,他们"扇动百

---

①陈寅恪:《天师道与滨海地域之关系》,27 页。

姓,私集徒众,三吴士庶多从之"①。田馀庆先生在分析孙恩、卢
循事变时,非常注意当地的道教传统。他说:"江南之地,尤其是
会稽一带,民间普遍崇奉的并非有组织的道教,而是旧俗相沿的
巫觋,追随孙泰、孙恩、卢循的恐怕多是笃信巫觋的农民。不过巫
觋近于道术,孙泰利用了民间旧俗,所以能够诳惑而起。"②这个
分析十分中肯。北人生活在这样的环境中,很容易受到影响。北
人孙泰信奉天师道来自于江南本地人杜子恭就是一个明证。此
外,根据田馀庆先生的考证,杜子恭不仅传授道术于孙泰,而且与
定居会稽的王羲之、谢灵运家族也都有往来。时间约在东晋中
期。③ 除杜氏外,许迈也是江南地区一个重要的道士。《晋书》王
羲之本传附《许迈传》称:"许迈字叔玄,一名映,丹杨句容人也。
家世士族,而迈少恬静,不慕仕进。"王羲之与他过从甚密,每造
访,"未尝不弥日忘归"。许迈曾向王羲之介绍当地情况说:"自
山阴至临海,多有金庭玉堂,仙人芝草。"④王羲之"采药石不远千
里,偏游东中诸郡,穷诸名山,泛沧海",大概就与许迈的介绍有
关。总之,从王羲之与当地道士杜、许的交往看,他信奉天师道很
可能是受了南方当地风气的影响。

关于郗愔信奉天师道,《晋书》卷六七《郗鉴传附子愔传》有

①《晋书》卷一〇〇《孙恩传》。
②田馀庆:《东晋门阀政治》,315 页。
③田馀庆:《东晋门阀政治》,311—312 页。
④《太平御览》卷四一地部六引《晋书》。今本《晋书》作"自山阴南至临安,多有金堂
玉室,仙人芝草"。按临安属吴兴,在会稽山阴之北,而临海郡则在山阴之南,因此,
"临安"或是"临海"之误。

如下记载：

> 时吴郡守阙，欲以惔为太守。惔自以资望少，不宜超莅大郡，朝议嘉之。转为临海太守。会弟昙卒，益无处世意，在郡优游，颇称简默，与姊夫王羲之、高士许询并有迈世之风，俱栖心绝谷，修黄老之术。后以疾去职，乃筑宅章安，有终焉之志。十许年间，人事顿绝。

《宋书》卷三五《州郡志》一"临海太守，本会稽东部都尉"，吴孙亮太平二年立郡。会稽、临海两郡相连，在临海的郗惔与在会稽的王羲之、许询等人来往很方便。按前引许迈的介绍，从会稽到临海可能都是天师道盛行的地区，因此郗惔信奉天师道也极有可能是受当地风气影响所致。

向来研究渡江北人与南人关系的学者，都比较强调居于强势地位的北方文化对于南人的影响。应该说，这样的认识是有坚实的史料依据的。不过，从东晋中期以后北人作吴歌、信奉天师道的情况看，南方土著文化对第二代北人的影响也是不容忽视的。毕竟他们是自幼生活在南人的世界里，不受其影响是不可能的。

从政治史的角度观察，东晋中期并没有引人瞩目的变化，但从社会史的角度观察，这一时期南人、北人在文化上的融合已露端倪。这个变化值得研究者留意。

　　附：张学锋《南京象山东晋王氏家族墓志研究》"从'假葬'到
'旧墓'"一节根据墓志得出结论："东晋流寓贵族在东晋建国万
象更新的时候，尚有恢复中原、回归故土的意愿。但是，流寓第二
代以后，仅就墓志的措辞而言，他们早已误把清溪作金谷，错将建
康为洛阳了。"这一结论与本文观点有相通之处，希读者参看。
张文载牟发松主编《社会与国家关系视野下的汉唐历史变迁》，
华东师范大学出版社 2006 年版，319—335 页。

　　原载《北大史学》第 14 辑，北京大学出版社 2009 年版

知识至上的南朝学风

与玄学盛行的魏晋时代相比,南朝的学术文化发生了很大变化。士人群体对哲理性质的问题较少讨论,而对知识领域的问题则表现出了浓厚的兴趣。追求渊博、崇拜知识的风气给人留下了深刻的印象。如果说每个时代的学风都有自己的特征,那么对知识的崇拜就构成了南朝学风最显著的特征。为了论述的方便,本文在以下的讨论中暂且称这个时代为"知识至上的时代",或简称为"知识时代"。

"知识至上"在很多方面都有表现。在这篇短文中不可能展现出它的方方面面。以下的讨论将主要围绕着当时的聚书风气、儒玄文史中的知识追求以及士人称谓的转变这三个方面展开。

一、南朝的聚书风气

翻检南朝诸史,不难看到当时社会上流行着聚书的风气,其中尤以齐梁时期最为盛行。根据一般的经验判断,一种风气的盛行往往不会是突然出现的,它必定有一个逐渐积累的过程。这个过程应该引起关注。

如果向上追溯,聚书的风气大约始于晋宋之际。聚书可以分为国家聚书与私人聚书两个方面。以下就从这两个方面加以考察。

《广弘明集》卷三收阮孝绪《七录·序》。根据阮序介绍,西晋皇家藏书共有二万九百三十五卷。永嘉之乱后,图书大量亡佚,"江左草创,十不一存",东晋初年的《晋元帝书目》只有三千一十四卷。在以后的相当长时间里都没有图书收集的消息。一直到东晋孝武帝太元(376—396)年间,才有了较大规模的图书征集活动。《晋书》卷八二《孙盛传》:

> 盛笃学不倦,自少至老,手不释卷。著《魏氏春秋》、《晋阳秋》,并造诗赋论难复数十篇。《晋阳秋》词直而理正,咸称良史焉。……盛写两定本,寄于慕容儁。太元中,孝武帝博求异闻,始于辽东得之,以相考校,多有不同,书遂两存。

所谓"孝武帝博求异闻",就是大规模征集图书。《晋阳秋》的另一定本因此而得到。孙盛"写两定本"具有特殊性。[①] 不过除此之外,在写本时代同书而相异的不同写本也是广泛存在的,征集

[①]《晋阳秋》因记载枋头失利而得罪桓温,不得不写成两种定本。孙盛本传称:"既而桓温见之,怒谓盛子曰:'枋头诚为失利,何至乃如尊君所说!若此史遂行,自是关君门户事。'其子遽拜谢,谓请删改之。时盛年老还家,性方严有轨宪,虽子孙班白,而庭训愈峻。至此,诸子乃共号泣稽颡,请为百口切计。盛大怒。诸子遂尔改之。"

到异本之后总是须要相互考校的。梁代孔修源"聚书盈七千卷，手自校治。"①颜之推说："校定书籍，亦何容易，自扬雄、刘向，方称此职耳。观天下书未遍，不得妄下雌黄。或彼以为非，此以为是；或本同末异；或两文皆欠，不可偏信一隅也。"②在那个时代，校书是读书人经常要做的工作，所以颜之推要把这些经验写进《家训》。

《晋书》卷九《孝武帝纪》：太元九年"增置太学生百人"，次年立国学。同书卷九一《徐邈传》："及孝武帝始览典籍，招延儒学之士。"同书卷七九《谢安传附谢石传》："于时学校陵迟，石上疏请兴复国学，以训胄子，班下州郡，普修乡校。疏奏，孝武帝纳焉。"据此，孝武帝时复兴儒学意图甚明。③ 太元中大规模征集图书可能也是复兴儒学计划中的一部分。《晋书》卷八二《徐广传》："孝武世，除秘书郎，典校秘书省。"徐广是晋宋之际的一位博学的学者，"百家数术无不研览"。他在孝武世进入秘书省参与校书工作可能就是因为当时征集到了大量图书，急需像他这样的重要学者参与整理。

到东晋末期，国家藏书可能还有增加。阮序提到了《晋义熙四年秘阁四部目录》，卷数不详。余嘉锡引《续古文苑注》称："案此下当有脱文。"又，《隋书·经籍志》载有"《晋义熙以来新集目

①《梁书》卷三六《孔休源传》。
②《颜氏家训·勉学》篇。
③关于孝武帝复兴儒学一事，田馀庆先生曾有关注。读者可参阅田著《东晋门阀政治》中"孝武帝与皇权政治"一节，北京大学出版社1989年版。

录》三卷"。余嘉锡以为此书当与阮序所载为同一书。① "新集"
二字很有意味。如同校书一样，重新编制目录的工作也往往是在
图书增加之后才会有。汤用彤先生论及南朝佛教书籍目录时也
说："本期所以出目录甚夥者，当亦因聚书之习，颇亦甚盛也。"②
总之，聚书与校书、编制目录往往是联系一起的。这三个方面可
以互相发明。

　　东晋后期，反映私人聚书的材料不多。《宋书》卷五八《谢弘
微传》："从叔峻，司空琰第二子也，无后，以弘微为嗣。……义熙
初，袭峻爵建昌县侯。弘微家素贫俭，而所继丰泰，唯受书数千
卷，国吏数人而已，遗财禄秩，一不关豫。"义熙年间，谢峻家已有
书数千卷，其规模可与东晋初期国家藏书数量相比。这种情形可
能不是个别的。

　　刘宋以后，不论官、私，聚书活动更多。阮序称："宋秘书监
谢灵运、丞王俭，齐秘书丞王亮、监谢朏等，并有新进，更撰目录。
宋秘书殷淳撰大四部目，俭又依《别录》之体，撰为《七志》；其中
朝遗书，收集稍广，然所亡者，犹大半焉。"阮序中有元嘉八年秘
阁《四部目录》一万四千五百八十二卷、元徽元年秘阁《四部书目
录》一万五千七十四卷。③ 从东晋初年的三千多卷到刘宋元徽元

──────────

① 余嘉锡：《目录学发微》卷三，《余嘉锡说文献学》，上海古籍出版社 2001 年版，
　　92 页。
② 汤用彤：《汉魏两晋南北朝释教史》第十五章《南北朝释教撰述》，中华书局 1983 年
　　版，425 页。
③ 《隋书》卷三二《经籍志》称："宋元嘉八年，秘书监谢灵运造四部目录，大凡六万四
　　千五百八十二卷"。余嘉锡以为《隋志》"六万"当是"一万"之误写，见上引余书。

年的一万五千多卷,一百多年间图书增加不少。晋宋之际可能是图书增加的关键时期。元嘉年间文帝命裴松之注陈寿《三国志》。"松之鸠集传记,增广异闻。"①裴注旁征博引,引书数量远超《三国志》本书。此时国家藏书的大量增加应该是裴注得以实现的物质基础。包括我自己在内,以往学者研究裴注问题似未曾留意此一方面。

关于这一时期私人聚书,阮序也提供了重要讯息:

> 孝绪少爱坟籍,长而弗倦,卧病闲居,傍无尘杂。晨光才启,缃囊已散。宵漏既分,录帙方掩。犹不能穷究流略,探尽秘奥。每披录内省,多有缺然。其遗文隐记,颇好搜集。凡自宋齐已来王公搢绅之馆,苟蓄聚坟籍,必思致其名簿。凡在所遇,若见若闻,校之官目多所遗漏,遂总集众家,更为新录。

在时间上,阮氏不提晋代而特别标明"凡自宋齐以来",很可能私人聚书的风气就是从这时开始的。"苟蓄聚坟籍,必思致其名簿"一语也值得关注。"王公搢绅"藏书的数量恐已相当可观。若聚书不多,似无必要制作"名簿"。

齐梁时期,官、私聚书都达到了高潮。关于国家聚书,《隋书》卷三二《经籍志》有扼要介绍:

---

① 《宋书》卷六四《裴松之传》。

　　齐永明中，秘书丞王亮、监谢朏，又造《四部书目》，大凡
一万八千一十卷。齐末兵火，延烧秘阁，经籍遗散。梁初，秘
书监任昉，躬加部集，又于文德殿内列藏众书，华林园中总集
释典，大凡二万三千一百六卷，而释氏不豫焉。梁有秘书监
任昉、殷钧《四部目录》，又《文德殿目录》。其术数之书，更
为一部，使奉朝请祖暅撰其名。故梁有《五部目录》。

　　从刘宋的一万五千多卷增加到梁初的二万三千馀卷，国家藏书数
量增加不少。齐梁时期私人聚书更是盛况空前。陆澄"家多坟
籍，人所罕见"①。崔慰祖"好学，聚书至万卷"②。沈约"好坟籍，
聚书至二万卷，京师莫比"③。任昉"家虽贫，聚书至万馀卷，率多
异本。昉卒后，高祖使学士贺纵共沈约勘其书目，官所无者，就昉
家取之"④。梁宗室吴平侯萧景子劢"聚书至三万卷"⑤。王僧孺
"好坟籍，聚书至万馀卷，率多异本，与沈约、任昉家书相埒"⑥。
张缅"性爱坟籍，聚书至万馀卷"⑦。这些聚书名家往往各有侧
重。据《隋志》载，陆澄有《地理书》一百四十九卷，《录》一卷。
《隋志》解释说："陆澄合《山海经》已来一百六十家，以为此书。"

①《南齐书》卷三九《陆澄传》。
②《南齐书》卷五二《崔慰祖传》。
③《梁书》卷一三《沈约传》。
④《梁书》卷一四《任昉传》。
⑤《南史》卷五一《吴平侯景传附子劢传》。
⑥《梁书》卷三三《王僧孺传》。
⑦《梁书》卷三四《张缅传》。

可知陆澄《地理书》书就是把自己收藏的图书中有关地理的书籍整理成一类,并非自己撰写。此外,陆澄还有《地理书抄》二十卷。① 这可能是他从一百四十九卷的《地理书》中抄录出来的。与陆澄不同,王僧孺则是"集《十八州谱》七百一十卷,《百家谱集》十五卷,《东南谱集抄》十卷"②,偏重于谱牒类书籍。张缅"抄《后汉》、《晋书》众家异同,为《后汉纪》四十卷,《晋抄》三十卷",③偏重于史书类。

以上均为聚书最著名的士人,一般人不可能有这么多书,但当时聚书的风气是相当强劲的,所以《隋书·经籍志》序概括地说:"梁武敦悦诗书,下化其上,四境之内,家有文史。"梁元帝《金楼子》卷四专设"聚书"一篇,相当详细地记录了他几十年的聚书经历:

> 初出阁,在西省,蒙敕旨赉五经正副本。为琅邪郡时,蒙敕给书,并私有缮写。为东州时,写得《史》、《汉》、《三国志》、《晋书》,又写刘选部孺家、谢通直彦远家书。又遣人至吴兴郡,就夏侯亶写得书。又写得虞太中阐家书。为丹阳时,启请先官书,又就新渝、上黄、新吴写格五戏,得少许。为扬州时,就吴中诸士大夫写得《起居注》,又得徐简肃勉《起居注》。前在荆州时,晋安王子时镇雍州,启请书写。比应

①《隋书》卷三三《经籍志》二史部。
②《梁书》卷三三《王僧孺传》。
③《梁书》卷三四《张缅传》。

入蜀，又写得书。又遣州民宗孟坚下都市得书。又得鲍中记泉上书。安成炀王于湘州薨，又遣人就写得书。刘大南郡之遴、小南郡之亨、江夏乐法才、别驾庾乔宗仲回、主簿庾格、僧正法持絓经书，是其家者皆写得。又得招提琰法师众义疏及众经序。又得头陀寺昙智法师阴阳、卜祝、冢宅等书。又得州民朱澹远送异书。又于长沙寺经藏，就京公写得四部。又于江州江革家，得元嘉前后书五帙。又就姚凯处得三帙。又就江录处得四帙，足为一部，合二十帙，一百一十五卷，并是元嘉书，纸墨极精奇。又聚得元嘉后，《汉》并《史记》、《续汉春秋》、《周官》、《尚书》及诸子集等，可一千馀卷。又聚得细书《周易》、《尚书》、《周官》、《仪礼》、《礼记》、《毛诗》、《春秋》各一部。又使孔昂写得《前汉》、《后汉》、《史记》、《三国志》、《晋阳秋》、《庄子》、《老子》、《肘后方》、《离骚》等，合六百三十四卷，悉在一巾箱中，书极精细。还石城为戍军时，写得玄儒众家义疏。为江州时，又写萧咨议贲、刘中纪缓、周录事弘直等书。时罗乡侯萧说于安成失守，又遣王咨议僧辩取得说书。又值吴平光侯广州下，遣何集、曹泂写得书。又值衡山侯雍州下，又写得书。又兰左卫钦从南郑还，又写得兰书。往往未渡江时书，或是此间制作，甚新奇。张湘州缵经饷书，如樊光注《尔雅》之例是也。张豫章绾经饷书，如《高僧传》之例是也。范鄱阳胥经饷书，如高诱注《战国策》之例是也。隐士王缜之经饷书，如《童子传》之例是也。又就东林寺智表法师写得书。法书初得韦护军叡饷数卷，次又殷贞子钧饷,尔后又遣范普市得法书,又使潘菩提市得法书,并是二王书也。郡五官虞爵大有古迹,可五百许卷,并留之,伏事客房篆又有三百许卷,并留之,因尔遂蓄诸迹。又就会稽宏普惠皎道人搜聚之。及临汝灵侯益州还,遂巨有所办。后又有乐彦春、刘之遴等书,将五千卷。又得南平嗣王书。又得张雍州书。又得桂阳藩王书。又得留之远书。吾今年四十六岁,自聚书来四十年,得书八万卷,河间之俟汉室,颇谓过之矣。①

梁元帝的这段长篇回忆涉及的人物多达数十,由此可以了解到当时聚书活动的详情,十分珍贵。梁元帝除"蒙敕给书"外,聚书途径主要有三。一是"写得书",即知道某人有某书,即借来抄写,或者派人去写。二是"市得书",即出资购买。三是"经饷书",即他人赠送。

因聚书成风,当时士人彼此间的借书相当频繁。颜之推就此告诫后人说:"借人典籍,皆须爱护,先有缺坏,就为补治,此亦士大夫百行之一也。"②借来书,有人是自己抄写,如刘穆之"裁有闲暇,自手写书,寻览篇章,校定坟籍"③。王泰"少好学,手所抄写二千许卷"④。不过更多的情况可能是雇人抄写。至少从汉代以

---

① 《聚书》篇文字原本错讹较多,现在引用的文字是经过许逸民先生校勘的。在此谨向许先生表示衷心的感谢!
② 《颜氏家训·治家》篇。
③ 《宋书》卷四二《刘穆之传》。
④ 《南史》卷二二《王昙首传附王泰传》。

来就一直有以抄书为生的人,如班超"家贫,常为官佣书以供养"①,阚泽"居贫无资,常为人佣书"②。南朝也有佣书人。周山图"少贫微,佣书自业"③。沈崇傃"佣书以养母焉"④。王僧儒"家贫,常佣书以养母,所写既毕,讽诵亦通"⑤。朱异"居贫,以佣书自业,写毕便诵。遍览五经,尤明《礼》、《易》"⑥。在写本时代,特别是在聚书成风的情况下,以"佣书"为业的人应该是相当多的,只是这些人能进入史传的不多。当时雇人抄书相当普遍,所以如刘穆之那样"自手写书"就成了一件值得记录的事情。南朝地方学校教育不发达,"佣书"客观上成为一般人获得知识的重要途径,对于文化的普及是有积极意义的。

就书籍的保存而言,私人聚书比官府聚书可能更重要。隋代牛弘曾上表"请开献书之路"。按他总结,自秦汉以来书有"五厄"⑦。除秦焚书外,国家藏书每每因战乱而亡佚。战争过后,新王朝藏书之所以能逐渐恢复,皆因政府有自民间征集图书的举措。所以从根本上说,书籍的保存更有赖于民间。国家藏书虽多,但因过于集中,一遇战火便损失殆尽。

此外,就知识的传播而言,也是私家藏书更有意义。《南齐

①《后汉书》卷四七《班超传》。
②《三国志》卷五三《阚泽传》。
③《南齐书》卷二九《周山图传》。
④《梁书》卷四七《沈崇傃传》。
⑤《梁书》卷三三《王僧孺传》。
⑥《南史》卷六二《朱异传》。
⑦《隋书》卷四九《牛弘传》。

书》卷二四《柳世隆传》："世隆性爱涉猎,启太祖借秘阁书,上给二千卷。"因为皇帝特批,柳世隆才借到二千卷秘阁藏书。与之类似的还有江子一的例子。《梁书》卷四三《江子一传》："起家王国侍郎,奉朝请。启求观书秘阁,高祖许之,有敕直华林省。"这也是得到了皇帝的特批。不难想见,一般人是不可能见到国家藏书的。《梁书》卷三四《张缅传附张缵传》:缵"起家秘书郎……秘书郎有四员,宋、齐以来,为甲族起家之选,待次入补,其居职,例数十百日便迁任。缵固求不徙,欲遍观阁内图籍。尝执四部书目曰:'若读此毕,乃可言优仕矣。'如此数载,方迁太子舍人,转洗马、中舍人,并掌管记。"张缵为了尽可能多读书而迟迟不愿意离开秘书省,这也是因为国家藏书不外借。上引《金楼子》聚书篇涉及人物多是当时显赫的达官贵人。这些人彼此间传抄书籍相当频繁,由此可以推知,普通民间士人若想读书更是要靠私人间的互相借阅、抄写了。当然,这样说并不意味着可以低估国家藏书的意义。国家藏书虽然常常毁于战火,但据此而编制的目录却具有不可估量的意义。如果没有历代王朝不断编制目录,当时人以及后人都无法知晓一个时代图书的总体状况以及当时人们的知识体系。

晋末以至南朝聚书的盛行可能与当时造纸业的发展有关。纸张刚刚出现时数量很有限。东汉时,"延笃从唐溪季受《左传》,欲写本无纸。季以残笺纸与之。笃以笺记纸不可写,乃借本诵之"①。西晋纸张的缺乏还是个大问题。葛洪回忆青年时代

---

① 《初学记》卷二一《纸》引《先贤行状》。

的艰辛说:"常乏纸,每所写,反复有字,人尠能读也。"①东晋初,王隐欲写《晋书》,但"贫无资用,书遂不就,乃依征西将军庾亮于武昌。亮供其纸笔,书乃得成"②。到东晋后期,纸张生产数量可能有增长。《初学记》卷二一《纸》引桓玄《伪事》:"古无纸,故用简,非主于敬也。今诸用简者,皆以黄纸代之。"东晋是简、纸并用阶段,桓玄强调今后一律用黄纸,当时纸张生产的数量或许已能满足一般需要。人们仍然使用竹简可能只是一种习惯。研究造纸史的专家也指出:"东晋以降,便不再出现简牍文书,而几乎全是用纸了。"③

　　不过一直到刘宋时,对于穷人来说,纸张还是昂贵的。《南史》卷四三《齐高帝诸子》下:刘宋时"高帝虽为方伯,而居处甚贫,诸子学书无纸笔,晔(高帝第五子)常以指画空中及画掌学字,遂工篆法。"又,"江夏王锋字宣颖,高帝第十二子也。母张氏有容德,宋苍梧王逼取之,又欲害锋。高帝甚惧,不敢使居旧宅,匿于张氏舍,时年四岁。性方整,好学书,张家无纸札,乃倚井栏为书,书满则洗之,已复更书,如此者累月。又晨兴不肯拂窗尘,而先画尘上,学为书字"。《南史》卷七六《徐伯珍传》:"伯珍少孤贫,学书无纸,常以竹箭、箬叶、甘蕉及地上学书。"《南史》卷七六《陶弘景传》:"幼有异操,年四五岁,恒以荻为笔,画灰中学书。"

①《抱朴子》外篇自叙。
②《晋书》卷八二《王隐传》。
③潘吉星:《中国造纸技术史稿》第三章《魏晋南北朝时期的造纸技术》,文物出版社1979年版,53页。

看来纸张还不是普通人都能买得起的。

梁代纸张的价格可能因产量的增加而有所降低。《梁书》卷四九《袁峻传》："峻早孤,笃志好学,家贫无书,每从人假借,必皆抄写,自课日五十纸,纸数不登,则不休息。"袁峻"家贫无书",但能抄书"日五十纸",纸的来源似不成大问题。《颜氏家训·勉学》篇载,义阳朱詹"好学,家贫无资,累日不爨,乃时吞纸以实腹"。朱氏吃不饱饭,但却可以"吞纸以实腹",这个故事或许也说明纸张不再昂贵?

造纸业的发达、纸张的普及对聚书的盛行肯定有影响,但如果联系到这一时期更为广泛的学术文化背景,我们就不能把聚书的盛行仅仅归结于此。聚书的兴起还有文化史上的原因。这就是下面要讨论的南朝知识崇拜的社会风气。

二、儒、玄、文、史中的知识崇拜

与聚书风气的兴起约略同时,从晋宋之际开始,整个学术风气也渐渐发生了变化。通观前后,这个变化具有划时代的意义。如果说此前是一个玄学时代,那么此后就是一个知识至上的时代了。

与南朝相比,玄学时代的人们并不特别强调知识的重要,这在东晋表现得尤为明显。王恭的一段话相当有代表性。《世说新语·任诞》篇载王恭语:"名士不必须奇才,但使常得无事,痛饮酒,熟读《离骚》,便可称名士。"余嘉锡《笺疏》案语:"《赏誉》篇云:'王恭有清辞简旨,而读书少。'此言不必须奇才,但读《离骚》,皆所以自饰其短也。"①余氏解释言简意赅,不过当时人最看重的是"清辞简旨",恐怕并不以读书少为"短"。《赏誉》篇刘孝标注引《中兴书》也说:"恭虽才不多,而清辩过人。""清辞简旨"、"清辩过人"是衡量人才优劣的重要标准。这样的例子在汉晋时期不胜枚举。

公允地说,王恭并非完全不读书。《晋书》卷八四本传载,王恭"读《左传》至'奉王命讨不庭',每辍卷而叹",死后,"家无财帛,唯书籍而已,为识者所伤"。这样的人却被后人视为"读书少",这只有一种解释,即在王恭以后,士人更加重视读书。是否具备渊博的知识成了衡量士人价值的最重要尺度。《晋书》卷九九《殷仲文传》:"仲文善属文,为世所重,谢灵运尝云:'若殷仲文读书半袁豹,则文才不减班固。'言其文多而见书少也。"袁豹,《宋书》本传载:"好学博闻,多览典籍",义熙九年卒。②《隋书·经籍志》载有《袁豹集》八卷。袁豹事迹不多,不过谢灵运既然以袁豹为例说殷仲文读书少,可知袁豹应该是个饱学之士。从对殷仲文的评价看,谢灵运对读书是相当重视的。这与《宋书》本传所称"灵运少好学,博览群书"③正可呼应。《南史》卷一三《刘义康传》:

(元嘉)十六年,进位大将军,领司徒。义康素无术学,

①余嘉锡:《世说新语笺疏》,上海古籍出版社1993年版,763页。
②《宋书》卷五二《袁湛传附袁豹传》。
③《宋书》卷六七《谢灵运传》。

待文义者甚薄。袁淑尝诣义康,义康问其年,答曰:"邓仲华
拜衮之岁。"义康曰:"身不识也。"淑又曰:"陆机入洛之年。"
义康曰:"身不读书,君无为作才语见向。"其浅陋若此。

袁淑是袁豹之子,"博涉多通"①。刘义康问他年龄,他不直接回
答而故意以"邓仲华拜衮之岁"、"陆机入洛之年"来答复。这完
全是在炫耀知识。《南齐书》卷三九《陆澄传》:

> (王)俭自以博闻多识,读书过澄。澄曰:"仆年少来无
> 事,唯以读书为业。且年已倍令君,令君少便鞅掌王务,虽复
> 一览便谙,然见卷轴未必多仆。"俭集学士何宪等盛自商略,
> 澄待俭语毕,然后谈所遗漏数百千条,皆俭所未睹,俭乃叹
> 服。俭在尚书省,出巾箱机案杂服饰,令学士隶事,事多者与
> 之,人人各得一两物,澄后来,更出诸人所不知事复各数条,
> 并夺物将去。

王俭、陆澄都是博学之士,但互相不服气,最终竟然屡屡作起了比
赛知识多少的游戏。所谓"隶事"就是指引用典故。"隶事"的游
戏就是比赛谁掌握的典故更多,结果是陆澄取胜。据陆澄本传
载,"澄少好学,博览无所不知,行坐眠食,手不释卷……当世称
为硕学。"陆澄取胜自有道理。

---

① 《宋书》卷七〇《袁淑传》。

南朝重视知识的风气愈演愈烈。颜之推后来在北方回忆说：

> 谈说制文，援引古昔，必须眼学，勿信耳受。江南闾里间，士大夫或不学问，羞为鄙朴，道听涂说，强事饰辞：呼征质为周、郑，谓霍乱为博陆，上荆州必称陕西，下扬都言去海郡，言食则馎口，道钱则孔方，问移则楚丘，论婚则宴尔，及王则无不仲宣，语刘则无不公干。凡有一二百件，传相祖述，寻问莫知原由，施安时复失所。①

颜之推的这段回忆，初看起来给人的感觉是南方士人不学无术，似乎与我们强调的南朝重视知识的风气正好相反。但实则不然，它反映出的真实情形是：在普遍重视知识的气氛中，连无知的人也要附庸风雅，装作有学问。

《宋书》卷九三《雷次宗传》："元嘉十五年，征次宗至京师，开馆于鸡笼山，聚徒教授，置生百馀人。会稽朱膺之、颍川庾蔚之并以儒学，监总诸生。时国子学未立，上留心艺术，使丹阳尹何尚之立玄学，太子率更令何承天立史学，司徒参军谢元立文学，凡四学并建。"南朝重视知识的倾向在这四种学问中都有表现。我们先来看文学方面的表现。

在文学方面，至少从刘宋开始，重视知识的倾向就十分明显。梁钟嵘《诗品》序：

---

① 《颜氏家训·勉学》篇。

夫属词比事,乃为通谈。若乃经国文符,应资博古,撰德驳奏,宜穷往烈。至乎吟咏情性,亦何贵于用事?"思君如流水",既是即目;"高台多悲风",亦惟所见;"清晨登陇首",羌无故实;"明月照积雪",讵出经史。观古今胜语,多非补假,皆由直寻。颜延、谢庄,尤为繁密。于时化之。故大明、泰始中,文章殆同书抄。近任昉、王元长等,词不贵奇,竞须新事,尔来作者,浸以成俗。遂乃句无虚语,语无虚字,拘挛补衲,蠹文已甚。但自然英旨,罕值其人。词既失高,则宜加事义。虽谢天才,且表学问,亦一理乎!

钟嵘说南朝在文学创作方面存在"贵于用事"的风气。所谓"事"即典故,"用事"与"隶事"含义相同,也是指征引典故。按钟嵘说,此风从刘宋颜延之、谢庄开始。在他们的影响下,"大明、泰始中,文章殆同书抄",成了"且表学问"、炫耀知识的工具。[1]

颜延之是晋宋之际人。《宋书》本传说他是"好读书,无所不览"[2]。钟嵘在《诗品》"中品"中再次申明序中旧说,称其诗作"喜用古事"。"好读书"与"喜用古事"两个方面是有关系的。刘勰曾说:"夫姜桂因地,辛在本性;文章由学,能在天资。才自内发,学以外成,有学饱而才馁,有才富而学贫。学贫者迍邅于事

---

[1]关于刘宋诗歌"用事",陈桥生《刘宋诗歌研究》(中华书局 2007 年版)第四章"以博学相尚的元嘉诗风"中有详细讨论,读者可以参看。
[2]《宋书》卷七三《颜延之传》。

义,才馁者劬劳于辞情,此内外之殊分也。"①所谓"学贫者迍遭于
事义",就是说如果作者学问贫乏,便会在"用事"上遇到困难。
可见,若要在诗文中炫耀知识,便不得不广泛读书。除了在诗文
中"喜用古事"外,颜延之在《庭诰》中对自己重视读书的观念更
有明确表达。《宋书》卷七三《颜延之传》称其"闲居无事,为《庭
诰》之文"。他假设一场景告诫后人说:

> 适值尊朋临座,稠览博论,而言不入于高听,人见弃于众
> 视,则慌若迷涂失偶,厴如深夜撤烛,衔声茹气,腆默而归,岂
> 识向之夸慢,祗足以成今之沮丧邪。此固少壮之废,尔其
> 戒之。

这是在告诫后代,若不多读书,将来就会落到如此窘迫的境地。
以后颜之推也有类似之说:"及有吉凶大事,议论得失,蒙然张
口,如坐云雾;公私宴集,谈古赋诗,塞默低头,欠伸而已。有识旁
观,代其入地。何惜数年勤学,长受一生愧辱哉!"②王利器《颜氏
家训集解》引卢文弨《论学札》评论道:"二颜之语,其形容不学之
人,致为刻酷。"③

　　钟嵘提到的另一个"贵于用事"的代表是谢庄。谢庄是谢弘

---

①《文心雕龙·事类》篇。
②《颜氏家训·勉学》篇。王利器以为颜之推所讥讽者为北齐许惇,参见王利器《颜氏
　家训集解》上海古籍出版社 1980 年版,144 页。
③同上书 145 页。

微之子,也是博学之士。《宋书》本传说他自幼好读书,"年七岁,能属文,通《论语》",精于《左传》,"分左氏经传,随国立篇,制木方丈,图山川土地,各有分理,离之则州别郡殊,合之则宇内为一"。谢庄还擅长作赋,"文冠当时"的袁淑见其所作赋而叹曰:"江东无我,卿当独秀。我若无卿,亦一时之杰也。"①此外,谢庄还是当时一流的玄学家。

在玄学方面,刘宋时也出现了明显的重视知识的倾向。王僧虔《诫子书》提供了重要的讯息。《南齐书》卷三三《王僧虔传》:

> 僧虔宋世尝有书诫子曰:……往年有意于史,取《三国志》聚置床头,百日许,复徙业就玄,自当小差于史,犹未近彷佛。曼倩有云:"谈何容易。"见诸玄,志为之逸,肠为之抽,专一书,转诵数十家注,自少至老,手不释卷,尚未敢轻言。汝开《老子》卷头五尺许,②未知辅嗣何所道,平叔何所说,马、郑何所异,《指例》何所明,而便盛于麈尾,自呼谈士,此最险事。设令袁令命汝言《易》,谢中书挑汝言《庄》,张吴兴叩汝〔言〕《老》,端可复言未尝看邪? 谈故如射,前人得破,后人应解,不解即输赌矣。且论注百氏,荆州《八袠》,又《才性四本》,《声无哀乐》,皆言家口实,如客至之有设也。汝皆未经拂耳瞥目。岂有庖厨不修,而欲延大宾者哉? 就如

---

① 《宋书》卷八五《谢庄传》。
② 标点本校勘记:汝开《老子》卷头五尺许 按下云"马郑何所异"。梁玉绳《瞥记》云:"马、郑未尝注《老》。王西庄光禄注'老子'当作'老易',盖是也。"

张衡思伻造化,郭象言类悬河,不自劳苦,何由至此? 汝曾未窥其题目,未辨其指归;六十四卦,未知何名;《庄子》众篇,何者内外;《八表》所载,凡有几家;《四本》之称,以何为长。而终日欺人,人亦不受汝欺也。

对王僧虔《诫子书》,余英时先生曾撰文详细考释。对文中"设令袁令命汝言《易》"云云,余先生解释说:"如果像'袁令'、'谢中书'和'张吴兴'这三大名家分别和你谈三玄,难道你也能推说没有读过这些基本的清谈文献吗?"①关于《诫子书》的意义,他说:"《诫子书》的重要性在于它具体地指示我们,清谈到了南朝中期已演变成什么样的状态。它的思想内容是什么? 它的表现形式如何? 它在当时门第的生活中究竟扮演着何种功能?《世说新语》虽是清谈的总汇,但止于刘宋之初;现存梁元帝《金楼子》和颜之推《颜氏家训》也偶有涉及,但不及《诫子书》之集中与具体。此外散见史传的清谈记录则更属一鳞片爪。所以古今学人讨论清谈问题都特别重视它。唯本文以考辨《诫子书》的疑点为主旨,不能从思想史和社会史的观点对南朝清谈多所推论。"

　　余先生关注玄学在南朝的变化,只是限于文章考辨的主旨而没有展开讨论。在我看来,《诫子书》的核心思想就在于指出像魏晋玄学时代那样仅仅强调思辨、强调"清辞简旨"已经行不通

①余英时:《王僧虔〈诫子书〉与南朝清谈考辨》,载《中国文化》第八期。以下引此文不再注出处。

了,清谈也要以读书为基础,对文献、对前人各种意见必须了然于
胸,如果这些都不懂,那是没有资格谈玄的。①《诫子书》不会是
无的放矢,王僧虔所反对的这种不读书而空谈的习气此前一定是
存在的。

据余先生考证,《诫子书》中提到的“袁令”、“谢中书”、和
“张吴兴”分别是袁粲、谢庄、张绪。他们都是当时第一流的玄学
家。袁粲,“(泰始)六年,上于华林园茅堂讲《周易》,粲为执
经”②。张绪,“长于《周易》,言精理奥,见宗一时。常云何平叔所
不解《易》中七事,诸卦中所有时义,是其一也”③。齐建元四年,
“初立国学,以绪为太常卿,领国子祭酒”。谢庄精通《左传》《论
语》已如前述。他们虽然都是玄学大家,但却均学有根底,绝非
空谈之士。王僧虔本人“好文史,解音律”④,在学问上颇有造诣。
《南史》卷二二《王僧虔传》:“文惠太子镇雍州,有盗发古冢者,相
传云是楚王冢,大获宝物:玉履、玉屏风、竹简书、青丝纶。简广数
分,长二尺,皮节如新。有得十馀简以示僧虔,云是科斗书《考工

---

①余英时先生在另一篇文章中也涉及到《诫子书》,他说:“清谈决不完全等于空谈,即
　以清谈一事而论,不但谈士必须博学(见《南齐书》卷三十三王僧虔《诫子书》),而
　且清谈本身便发展出一套礼节,转为谈士的一种约束。”(余英时:《名教思想与魏晋
　士风的演变》,《士与中国文化》,上海人民出版社2003年版,384页。)余先生此处
　重点在于讨论“礼节”与“约束”,因此对“博学”一事没有展开讨论。
②《宋书》卷八九《袁粲传》。
③《南齐书》卷三三《张绪传》。本卷校勘记:钱大昕《廿二史考异》云:“《三国志》注引
　《管辂别传》,云‘何尚书自言不解《易》九事’,《南史·伏曼容传》亦云‘何晏疑
　《易》中九事’,此云七事,未知孰是。”
④《南齐书》卷三三《王僧虔传》。

记》,《周官》所阙文也。"由此可见他的博学。关于南朝玄学重知识,还可以举出一个例证。《南史》卷七一《伏曼容传》:

> 少笃学,善《老》、《易》,倜傥好大言。常云:"何晏疑《易》中九事,以吾观之,晏了不学也。故知平叔有所短。"聚徒教授以自业。……为尚书外兵郎,尝与袁粲罢朝相会言玄理,时论以为一台二绝。

伏曼容能与袁粲"言玄理",自是玄学中人,但却看不起玄学开创者何晏。他的傲慢并不是因为自己在玄学理论上有什么创获,而全是在"事"之一端。在他看来,何晏在学问上是不行的。伏曼容的优越感只是一种知识上的优越感。

唐长孺先生曾经说:"整个玄学自晋以后便只是知识的炫耀"①,而不再具有现实政治意义。这个观察十分敏锐。不过我们这里要强调的是,"知识的炫耀"并不仅仅局限在玄学领域。在前面涉及的文学领域以及接下来要讨论的经史领域中,重视知识、重视对知识记忆的倾向也十分明显。经史方面,相关的例证非常多,这里只能引出最具典型性的若干史料。《南齐书》卷二三《王俭传》:

> 上曲宴群臣数人,各使效伎艺,褚渊弹琵琶,王僧虔弹琴,

---

① 唐长孺:《魏晋才性论的政治意义》,《魏晋南北朝史论丛》,生活·读书·新知三联书店 1955 年版,299 页。

沈文季歌《子夜》，张敬儿舞，王敬则拍张。俭曰："臣无所解，唯知诵书。"因跪上前诵相如《封禅书》。上笑曰："此盛德之事，吾何以堪之。"后上使陆澄诵《孝经》，自"仲尼居"而起。俭曰："澄所谓博而寡要，臣请诵之。"乃诵"君子之事上"章。

《南史》卷四一《齐衡阳元王道度子钧传》：

钧常手自细书写五经，部为一卷，置于巾箱中，以备遗忘。侍读贺玠问曰："殿下家自有坟素，复何须蝇头细书，别藏巾箱中？"答曰："巾箱中有五经，于检阅既易，且一更手写，则永不忘。"诸王闻而争效为巾箱五经，巾箱五经自此始也。

《梁书》卷四〇《刘之遴传》：

之遴好属文，多学古体，与河东裴子野、沛国刘显常共讨论书籍，因为交好。是时《周易》、《尚书》、《礼记》、《毛诗》并有高祖义疏，惟《左氏传》尚阙，之遴乃著《春秋大意》十科，《左氏》十科，《三传同异》十科，合三十事以上之。

《梁书》卷四〇《刘显传》：

显好学，博涉多通，任昉尝得一篇缺简书，文字零落，历示诸人，莫能识者，显云是《古文尚书》所删逸篇，昉检《周书》，果如其说，昉因大相赏异。丁母忧，服阕，尚书令沈约命驾造焉，于坐策显经史十事，显对其九。约曰："老夫昏忘，不可受策；虽然，聊试数事，不可至十也。"显问其五，约对其二。陆倕闻之叹曰："刘郎可谓差人，虽吾家平原诣张壮武，王粲谒伯喈，必无此对。"其为名流推赏如此。……显与河东裴子野、南阳刘之遴、吴郡顾协，连职禁中，递相师友，时人莫不慕之。显博闻强记，过于裴、顾，时魏人献古器，有隐起字，无能识者，显案文读之，无有滞碍，考校年月，一字不差，高祖甚嘉焉。

《南史》卷二二《王昙首传附王筠传》：

　　筠状貌寝小，长不满六尺。性弘厚，不以艺能高人。而少擅才名，与刘孝绰见重当时。其自序云："余少好抄书，老而弥笃，虽偶见瞥观，皆即疏记。后重省览，欢兴弥深。习与性成，不觉笔倦。自年十三四，建武二年乙亥，至梁大同六年，四十六载矣。幼年读五经，皆七八十遍。爱《左氏春秋》，吟讽常为口实。广略去取，凡三过五抄，馀经及《周官》、《仪礼》、《国语》、《尔雅》、《山海经》、《本草》并再抄，子史诸集皆一遍。未尝倩人假手，并躬自抄录，大小百馀卷。不足传之好事，盖以备遗忘而已。"

《梁书》卷三六《孔休源传》：

孔休源识具清通，谙练故实，自晋、宋《起居注》诵略上口。

《梁书》卷二七《陆倕传》：

倕少勤学，善属文。于宅内起两间茅屋，杜绝往来，昼夜读书，如此者数载。所读一遍，必诵于口。尝借人《汉书》，失《五行志》四卷，乃暗写还之，略无遗脱。

在以上事例中，看不到对经学义理、历史教训的思考，如同文学领域中的"用事"一样，学者间的讨论都是围绕着经史著作中的"事"展开的。孔休源、陆倕之辈甚至可以背诵《起居注》、"暗写"《五行志》，确实相当惊人。如果不了解当时的学术风气，对此现象是很难理解的。刘宋时，陶弘景"读书万馀卷，一事不知，以为深耻"[1]，很能反映当时士人群体的心态。颜之推说得很明确："夫学者贵能博闻也。郡国山川，官位姓族，衣服饮食，器皿制度，皆欲根寻，得其原本。"[2]"贵能博闻"，就是重视对知识的掌握。

以前我曾经讨论过《三国志》裴注的问题。[3] 当时的基本思路是：受东汉经学简化风气的影响，汉晋时期史学著作也趋向于简化，所以有简略的《三国志》问世。以后经学影响渐渐消退，史

---

①《南史》卷七六《陶弘景传》。
②《颜氏家训·勉学》篇。
③胡宝国：《三国志裴注研究》，载《汉唐间史学的发展》，商务印书馆2003年版。

学著作遂重视历史事实的丰富,所以有以增补事实为主的裴注出现,并一度取代了文字训诂式的经学注释方式。现在看来,这个解释是有欠缺的。事实上,文字训诂式的注释始终存在,不能认为裴注一类的注释方式取代了前者。裴注大量增补历史事实的原因与经学盛衰或许没有什么关系。通过上述考察,可知在裴松之的时代出现了重视"事"、重视知识的风气。这可能才是裴注得以出现的根本原因。崔慰祖的例子或许可以支持这个判断。《南齐书》卷五二《崔慰祖传》:

> (慰祖)好学,聚书至万卷……国子祭酒沈约、吏部郎谢朓尝于吏部省中宾友俱集,各问慰祖地理中所不悉十馀事。慰祖口吃,无华辞,而酬据精悉,一座称服之。朓叹曰:"假使班、马复生,无以过此。"……临卒,与从弟纬书云:"常欲更注迁、固二史,采《史》、《汉》所漏二百馀事,在厨簏,可检写之,以存大意。"

崔慰祖试图注《史》、《汉》,原因在于他认为二书"漏二百馀事"。可见他对于"事"的重视。与此类似的还有刘孝标的例子。刘孝标"博极群书",崔慰祖称他为"书淫"。① 刘氏注《世说新语》引书多达四百馀种,补充了大量史料,也体现了对"事"的重视。裴注的出现应该在这个背景下来理解。

----

① 《南史》卷四九《刘怀珍传附刘峻传》。

由于对"事"的关注,南朝类书编撰十分发达。刘师培论齐梁文学说,当时"各体文章,亦以用事为贵。考之史传,《南史》称王俭尝使宾客隶事,梁武集文士策经史事。而类书一体,亦以梁代为盛,藩王宗室,以是相高,虽为博览之资,实亦作文之助"①。王瑶也说:"随着数典用事之风的流行,齐梁时编纂类书的风气也盛极一时,都是为了文人们隶事属对之助的。"②他们的讨论都是围绕着齐梁文学。本文所要特别强调的是,"用事"绝不仅仅局限于齐梁时期,也不仅仅局限于文学领域。南朝时期儒、玄、文、史各领域内都弥漫着同样的重视知识的风气。

自刘宋开始,儒、玄、文、史四学并立,显示出一种学术分途的倾向,但另一方面学术也呈现着合流的倾向。魏晋时,经史学家与玄学家是有明显冲突的。西晋"重庄老而轻经史,(庾)峻惧雅道陵迟,乃潜心儒典"③。东晋虞预"雅好经史,憎疾玄虚,其论阮籍裸祖,比之伊川被发,所以胡虏遍于中国,以为过衰周之时"④。干宝形容当时风俗说:"风俗淫僻,耻尚失所,学者以庄老为宗,而黜六经。"⑤应詹上疏:"元康以来,贱经尚道,以玄虚宏放为夷达,以儒术清俭为鄙俗。永嘉之弊,未必不由此也。"⑥范甯矛头直指王、何:"时以浮虚相扇,儒雅日替,宁以为其源始于王弼、何

①刘师培:《中古文学史讲义》第五课《齐梁文学》,上海古籍出版社2000年版。
②王瑶:《隶事·声律·宫体》,《中古文学史论》,北京大学出版社1998年版,287页。
③《晋书》卷五〇《庾峻传》。
④《晋书》卷八二《虞预传》。
⑤《文选》卷四九干宝《晋纪》总论。
⑥《晋书》卷七〇《应詹传》。

晏,二人之罪深于桀纣。"①

但是到南朝以后,这种激烈的冲突不见了。关于儒学与玄学的合流,前辈学者已有深入讨论。唐长孺先生揭示出东晋以后礼玄双修已成普遍趋势。② 余英时先生则从社会伦理的角度、从仍具现实意义的情与礼的关系入手,对儒、玄合流给予了更深入的解说。③ 本文试图补充的是,儒、玄冲突的解决或许也有一个学术内部的原因,即当对经学、玄学以及其他学问的讨论都演变为知识性的讨论时,彼此之间便有了共同点,因而更易于相互沟通。归根结底,元嘉时的四学并立只是体现了当时人的知识分类思想,而并非要在四门学问之间设置壁垒。在崇尚博学的南朝,学者的知识并未受此局限,反而是更加综合了。

现在我们可以接着讨论第一节的问题了。前节所揭示的自晋宋之际开始的聚书风气与本节所讨论的知识崇拜的风气基本上是同步发生的。二者之间有密切关系。准确地说,聚书的盛行只是知识崇拜风气的一个组成部分、一个具体表现而已。这方面的例证太多,无法一一列举,这里仅举出两个例子加以说明。《陈书》卷三〇《傅绛传》:"后依湘州刺史萧循。循颇好士,广集坟籍,绛肆志寻阅,因博通群书。"傅绛的"博通群书"是以萧循

---

①《晋书》卷七五《范汪传附范宁传》。

②参见唐长孺:《读抱朴子推论南北学风的异同》,《魏晋南北朝史论丛》,生活·读书·新知三联书店 1955 年版。

③参见余英时:《名教思想与魏晋士风的演变》,《士与中国文化》,上海人民出版社 2003 年版。

"广集坟籍"为前提。又,《陈书》卷二七《姚察传》:"年十二,便能属文。父上开府僧垣,知名梁武代,二宫礼遇优厚,每得供赐,皆回给察兄弟,为游学之资,察并用聚蓄图书,由是闻见日博。"姚察的情形与傅绰相同,都说明聚书是博闻的条件。既然如此,追求博学的南朝士人自然会尽力聚书。正是考虑到这一层因素,所以前节才未将南朝聚书的盛行仅仅理解为造纸技术发展的结果。

三、从名士到学士

与崇尚知识的风气相关联,南朝士人的称谓也发生了变化。我们知道,用"名士"、"学士"来指称士人由来已久。不过比较而言,汉晋多使用"名士",而南朝则更多使用"学士"。一般而论,士人都有文化,但名士之所以成为名士,往往并不是因为他有文化,而学士称谓则与文化、知识有着直接的联系。

所谓"名士",顾名思义,即是有名之士。《后汉书》卷六七《党锢列传》序称:

> 自是正直废放,邪枉炽结,海内希风之流,遂共相摽搒,指天下名士,为之称号。上曰"三君",次曰"八俊",次曰"八顾",次曰"八及",次曰"八厨",犹古之"八元"、"八凯"也。窦武、刘淑、陈蕃为"三君"。君者,言一世之所宗也。李膺、荀翌、杜密、王畅、刘祐、魏朗、赵典、朱寓为"八俊"。俊者,言人之英也。郭林宗、宗慈、巴肃、夏馥、范滂、尹勋、蔡衍、羊

陟为"八顾"。顾者,言能以德行引人者也。张俭、岑晊、刘
表、陈翔、孔昱、苑康、檀敷、翟超为"八及"。及者,言其能导
人追宗者也。度尚、张邈、王考、刘儒、胡母班、秦周、蕃向、王
章为"八厨"。厨者,言能以财救人者也。

以上"三君"、"八俊"之辈都是东汉末年名士中的领袖人物,可以
说是"名士"中的"名士"。他们的特点及成名途径各不相同,或
者因"德行引人"而著名;或者因"导人追宗"而著名;或者因"以
财救人"而著名,大致都偏重于道德一端。[1] 这正是赵翼所说的
"东汉尚名节"风气下的结果。[2] 影响所及,魏晋之际的一些人依
然以此标准来理解"名士"。《三国志》卷二二《卢毓传》:

> 前此诸葛诞、邓扬等驰名誉,有四聪八达之诮,帝疾之。
> 时举中书郎,诏曰:"得其人与否,在卢生耳。选举莫取有
> 名,名如画地作饼,不可啖也。"毓对曰:"名不足以致异人,
> 而可以得常士。常士畏教慕善,然后有名,非所当疾也。"

按卢毓所说,通常的情形应该是"畏教慕善,然后有名",这还是
强调以德获名,《晋书》卷四六《刘颂传》载西晋刘颂上疏:

---

[1]《后汉书》卷六七《党锢传》:刘淑"少学明五经,遂隐居,立精舍讲授,诸生常数百
人。州郡礼请,五府连辟,并不就。永兴二年,司徒种暠举淑贤良方正,辞以疾。桓
帝闻淑高名,切责州郡,使舆病诣京师。"按此刘淑的"高名"自然是因其学术而来,
但多数情况下,学术成就并不是"名士"获取名声的主要手段。
[2]参见赵翼:《廿二史札记》"东汉尚名节"条。

　　今阊闾少名士,官司无高能,其故何也? 清议不肃,人不
　　立德,行在取容,故无名士。下不专局,又无考课,吏不竭节,
　　故无高能。无高能,则有疾世事;少名士,则后进无准,故臣
　　思立吏课而肃清议。

"人不立德","故无名士",这也还是偏重于道德。不过就当时的
现实看,卢毓、刘颂的认识比较保守,实际上汉晋时期成名方式已
经多种多样,或因特立独行而成名、或因善于应答而以一言成名、
或因受到大名士赏识而一日成名。渡江之后,不少"名士"更以
放纵而成名,如羊曼"任达颓纵,好饮酒。温峤、庾亮、阮放、桓彝
同志友善,并为中兴名士"①。他们的言行举止与正统的道德礼
法完全是背道而驰。本文上节引东晋王恭所谓"痛饮酒,熟读
《离骚》,便可称名士"一语形象地说明了当时名士的特征。
　　南朝人偶尔也使用"名士"称谓,如《陈书》卷二四《周弘正
传》载梁元帝语:"余于诸僧重招提琰法师,隐士重华阳陶贞白,
士大夫重汝南周弘正,其于义理,清转无穷,亦一时之名士也。"
《南史》卷二八《褚炤传》:"彦回从父弟也。……常非彦回身事二
代。……彦回拜司徒,宾客满坐,炤叹曰:'彦回少立名行,何意披
猖至此! 门户不幸,乃复有今日之拜。使彦回作中书郎而死,不当
是一名士邪? 名德不昌,遂有期颐之寿。'"不过与汉晋时期相比,
这样的例子在南朝极罕见。南朝史籍中呈现最多的是"学士"。

_____

①《晋书》卷四九《羊曼传》。

关于"学士"称谓，赵翼曾有敏锐观察。《陔馀丛考》卷二六"学士"：

> 学士之名，其来最久。裴松之《三国志注》：正始中，诏议圜丘，普延学士。是曹魏时已有学士之称也。晋、宋以后，增置渐多。宋泰始六年，置总明观学士，后省总明观，于王俭宅开学士馆，以总明四部书充之。齐高帝诏东观学士撰《史林》三十篇。永明中置新旧学士十人，修《五礼》。又竟陵王子良集学士抄五经百家。梁武时，沈约等又请《五礼》各置旧学一人，人各举学士二人相助。又命庾肩吾、刘孝威等十人为高斋学士。简文为太子，又开文德省，置学士。刘孝标撰《类苑》，梁武又命诸学士撰《华林遍略》以高之。陈武帝亦诏依前代置西省学士。其它散见于南、北史各传者，如虞荔、张讥俱为士林馆学士，蔡翼、纪少瑜、庾信为东宫学士，傅𬘬、顾野王、阮卓为撰史学士，沈峻、孔子祛为西省学士，陆琰、沈不害为嘉德殿学士，岑之敬为寿光殿学士，阮卓又为德教殿学士。是六朝时或省，或观，或殿，或馆，随所用各置学士。第其时所谓学士者，无定员，无定品。……

赵翼注意到"学士"之名"晋、宋以后，增置渐多"，确具卓识，但他以《三国志》裴注所引《魏略》中的史料来论证"学士"称谓"其来最久"却不可靠。至晚西汉人就已经使用"学士"一词了。《史记》卷四六《田敬仲完世家》："宣王喜文学游说之士，自如驺衍、淳于髡、田骈、接予、慎到、环渊之徒七十六人,皆赐列第,为上大夫,不治而议论。是以齐稷下学士复盛,且数百千人。"同书卷一二一《儒林传》:董仲舒"进退容止,非礼不行,学士皆师尊之"。《汉书》卷七一《于定国传》:于定国"为人谦恭,尤重经术士,虽卑贱徒步往过,定国皆与钧礼,恩敬甚备,学士咸称焉"。《续汉书·祭祀志》下刘昭引蔡邕《表志》:"自执事之吏,下至学士,莫能知其所以两庙之意,诚宜具录本事。"由以上例子看,两汉人已经在使用"学士"称谓,并非如赵翼所说从曹魏时开始。

从上引汉代史料看,与"名士"不同,"学士"往往是和学术文化有关。这在魏晋以后也还是如此,无有例外。《三国志》卷九《曹仁传附弟纯传》注引《英雄记》:曹纯"好学问,敬爱学士,学士多归焉"。《三国志》卷四二《许慈传》:"先主定蜀,承丧乱历纪,学业衰废,乃鸠合典籍,沙汰众学,慈、潜并为学士,与孟光、来敏等典掌旧文。"《晋书》卷七五《荀崧传》载,东晋初荀崧上表追述西晋儒学盛况说:"置博士十九人。九州之中,师徒相传,学士如林。"关于"学士"的含义,以下的两个例子最能说明问题。《三国志》卷三八《秦宓传》:

> 建兴二年,丞相亮领益州牧,选宓迎为别驾,寻拜左中郎将、长水校尉。吴遣使张温来聘,百官皆往饯焉。众人皆集而宓未往,亮累遣使促之,温曰:"彼何人也?"亮曰:"益州学士也。"及至,温问曰:"君学乎?"宓曰:"五尺童子皆学,何必小人!"

诸葛亮向张温介绍秦宓,称他为"益州学士",张温见到秦宓立刻追问:"君学乎?"可见,"学士"就是指有学问的士人。又,《南齐书》卷五六《刘系宗传》:

> 系宗久在朝省,闲于职事。明帝曰:"学士不堪治国,唯大读书耳。一刘系宗足持如此辈五百人。"其重吏事如此。

这里说的再明确不过了,学士只会"读书",所以"不堪治国"。按此,"学士"就是指会读书、懂学术的士人。

按赵翼所举事例,南朝真正引人瞩目的变化是大批学士为朝廷、诸王所设的各种机构吸收,并从事文化活动。学士虽然"无定员、无定品",但却具有浓重的"准官员"色彩。这既与南朝皇权的复兴有关,同时也体现出知识时代的特征。士人再也不能像东汉名士那样,仅凭他们在士人群体中获得的名声就可以呼风唤雨。在皇权复兴、重视知识的时代,他们只能依靠自身的学识来服务于王朝并获得相应的名誉与利益。我们现在来看两个与之相关的有趣故事。《太平广记》卷二五三引《谈薮》:

> 周司马消难以安陆附陈。宣帝遇之甚厚,以为司空。见朝士皆重学术,积经史,消难窃慕之。乃多卷黄纸,加之朱轴,诈为典籍,以矜僚友。尚书令济阳江总戏之曰:"黄纸五

经。赤轴三史。"①

《陈书》卷三六《始兴王叔陵传》:

> 叔陵修饰虚名,每入朝,常于车中马上执卷读书,高声长诵,阳阳自若。归坐斋中,或自执斧斤为沐猴百戏。

司马消难、陈叔陵都想获取名誉。前者采取的办法是"多卷黄纸,加之朱轴,诈为典籍",后者则是"于车中马上执卷读书"。这样的举动固然荒唐可笑,但也真实反映了当时的社会风气,"名"的获得离不开读书、离不开知识。他们虽然都不是学士,但为了求名却不得不装扮成学士的模样。

南朝士人多以"学士"的面貌出现在社会中,影响所及,甚至派生出了"童子学士"这样的说法。《梁书》卷四一《王规传附宗懔传》:"懔少聪敏好学,昼夜不倦,乡里号为童子学士。"这个例子很有趣。它既说明了"学士"的特征在"学",也说明南朝"学士"称谓已经成为使用频度极高的习用语,所以才会导致儿童好学者被戏称为"童子学士"。检索南朝史籍,可以称得上"童子学士"的人相当多,如刘瓛"少笃学,博通五经"②。陆云公"五岁诵《论语》、《毛诗》,九岁读《汉书》,略能记忆。从祖倕、沛国刘显质问十事,云公

①《周书》卷二一《司马消难传》称:"消难幼聪惠,微涉经史,好自矫饰,以求名誉",可与《谈薮》所载事迹互为补充。
②《南齐书》卷三九《刘瓛传》。

对无所失,显叹异之"①。韦载"少聪惠,笃志好学。年十二,随叔父棱见沛国刘显。显问《汉书》十事,载随问应答,曾无疑滞"②。虞荔"幼聪敏,有志操。年九岁,随从伯阐候太常陆倕,倕问五经凡有十事,荔随问辄应,无有遗失,倕甚异之"③。姚察"六岁诵书万馀言","年十二,便能属文"④。类似的例子俯拾皆是。

东汉以来也有类似南朝"童子学士"的例子,如曹丕"少诵《诗》、《论》"⑤,邴原早孤,少好学,"一冬之间,诵《孝经》、《论语》。自在童龀之中,巍然有异"⑥,但这样的例子在史书中并不多见。我们能够看到更多的记载是关于早慧型儿童的。《世说新语·言语》篇:

　　徐孺子年九岁,尝月下戏。人语之曰:"若令月中无物,当极明邪?"徐曰:"不然,譬如人眼中有瞳子,无此必不明。"

　　梁国杨氏子,九岁,甚聪惠。孔君平诣其父,父不在,乃呼儿出,为设果。果有杨梅,孔指以示儿曰:"此是君家果。"儿应声答曰:"未闻孔雀是夫子家禽。"

同书《夙慧》篇:

①《梁书》卷五〇《陆云公传》。
②《陈书》卷一八《韦载传》。
③《陈书》卷一九《虞荔传》。
④《陈书》卷二七《姚察传》。
⑤《三国志》卷二《文帝纪》注引《典论》自叙。
⑥《三国志》卷一〇《邴原传》注引《原别传》。

> 晋明帝数岁,坐元帝膝上。有人从长安来,元帝问洛下消息,潸然流涕。明帝问何以致泣,具以东渡意告之。因问明帝:"汝意谓长安何如日远?"答曰:"日远。不闻人从日边来,居然可知。"元帝异之。明日集群臣宴会,告以此意,更重问之。乃答曰:"日近。"元帝失色,曰:"尔何故异昨日之言邪?"答曰。"举目见日,不见长安。"

应该说早慧型儿童、"童子学士"类型的儿童在各个时期都会有,汉晋多早慧儿童的记载,而南朝多"童子学士"的记载,其实反映的是两个时期人们观念的不同。汉晋时期,人们崇尚的是机智、聪慧,而在南朝,人们崇尚的则是知识的拥有。对于士人来说,这关系到家族地位的延续。前引颜延之《庭诰》、颜之推《家训》都告诫子孙读书的重要。二颜之语与"童子学士"可以互相发明,都表明了在重视知识的时代,士人对后代的学习有多么关切。在皇权复兴、知识至上的新时代,士族政治地位、社会地位的传承已经不能完全凭借家族政治上的权力,而在很大程度上要凭借文化。王僧虔在《诫子书》中直言道:"吾不能为汝荫,政应各自努力耳。或有身经三公,蔑尔无闻;布衣寒素,卿相屈体。或父子贵贱殊,兄弟声名异。何也?体尽读数百卷书耳。"①

综合全文,从社会史、学术史的角度看,聚书风气的兴起、儒

---

① 《南齐书》卷三三《王僧虔传》。

玄文史中重视知识的倾向、名士与学士称谓的转换都表明南朝的
学术文化已经进入了一个新的时代。按照通常的理解,汉代是一
个经学的时代,魏晋是一个玄学的时代。南朝诸种学问之中,文
学最盛,过去我曾以为南朝或许可以算是文学的时代。这个认识
自有道理,但现在看来,这个认识肯定不全面,因为文学虽盛,但
它不能涵盖一切。文学中表现出来的追求渊博、重视知识的特征
在其他领域也都存在。既然各个领域都表现出相同的重视知识
的倾向,所以本文更愿意用"知识至上"为这个时代命名。

　　最后须要补充强调的是,本文虽然主要是在讨论南朝的学术
文化特征,但文中之所以一再提及"晋宋之际",实际已经暗含了
一个认识,即南朝的变化其实都是从东晋后期开始的。一个明显
的例证是,前文所提及的刘宋初年那些最重要的学术人物如雷次
宗、裴松之、谢灵运、颜延之等人都是在东晋后期成长起来的。他
们知识的获得、学术价值观念的养成都是在那个时期。因此,若
要解释知识时代的起源,东晋后期应该是重点关注的对象。不过
在探究起源之前,首先确认南朝时代学术的基本特征则是必须
的。这正是撰写本文的目的所在。

原载《文史》2009 年第 4 辑总第 89 辑

从会稽到建康——江左士人与皇权

自汉魏以来，会稽一直是南方经济、文化最发达的地区。东晋时期，一批北来侨人到会稽安家置业，一些僧人也到此地传播教义，这使得该地区更加醒目。但是从东晋后期到南朝，会稽在人文方面失去了往昔的繁荣。士人与僧人渐渐集中到了都城建康。向建康集中是一个普遍的趋势，并不仅仅局限于会稽，只是会稽更具典型性，所以本文以此为题。

关于晋宋之际的历史过渡性，前辈学者早有关注。论及南朝寒人的兴起，唐长孺先生说："寒人掌机要之事已见于晋末，道子和他的儿子元显所持政策乃是引用寒人以排斥门阀。"[1]田馀庆先生说：东晋"孝武帝一朝伸张皇权，正是由东晋门阀政治向刘宋皇权政治的过渡。"[2]以上二说，强调重点一在"寒人"，一在"皇权"，看似有所不同，但本质上是一致的。寒人依附于皇权，没有皇权的复兴也就没有寒人掌机要的可能。

①唐长孺：《南朝寒人的兴起》，载《魏晋南北朝史论丛续编》，生活·读书·新知三联书店 1959 年版，104—105 页。
②田馀庆：《东晋门阀政治》，北京大学出版社 1996 年版，269 页。

长期以来,他们所揭示的政治史线索得到了广泛的认同,但是,政治格局的大变动究竟给南朝社会带来了哪些影响呢?研究者似乎并未深究。

本文以下所要讨论的士人向建康集中的现象,就是与皇权复兴密切相关的。众所周知,东汉以来,士人群体表现出一定程度的独立性,东晋又有士族与皇权"共天下"的局面,但从长过程看,这些都是暂时的,随着皇权的逐渐恢复正常,士人群体的独立性终将会受到影响。从会稽到建康,象征着士人再次彻底依附于皇权。此外,士人向建康集中也影响着南方地方社会的政治形势,梁陈之际地方豪强在政治上的表现可以在这个背景下给予解释。

一、会稽的兴衰

东晋的会稽引人瞩目。穆帝永和(345—356)年间,在会稽聚集了很多北来士人。《晋书》卷八〇《王羲之传》:"羲之雅好服食养性,不乐在京师,初渡浙江,便有终焉之志。会稽有佳山水,名士多居之,谢安未仕时亦居焉。孙绰、李充、许询、支遁等皆以文义冠世,并筑室东土,与羲之同好。"那时的会稽成了都城建康之外著名士人最集中的地区。其盛况给后来的研究者留下了深刻的印象。但是值得注意的是,这盛况其实并没有维持很久,谢安后为桓温司马。孙绰为庾亮参军。李充为大著作郎。他们都陆续离开了会稽。也有人终老于会稽,如孙统、王羲之、阮裕等。

一直到东晋末年,会稽不再见有士人群体活动。刘宋元嘉年间,谢灵运在会稽"与族弟惠连、东海何长瑜、颍川荀雍、泰山羊璿之,以文章赏会,共为山泽之游,时人谓之四友"①。他们在会稽的时间也不长。谢灵运后为临川内史。谢惠连为司徒彭城王义康法曹参军。何长瑜入荆州刺史刘义庆幕府。荀雍、羊璿之事迹不详。

对于会稽在人文方面的衰落,当时人是很清楚的。谢灵运在给庐陵王刘义真的信中说:

> 会境既丰山水,是以江左嘉遁,并多居之。但季世慕荣,幽栖者寡,或复才为时求,弗获从志。至若王弘之拂衣归耕,踰历三纪;孔淳之隐约穷岫,自始迄今;阮万龄辞事就闲,纂成先业;浙河之外,栖迟山泽,如斯而已。②

研究者论及会稽多引此条史料,但重视的是"江左嘉遁,并多居之",而对紧接其后的"但季世慕荣,幽栖者寡"一语似未留意。这后一句更有意味,它明确说出了昔日士人群体汇聚于此的繁荣景象已不再有。《艺文类聚》卷五〇载有颜延之《为齐竟陵王世子临会稽郡表》:

> 此郡歌风蹈雅,既髣髴于淹中,春诵夏弦,实依俙于河

---

① 《宋书》卷六七《谢灵运传》。
② 《宋书》卷九三《王弘之传》。

上。顷者以来,稍有讹替,可推择明经,式寄儒职。使琢玉成
器,无爽昔谈。铸金侍价,有符旧说。

此表作者有误,按颜延之卒于刘宋孝武帝孝建三年(456),未曾
入齐。作者当为南齐时人。① 此表既回顾了会稽郡过去在文化
上"淹中"、"河上"般的盛况,也指明了"顷者以来稍有讹替",并
希望能重振旧风,所谓"无爽昔谈"、"有符旧说"都是这个意思。
按此,宋齐人都清楚会稽已经与过去有很大不同。

　　多数离开会稽的士人最终都是回到了建康。谢安在建康
"于土山营墅,楼馆林竹甚盛,每携中外子侄往来游集"②。谢安
孙谢混"少所交纳,唯与族子灵运、瞻、曜、弘微并以文义赏会。
尝共宴处,居在乌衣巷,故谓之乌衣之游"③。从谢安到谢混,谢
家一直住在建康。其他在会稽置业的家族如王氏、阮氏等也大都
是如此。考古发现,在南京有多处南迁大族的墓群,如南京北郊
象山、郭家山王氏墓地,老虎山颜氏墓地和南郊戚家山谢鲲墓
等。④ 这些家族墓地的发现也可证明他们是以建康为定居地的。

　　众所周知,一些北来侨人在会稽是置有产业的。《宋书》卷

---

① 周田青先生对此表有详细考订,认为此表非颜延之所作,疑为南齐任昉于永明八年
　　所作,《艺文类聚》误收。我同意他的考订。周文《颜延之诗、文证误二则》,载《文
　　史》第三十四辑。
② 《晋书》卷七九《谢安传》。
③ 《宋书》卷五八《谢弘微传》。
④ 参见宿白《三国两晋南北朝考古》,载《魏晋南北朝唐宋考古文稿辑丛》,文物出版社
　　2011年版,8页。

五八《谢弘微传》载,直到刘宋时,谢安后人"资财巨万,园宅十馀所,又会稽、吴兴、琅邪诸处,太傅(安)、司空琰时事业,奴僮犹有数百人。"①谢氏在会稽置业的还有谢玄一支。《宋书》卷六七《谢灵运传》:"灵运父祖并葬始宁县,并有故宅及墅,遂移籍会稽,修营别业,傍山带江,尽幽居之美。与隐士王弘之、孔淳之等纵放为娱,有终焉之志。"他在《山居赋》自注中说:"余祖车骑建大功淮、肥,江左得免横流之祸。后及太傅既薨,远图已辍,于是便求解驾东归,以避君侧之乱。废兴隐显,当是贤达之心,故选神丽之所,以申高栖之意。经始山川,实基于此。"在会稽有产业的不止谢氏一家。刘宋时,会稽"多诸豪右,不遵王宪。又幸臣近习,参半宫省,封略山湖,……王公妃主,邸舍相望"②。此后的相关记载相对较少。《陈书》卷二七《江总传》:

> (侯景之乱后)总避难崎岖,累年至会稽郡。憩于龙华寺,乃制《修心赋》,略序时事。其辞曰:"太清四年秋七月,避地于会稽龙华寺。此伽蓝者,余六世祖宋尚书右仆射州陵侯元嘉二十四年之所构也。侯之王父晋护军将军彪,昔莅此邦,卜居山阴都阳里,贻厥子孙,有终焉之志。寺域则宅之旧基。"

---

① "太傅(安)"。"安",据《南史》卷二〇《谢弘微传》补。
②《宋书》卷五七《蔡廓传附蔡兴宗传》。

江氏先人东晋时曾在会稽置业,但元嘉时已改建为龙华寺,所以江总逃难至此,只能"憩于龙华寺",大概除此之外别无可居住之处。江总没有在会稽久留,本传称:"总第九舅萧勃先据广州,总又自会稽往依焉。"吉川忠夫曾注意到,侯景之乱后一些南方土著士人回乡里避难。他分析说,"大概是因为他们在乡里拥有某些生活的基础"①。但是像江总这样,先辈在会稽置业的侨人后代却极少见到返回会稽的。我怀疑很多家族的产业或许已经不复存在。

　　会稽距离"京都水一千三百五十五,陆同"②。根据当时的交通条件,这段路途是比较远的。晋末刘裕东征卢循,何无忌随至山阴,劝刘裕于会稽起兵反桓玄,刘裕未同意,"以为玄未据极位,且会稽遥远,事济为难"③。永初三年,刘裕临终时召太子诫之曰:"谢晦数从征伐,颇识机变,若有同异,必此人也。小却,可以会稽、江州处之。"④刘裕建议将不可靠的谢晦安置到会稽或江州,这也是因为会稽地处遥远,置谢晦于此地,对建康威胁小。因路途较远,人们不大可能在建康会稽之间轻易地来回移动,所以一旦选择了在建康任官,就很难在会稽定居。⑤ 总之,有建康的吸引力存在,会稽人文荟萃的局面很难持续下去。

---

①吉川忠夫:《六朝精神史研究》,王启发译,江苏人民出版社2010年版,220页。
②《宋书》卷三五《州郡志》一。
③《宋书》卷一《武帝纪》上。
④《宋书》卷三《武帝纪》下。
⑤关于会稽到建康的交通,田馀庆先生有详细考证,参看《东晋门阀政治》"建康、会稽间的交通线"一节。

　　士人向建康集中,从东晋孝武帝太元前后就更加明显了。当时在诸如政治制度、赋税制度等方面都有所调整,①其中最重要的当属复兴儒学。太元九年(384),尚书谢石上书,"请兴复国学,以训胄子;班下州郡,普修乡校"。当年,"选公卿二千石子弟为生,增造庙屋一百五十五间"②。第二年二月,又建立国学。

　　为复兴儒学,孝武帝在谢安家族的帮助下,延揽了一些著名的儒生到建康。《晋书》卷九一《徐邈传》:"及孝武帝始览典籍,招延儒学之士,邈既东州儒素,太傅谢安举以应选。"《宋书》卷五五《徐广传》:"家世好学,至广尤精,百家数术,无不研览。谢玄为州,辟广从事西曹。又谯王司马恬镇北参军。晋孝武帝以广博学,除为秘书郎,校书秘阁,增置职僚。"《宋书》卷五五《臧焘传》:"晋孝武帝太元中,卫将军谢安始立国学,徐、兖二州刺史谢玄举焘为助教。"《晋书》卷九二《伏滔传》:"(桓)温薨,征西将军桓豁引为参军,领华容令。太元中,拜著作郎,专掌国史,领本州大中正。"当时孝武帝身边聚集了不少儒学之士,如大儒范甯,"孝武帝雅好文学,甚被亲爱,朝廷疑议,辄谘访之"③。孔安国"以儒素

---

①太元年间在赋税制度上有重大改革,实行了度田收租制。此外,还有一些变化的蛛丝马迹。《世说新语·政事》篇注引《续晋阳秋》:"自中原丧乱,民离本域,江左造创,豪族并兼,或客寓流离,名籍不立。太元中,外御强氏,蒐简民实,三吴颇加澄检,正其里伍。其中时有山湖遁逸,往来都邑者。"这是要整顿户籍制度,效果不得而知。又,《晋书》卷七七《陆玩传》:"薨年六十四。谥曰康,给兵千人,守冢七十家。太元中,功臣普被减削,司空何充等止得六家,以玩有佐命之勋,先陪陵而葬,由是特置兴平伯官属以卫墓。"这也是一个变化,可能意在加强国家对劳动人口的控制。
②《宋书》卷一四《礼志》。
③《晋书》卷七五《范甯传》。

显,孝武帝时甚蒙礼遇"①。

　　太元以后,征召仍在继续。如陶潜,"义熙末,征著作佐郎,不就"②。周续之,北来侨人,居豫章,太元年间"豫章太守范甯于郡立学,招集生徒,远方至者甚众,续之年十二,诣甯受业",宋初应刘裕之召,"乃尽室俱下。上为开馆东郭外,招集生徒"③。雷次宗,豫章南昌人,"元嘉十五年,征次宗至京师,开馆于鸡笼山,聚徒教授,置生百馀人"④。从太元到元嘉,国家复兴儒学的努力是一贯的,对士人的控制有加强的趋势。

　　值得注意的是,与前述会稽士人的经历相同,在会稽的僧人也经历了从会稽到建康的历程。根据慧皎《高僧传》所记,当时聚集于此地的僧人不少,不计附传,仅正传中就有"晋剡东仰山竺法潜"、"晋剡沃洲山支遁"、"晋剡山于法兰"、"晋剡白山于法开"、"晋剡葛岘山竺法崇"、"晋始宁山竺法义"、"晋山阴嘉祥寺释慧虔"。东晋中期以后,这些僧人也大都被征至京师。《竺法潜传》:"至哀帝好重佛法,频遣两使殷勤征请。潜以诏旨之重,暂游宫阙,即于御筵开讲大品,上及朝士并称善焉。"《支遁传》:"至晋哀帝即位,频遣两使,征请出都,止东安寺,讲《道行波若》。"《于法开传》:"至哀帝时累被诏征,乃出京讲《放光经》。"《竺法义传》:"晋宁康三年(375),孝武皇帝遣使征请出都讲说。"

①《晋书》卷七八《孔愉传附孔安国传》。
②《宋书》卷九三《陶潜传》。
③《宋书》卷九三《周续之传》。
④《宋书》卷九三《雷次宗传》。

刘宋征召仍在继续,如在上虞的释僧镜,宋世祖"敕出京师,止定林下寺",在山阴灵嘉寺的释超进,"至宋太始中被征出都,讲《大法鼓经》"①。

　　须要指出的是,本文关注的重点虽是会稽,但征召僧人至京师举措并不仅仅局限于此地。如支昙籥,"憩吴虎丘山,晋孝武初,敕请出都,止建初寺"。居于武康的释法瑶,"大明六年敕吴兴郡致礼上京,与道猷同止新安寺"。隐居临川郡的释道猷,"敕临川郡发遣出京"。释道盛,"始住湘州。宋明承风,敕令下京"②。

　　会稽之外,东晋佛教的另一重镇是庐山。汤用彤先生曾就东晋高僧分布说:"考之《僧传》,僧人之秀,群集匡庐,其在京邑者甚少。"③汤先生大约仅仅是根据《高僧传》所标明的僧人驻在地而得出这一结论的。如上所述,很多僧人最后实际上都被征召到了建康。到东晋之末,佛教中心既不在会稽也不在庐山,而是在建康。《高僧传》卷六《释慧持传》:

　　　　释慧持者,慧远之弟也。……持有姑为尼,名道仪,住在江夏。仪闻京师盛于佛法,欲下观化。持乃送姑至都,止于东安寺。晋卫军琅琊王珣深相器重。

①见《高僧传》各本传。
②以上均见《高僧传》各本传。
③汤用彤:《汉魏两晋南北朝佛教史》,中华书局1983年版,250页。

王珣任卫将军是在东晋末隆安三年到隆安四年之间。① 由此可知,到东晋末年建康已经是佛法盛行了。从"仪闻京师盛于佛法"一语看,这应该是发生不久的事情。如果京师早就盛行佛法,人所皆知,则道仪此时的举动就不好理解了。

刘宋以后,在京师的高僧急剧增多。这在《高僧传》中有明显反映。严耕望先生曾就高僧分布有详细统计。他说:"建康先小盛而后大盛,《僧传》所记南北朝高僧,建康几居半数,显见南朝国都佛教之特盛。"②他的统计包括了北方地区,如果仅就南方而论,建康高僧所占比例更高。

总之,东晋中期以后,不论士人、僧人,都有向建康集中的趋势,这是国家控制力加强的表现。

二、太元时期的经济与政治

以上的讨论不断涉及到东晋太元时期(376—396)。这个时期在经济、政治上都有其特点,有必要给予特别关注。

从经济层面看,东晋前期经济形势相当严峻,但是从中期开始,有了明显好转。《晋书》卷九《简文帝纪》:咸安元年(371),"诏以京都有经年之储,权停一年之运"。咸安二年三月又下诏:

①《晋书》卷一〇《安帝纪》载隆安三年"夏四月乙未,加尚书令王珣卫将军",隆安四年"五月丙寅,散骑常侍、卫将军、东亭侯王珣卒"。
②严耕望:《魏晋南北朝佛教地理稿》第四章"东晋南北朝高僧之地理分布","中央研究院"历史语言研究所专刊之一〇五,2005年版,57页。

"往事故之后，百度未充，群僚常俸，并皆寡约，盖随时之义也。然退食在朝，而禄不代耕，非经通之制。今资储渐丰，可筹量增俸。"这是经济好转的信号。紧接咸安，《晋书》卷二六《食货志》载："孝武太元二年（377），除度田收租之制，王公以下口税三斛，唯蠲在役之身。八年，又增税米，口五石。"由"度田收租"转而按口"税米"，其中原因难以详知，但太元八年的增税极有可能是因为一般民众的经济状况都有了改善。接上文，《食货志》又说："至于末年，天下无事，时和年丰，百姓乐业，谷帛殷阜，几乎家给人足矣。"增税并没有造成此后民不聊生，反而是"谷帛殷阜"、"家给人足"，显然农业生产又有了提升，这是增税的基础。

东晋后期，商业也逐渐繁荣起来。关于建康的市场，刘宋人山谦之介绍说："京师四市：建康大市，孙权所立；建康东市，同时立；建康北市，永安中立；秣陵斗场市，隆安中发乐营人交易，因成市也。"①"永安"是孙吴景帝孙休年号（259—264），"隆安"是东晋安帝年号（397—401）。按此，东晋建康有四个市场。其中三个都是孙吴时建立，只有秣陵斗场市是东晋末年所立。这意味着商业只是到了这时才有了较大的发展，所以有必要建立新的市场。

从太元开始，社会风气也发生了变化。范甯议时政得失说："今并兼之士亦多不赡，非力不足以厚身，非禄不足以富家，是得之有由，而用之无节。蒲酒永日，驰骛卒年，一宴之馔，费过十金，

---

① 《太平御览》卷八二七《资产部》七引山谦之《丹阳记》，原文"场"作"塲"，今径改。

丽服之美,不可赀算,盛狗马之饰,营郑卫之音,南亩废而不垦,讲诵阙而无闻,凡庸竞驰,傲诞成俗。"①历史上,随着经济由萧条而转向繁荣,社会风气往往也会由俭而奢,因此奢侈风气的出现也可以反过来证明当时经济的确有好转。

我曾注意到,东晋最早的大规模聚集图书是发生在太元年间。从那以后,图书聚集有了迅速发展。东晋初年的《晋元帝书目》只有三千一十四卷,而到元嘉八年秘阁所藏《四部目录》已经达到一万四千五百八十二卷。② 当时没有考虑经济因素,现在看来,这当与太元以后经济好转,国家财力的提升有直接关系。

太元年间在政治上也较为安定。刘宋王韶之在讨论官吏休假制度时说:"伏寻旧制,群臣家有情事,听并急六十日。太元中改制,年赐假百日。又居在千里外,听并请来年限,合为二百日。"③如此宽松的官员休假制度是与社会的安定分不开的。《通鉴》对此一时期的记述也可以印证上述推测。"太元"持续二十一年,是东晋一朝时间最长的一个年号。饶有趣味的是,《通鉴》记载此段历史,虽然使用的是南方年号"太元",但所记述的却主要是北方的历史,有关南方的记载极少。这正反映当时南方政治相当稳定,所以以记载政治史为主的《通鉴》实在找不到大事可记,只能以北方为主。

总之,经济的好转与政治环境的安定是太元时期最显著的特

①《晋书》卷七五《范甯传》。
②胡宝国:《知识至上的南朝学风》,载《文史》2009 年第 4 辑。
③《宋书》卷六〇《王韶之传》。

征。有了这个基础,统治者才有可能在政治秩序、学术文化方面进行一些调整。

三、"今之士人并聚京邑"

梁武帝天监年间,沈约上疏称:

> 顷自汉代,本无士庶之别,自非仕宦,不至京师,罢公卿牧守,并还乡里,小人瞻仰,以成风俗。且黉校棋布,传经授业,学优而仕,始自乡邑,本于小吏干佐,方至文学功曹,积以岁月,乃得察举。人才秀异,始为公府所辟,迁为牧守,入作台司。汉之得人,于斯为盛。今之士人,并聚京邑,其有守土不迁,非直愚贱。且当今士子繁多,略以万计,常患官少才多,无地以处。①

这段史料弥足珍贵。"今之士人,并聚京邑",说明前述士人向建康集中的现象,沈约已经注意到。沈约一生跨宋齐梁三朝,文中又将"汉代"与"今"对举,是知他所说的"今"并不仅仅是指他上疏的梁代天监年间。如上所述,至少从东晋后期开始,就已经出现了这样的趋势。

———

① 《通典》卷一六选举四杂议论上。"非直愚贱",《文献通考》卷二八选举一作:"见谓愚贱",不知何据。

南朝著名的士人在建康大多进入了国家体制。他们或在朝廷任职学士,或在诸王身边担任僚佐。

南朝各代,宫廷中都设有很多"学士"。宋泰始六年(470)"立总明观,征学士以充之"①。《南齐书》卷一六《百官志》更详:"泰始六年,以国学废,初置总明观,玄、儒、文、史四科,科置学士各十人。"齐永明二年,"立治礼乐学士及职局,置旧学四人,新学六人"②。梁代学士名号很多,有东宫学士、西省学士、华林省学士、待诏省学士等。陈代基本遵循梁制度,有西省学士、东宫学士等,又增加德教殿学士、宣明殿学士、天保殿学士、撰史学士、五礼学士。学士的工作主要就是抄写以及协助撰录、编类书等工作。

在诸王身边,士人往往是充当记室参军之类的僚佐。宋代谢庄,"初为始兴王濬后军法曹行参军",后又为"庐陵王绍南中郎谘议参军。又转随王诞后军谘议,并领记室"③。齐代王融,初为"晋安王南中郎板行参军",后又为"竟陵王司徒板法曹行参军"。④ 梁代王僧孺,"迁大司马豫章王行参军,又兼太学博士。司徒竟陵王子良开西邸招文学,僧孺亦游焉"⑤。陈代姚察,为"始兴王府记室参军"。⑥ 诸王身边的士人有时也被称为"学士"。《梁书》卷三六《孔休源传》:"琅邪王融雅相友善,乃荐之于司徒

①《宋书》卷八《明帝纪》。
②《南齐书》卷九《礼志》上。
③《宋书》卷八五《谢庄传》。
④《南齐书》卷四七《王融传》。
⑤《梁书》卷三三《王僧孺传》。
⑥《陈书》卷二七《姚察传》。

竟陵王,为西邸学士。"但这不具有制度上的意义,而只是泛称。
《陈书》卷三四《文学传》:

> 颜晃字元明,琅邪临沂人也。少孤贫,好学,有辞采。解
> 褐梁邵陵王兼记室参军。时东宫学士庾信尝使于府中,王使
> 晃接对,信轻其尚少,曰:"此府兼记室几人?"晃答曰:"犹当
> 少于宫中学士。"当时以为善对。

制度意义上的"学士"只有宫中才有,而诸王身边的士人应该只
是担任"记室参军"之类的僚佐职务,所以才有二人这样的问答。

南朝各代,士人群体多是以皇帝、诸王为核心的,如宋刘义
庆、齐萧子良、梁武帝父子、陈后主身边都聚集了很多著名的文
士。像东晋会稽士人那样独立的群体已不复存在。这反映了东
晋不正常的门阀政治已经让位于常态的皇权政治。

在佛教僧侣的管理方面,也有类似的举措。汤用彤先生说:
"朝廷因端肃僧纪,避免冒滥,乃有僧官之设。其详已不可考。
惟知姚兴始立僧官。但晋朝则无所闻。"[1]刘宋以后,南方也建立
了僧官制度。南齐时有"僧局",梁代有"僧省",主官为僧正、僧
主。[2] 这与学士、记室参军的设置有相同的含义,都体现了国家
加强控制的意图。

---

[1]汤用彤:《汉魏两晋南北朝佛教史》,中华书局 1983 年版,324 页
[2]参谢重光《中古佛教僧官制度和社会生活》,商务印书馆 2009 年版。

　　大量士人、僧人集中到建康给南朝学术文化带来一些新的特征。京师既是政治中心，也是文化中心，一些新的文化现象、新的学术潮流都与建康分不开。萧子显《南齐书》卷五二《陆厥传》论及齐代文学说"永明末，盛为文章"，而在同书卷四八《刘绘传》中萧子显又说"永明末，京邑人士盛为文章谈义"。在这里，"盛为文章"之外又加了限定语"京邑人士。"又，《梁书》卷四九《庾於陵传附弟肩吾传》载太子与湘东王书论之曰："比见京师文体，懦钝殊常，竞学浮疏，争为阐缓。"萧纲所谓"京师文体"也是将"文体"与"京师"联系在一起了。

　　不仅典雅的文学是如此，就连原本在地方上流行的吴歌西曲也有集中到建康的趋势。郭茂倩《乐府诗集》卷四四说："自永嘉渡江之后，下及梁、陈，咸都建业，吴声歌曲，起于此也。"王运熙先生根据地名考证，除"《前溪歌》的产地武康离建业较远外，其馀均在建业及其附近"，证实《乐府诗集》的介绍"大致是可信的"。关于西曲，王运熙说，从渊源上看西曲出自西方，以江陵为中心。但是"因为后来仍旧和吴声一样，盛行于京畿，歌词又多出住在京畿者的手，因此歌词中就常常出现京畿地方的名字"。[1]按此，本来出自地方的吴歌西曲此时却出自建康。这是因为东晋中期以后，高层士人日益喜好模仿江南民歌写作，而他们恰好多居住在建康。

------

[1]王运熙：《吴声西曲的产生地域》，载《乐府诗述论》（增补本），上海古籍出版社2006年版，24—26页。

　　与文学的情形类似,经学的中心也在建康。《梁书》卷四八《儒林传》序论及宋齐儒学称:"朝廷大儒,独学而弗肯养众,后生孤陋,拥经而无所讲习,三德六艺,其废久矣。高祖有天下,深愍之,诏求硕学,治五礼,定六律,改斗历,正权衡。天监四年,诏曰:'二汉登贤,莫非经术,服膺雅道,名立行成。魏、晋浮荡,儒教沦歇,风节罔树,抑此之由。朕日昃罢朝,思闻俊异,收士得人,实惟酬奖。可置五经博士各一人,广开馆宇,招内后进。'于是以平原明山宾、吴兴沈峻、建平严植之、会稽贺玚补博士,各主一馆。馆有数百生,给其饩廪。其射策通明者,即除为吏。十数年间,怀经负笈者云会京师。"

　　佛教的中心地区也是在京师。如前所述,刘宋以后,著名的高僧大都是在京师活动。佛教方面重要的著作也大都是在京师完成的。

　　当时的建康不仅聚集了大批学术领袖人物,也是图书聚集最多的地方。齐梁时期,如陆澄、任昉、王僧孺、沈约都是京师聚书最有名的人士。[①] 其中沈约藏书尤为丰富,"聚书至二万卷,京师莫比"[②]。"京师莫比",更无论其他了。所以,士人若想在学业上深造,最好到建康来。宋元嘉末,吴兴沈麟士被征召至京师,"麟士尝苦无书,因游都下,历观四部毕,乃叹曰:'古人亦何人

①关于南朝聚书盛况,我在《知识至上的南朝学风》一文中有较详细介绍。该文载《文史》2009 年第 4 辑。
②《梁书》卷一三《沈约传》。

哉。'"①刘峻,"齐永明中,从桑干得还,自谓所见不博,更求异书,闻京师有者,必往祈借"②。周兴嗣,"世居姑孰,年十三,游学京师,积十馀载,遂博通记传,善属文"③。顾越,"弱冠游学都下,通儒硕学,必造门质疑,讨论无倦"④。

　　士人过多地汇聚到建康也带来了一些现实的困难。按前引沈约上疏说,"今之士人,并聚京邑",结果是"常患官少才多,无地以处"。刘宋时,刘秀之任益州刺史,"梁、益二州土境丰富,前后刺史,莫不营聚蓄,多者致万金。所携宾僚,并京邑贫士,出为郡县,皆以苟得自资。秀之为治整肃,以身率下,远近安悦焉"⑤。刺史携"京邑贫士"出任地方,是个比较特别的现象。他们的处境可能正与沈约所说京邑"官少才多,无地以处"的状况有关。因为在京师生活不易,所以到了地方便不放过机会,"皆以苟得自资"。史传中可以见到"贫士"的具体例子。如江革,少孤贫,入"太学,补国子生,举高第,齐中书郎王融、吏部谢朓雅相钦重。朓尝宿卫,还过候革,时大雪,见革弊絮单席,而耽学不倦,嗟叹久之,乃脱所著襦,并手割半毡与革充卧具而去。司徒竟陵王闻其名,引为西邸学士"⑥。贺德基,"少游学于京邑,积年不归,衣资

①《南史》卷七六《沈麟士传》。
②《梁书》卷五〇《刘峻传》。
③《梁书》卷四九《周兴嗣传》。
④《南史》卷七一《顾越传》。
⑤《宋书》卷八一《刘秀之传》。
⑥《梁书》卷三六《江革传》。

罄乏,又耻服故弊,盛冬止衣夹襦裤"①。江、贺后来都是著名的文士,但起初都是"贫士"。这样的情况较少,多数贫士恐怕难有机会。沈约上面这段话就是针对这个现实问题而来的。

四、地方社会的变化——著姓豪族

士人聚集京师对南朝地方社会也有很大影响。按沈约说,汉代人都是在本乡学习、入仕,"人才秀异"者得以步步升迁,最终进入朝廷。官员卸任后通常也是要回到家乡的。他说的情形是否符合汉代实际姑且不论,但至少他认为现实已非如此。

就地方教育而论,虽然自东晋以来不时有人建议在州郡立学,但实际上却是"乡里莫或开馆"。② 某地是否有学校设立,全看地方守宰的个人态度。东晋豫章太守范甯在江州立学、南齐荆湘二州刺史萧巘于南蛮园东南开馆立学、刘悛为司州刺史,于州治下立学校等,均属个人行为。南朝诸王出任地方往往携士人一同前往。有的人也会在地方从事教学,如梁代太史叔明,"少善《庄》、《老》,兼治《孝经》、《礼记》,其三玄尤精解,当世冠绝,每讲说,听者常五百馀人。历官国子助教。邵陵王纶好其学,及出为江州,携叔明之镇。王迁郢州,又随府,所至辄讲授,江外人士皆传其学焉"③。陈代王元规"迁南平王府限内参军。王为江州,

---

① 《陈书》卷三三《贺德基传》。
② 《梁书》卷四八《儒林传》序。
③ 《梁书》卷四八《太史叔明传》。

元规随府之镇,四方学徒,不远千里来请道者,常数十百人"①。但这些都是临时性的,诸王返京城,士人也会一同返回。南朝地方社会也存在着私家教授,沈麟士,"隐居馀不吴差山,讲经教授"②。顾越,吴郡盐官人,"所居新坡黄冈,世有乡校,由是顾氏多儒学焉"③。不过这方面的记载较少,不具普遍性。也许正是因为地方教育不发达,所以沈约才很赞赏汉代士人在地方学习,然后再慢慢逐级地上到京师来。

现实的状况影响着人们对各地士风的认识。汉魏以来,各地士人往往表现出不同的士风,如"汝颍巧辩"、"青徐儒雅"等等。南方吴郡的顾陆朱张,会稽的虞魏孔贺也多有不同风格。地方守宰每到一地,常常要问询当地士人状况,但是此种情形到南朝就很难见到了。这或许与地方教育的缺失、士人向建康的集中有关。士人的学术特点以及成名不一定与本乡有太多关系。对此,我们可以以吴兴沈约为例进行分析。沈约在《宋书》自序中介绍自己的家世说:

> 史臣七世祖延始居(武康)县东乡之博陆里馀乌邨。王父从官京师,义熙十一年,高祖赐馆于建康都亭里之运巷。

①《陈书》卷三三《儒林传》。
②《南史》卷七六《沈麟士传》。
③《陈书》卷三三《顾越传》。

按此,从沈约祖父开始,沈氏这一支就迁到了建康,时间在东晋末。沈约是否在家乡居住过? 自序中未涉及。《梁书》卷一三《沈约传》:

> 祖林子,宋征虏将军。父璞,淮南太守。璞元嘉末被诛,约幼潜窜,会赦免。既而流寓孤贫,笃志好学,昼夜不倦。……
>
> 少时孤贫,丐于宗党,得米数百斛,为宗人所侮,覆米而去。及贵,不以为憾,用为郡部传。

从"丐于宗党"看,他当时很可能是从建康回到了家乡,但据本传,沈约以后"起家奉朝请",当是又重返建康了。沈约为齐梁时期最重要的学术领袖,他的学术看不出与吴兴有任何关系。沈约之外,吴兴还出过一些著名的学者,如太史叔明、吴均、姚察等,但当时人从来没有说过"吴兴多士"一类的话。从史书记载上看,吴兴的特点是多巫,抢劫之风盛行。与吴兴类似,汉魏以来最发达的吴郡、会稽在南朝虽然还是代有人出,一直到唐代,柳芳总结各地士族还说:"东南则为'吴姓',朱、张、顾、陆为大。"①但南朝人似乎并不大强调这一点。前文讨论士人向建康集中,关注对象都是北来侨人,实际上这一时期南方土著士人也同样有向建康集

---

① 《新唐书》卷一九九《柳冲传》。

中的趋势。① 沈约就是一个典型的例子。既然如此,人们自然不会再去关注各郡士风的不同。

　　士人不论侨旧都向建康集中,这对南朝地方社会的政治秩序有很大影响。汉魏以来,地方上一直存在着两类大族,即所谓"著姓"与"豪族"。虽然二者身份上有重叠,但区别也还是明显的。所谓"著姓"通常是指有文化且"世仕州郡"的家族,吴郡的顾陆朱张,会稽的虞魏孔贺均属此类,而所谓"豪族"通常是指有经济、军事实力,但无甚文化可言的武断乡曲的宗族。他们不一定能进入政府组织。这种豪族势力不仅北方有,南方也有。《三国志》卷五二《步骘传》:"会稽焦征羌,郡之豪族,人客放纵。"同书卷六〇《贺齐传》:贺齐"守剡长。县吏斯从轻侠为奸,齐欲治之,主簿谏曰:'从,县大族,山越所附,今日治之,明日寇至。'齐闻大怒,便立斩从。从族党遂相纠合,众千馀人,举兵攻县。"《晋书》卷八一《刘胤传》:东晋初,"出为豫章太守,……郡人莫鸿,南土豪族,因乱,杀本县令,横恣无道,百姓患之。胤至,诛鸿及诸豪右,界内肃然。"②但是到南朝,"著姓"与"豪强"却日益混淆。

---

① 当然,必须指出的是,在与本乡保持联系上面,定居于建康的土著士人与北来侨人还是有所不同的。如前节所引吉川忠夫说,一些土著士人在侯景乱后返回了本乡。不仅如此,他们甚至还有能力在本乡招募武装。《陈书》卷一八《沈众传》:"侯景之乱,众表于梁武,称家代所隶故义部曲,并在吴兴,求还召募以讨贼,梁武许之。及景围台城,众率宗族及义附五千馀人,入援京邑。"

② 宿白先生说:"湖南长沙发现的西晋晚期的中型墓多随葬陶俑,有侍俑、属吏俑,更多的是武装仪仗俑,这大约是当时地方豪强势力强大的一种反映。"《三国两晋南北朝考古》,载《魏晋南北朝唐宋考古文稿辑丛》,文物出版社 2011 年版,8 页。

《陈书》卷三五《留异传》：

> 留异，东阳长山人也。世为郡著姓。异善自居处，言语
> 酝藉，为乡里雄豪。多聚恶少，陵侮贫贱，守宰皆患之。梁代
> 为蟹浦戍主，历晋安、安固二县令。

留异被称为"郡著姓"，但同时又是"多聚恶少"的"乡里雄豪"。同样的情形还有侯安都。《陈书》本传一方面称安都"世为郡著姓"，可是接下来又说他是"邑里雄豪"。[1] 又，《陈书》卷三五《熊昙朗传》：

> 豫章南昌人也，世为郡著姓。昙朗踬弛不羁，有膂力，容
> 貌甚伟。侯景之乱，稍聚少年，据丰城县为栅，桀黠劫盗多附
> 之。梁元帝以为巴山太守。

本传虽然只是说熊昙朗"世为郡著姓"，没有提及"雄豪"、"豪族"一类的称谓，但是从他的表现看，也属"雄豪"一类是没有疑问的。类似的史料还有一些。据此可知，南朝地方社会中"豪强"与"著姓"已混而为一。

这些人在梁末一度非常醒目。《陈书》卷三五末史臣曰有一概括："梁末之灾沴，群凶竞起，郡邑岩穴之长，村屯邬壁之豪，资

---

[1]《陈书》卷八《侯安都传》。

剽掠以致强,恣陵侮而为大。"陈寅恪先生曾指出:"盖此等豪酋皆非汉末魏晋宋齐梁以来之三吴士族,而是江左土人,即魏伯起所谓巴蜀谿俚诸族。"①民族问题暂不论,这些人并非传统意义上的著姓、士族是可以肯定的。陈寅恪之所以特别说明他们非"士族",大概正是因为史传中常常用"著姓"来形容他们,不强调不足以与传统"著姓"相区分。认识到这些"著姓"的真实身份是很重要的,因为这涉及到梁代的地方统治政策。《梁书》卷一〇《杨公则传》:

> 初,公则东下,湘部诸郡多未宾从,及公则还州,然后诸屯聚并散。天监元年,进号平南将军,封宁都县侯,邑一千五百户。湘州寇乱累年,民多流散,公则轻刑薄敛,顷之,户口充复。为政虽无威严,然保己廉慎,为吏民所悦。湘俗单家以赂求州职,公则至,悉断之,所辟引皆州郡著姓,高祖班下诸州以为法。

根据前面的分析,可知杨公则所辟引的"州郡著姓"其实就是地方豪族。梁武帝则"班下诸州以为法"。天监五年,梁武帝又下诏:

> 在昔周、汉,取士方国。顷代凋讹,幽仄罕被,人孤地绝,

---

① 陈寅恪:《魏书司马叡传江东民族条释证及推论》,载《金明馆丛稿初编》,上海古籍出版社 1980 年版,101 页。

用隔听览,士操沦胥,因兹靡劝。岂其岳渎纵灵,偏有厚薄,寔由知与不知、用与不用耳。朕以菲德,君此兆民,而兼明广照,屈于堂户,飞耳长目,不及四方,永言愧怀,无忘旦夕。凡诸郡国旧族邦内无在朝位者,选官搜括,使郡有一人。①

"凡诸郡国旧族邦内无在朝位者"也是指地方豪族,因为像三吴士族那样的老牌大族并不存在"无在朝位者"的情况。此诏书是想解决地方豪族升迁的问题。这个问题的出现可能与东晋南朝地方行政系统的设置有关。

当时,由于出任地方的刺史多兼军职并开府,所以其僚佐分为州、府两系统。据严耕望先生考察,其时"州佐为刺史所自辟用之本州人,府佐则须经中央任命,否则谓之兼行板授。大抵东晋时代府佐之职尚偏重军事,地方行政仍归州佐。宋、齐以下,州佐转为地方大族寄禄之任,其治权全为府佐所攘夺"。他又说:"三国、两晋之世,州之府佐一系尚未完全形成,而州佐则常见于史传,且多能举其职;宋、齐以后,州佐不常见,而府佐则随处皆见,其故盖即在此。"②

我推测,南朝府佐之所以常见史籍,可能是因为担任记室参军等府佐的士人往往是随府主而走,府主回建康,他们也跟随返回,因而有机会进一步升迁,得以入史传,而本地豪族仅任职州

①《梁书》卷二《武帝纪》中。
②严耕望:《中国地方行政制度史——魏晋南北朝地方行政制度》,上海古籍出版社2007年版,153—154页。

佐,刺史调离后他们还是留在本地,所以难以升迁,故不见记录。如侯安都辈,若非梁末动乱是很难被史家记录下来的。大约正是考虑到这个现实情况,所以才有梁武帝天监五年的诏书。诏书一开头就强调古今之不同:"在昔周、汉,取士方国。顷代凋讹,幽仄罕被。"这正说明此时已非"取士方国"了。天监七年,梁武帝又下诏,要求各地"于州郡县置州望、郡宗、乡豪各一人,专掌搜荐"①。"州望、郡宗、乡豪"这些名称指向的还是地方豪强。

　　梁武帝为何要重用地方豪强来管理地方呢?这很可能与本文所关注的士人聚集建康有关。虽然不能绝对地认为南朝以来全部士人都聚集到了建康,但至少真正有名望的士人大多是活动在建康。在这样的形势下,利用、扶植地方豪族来管理地方应该是不难理解的。"豪族"既然可以稳定地进入地方政府组织,"世仕州郡"就只是个时间问题了,最终被称为"著姓"也是水到渠成的事情。

　　最早注意到梁陈之际地方豪族的是陈寅恪先生。他说:"侯景之乱,不仅于南朝政治上为巨变,并在江东社会上,亦为一划分时期之大事。其故即在所谓岩穴村屯之豪长乃乘此役兴起,造成南朝民族及社会阶级之变动。"②何以发生如此变动,陈先生没有解释。田馀庆先生曾推测说:"'郡邑岩穴之长,村屯坞壁之豪'大量出现在梁末历史上,不可能是一朝一夕突然的事。它必然反

----

① 《梁书》卷二《武帝纪》中。
② 陈寅恪:《魏书司马叡传江东民族条释证及推论》,载《金明馆丛稿初编》,上海古籍出版社1980年版,101页。

映江左腹地经济文化发展和社会交往,业已达到相当可观的水平。只有这样,在政治上、军事上足以割据一方的豪霸才能出现。"①

在我看来,汉魏以来南方如同北方一样,地方上一直存在着豪族势力。他们之所以能在梁末动乱的时期有特别的表现,当是与梁代重用豪族管理地方的政治传统有密切关系。

原载《文史》2013 年第 2 辑总第 103 辑

---

① 田馀庆:《魏晋南北朝史研究的回顾与展望》,载《秦汉魏晋史探微》(重订本),中华书局 2004 年版,406 页。

从南京出土的东晋南朝
墓志推论侨旧之别

几十年来,南京地区出土了一批东晋南朝时期的墓志,加上传世金石文献的记载,已经有 53 方。从人物籍贯上看,这些墓志大都属于北方侨人。南方土著人物的墓志为何不见?墓志本身虽然不能回答这个问题,但它却引出一个值得思考的问题,即当时南方境内侨旧双方的差异性。以下的讨论就是循着这个线索展开的。

一、南京出土墓志与文献记载

关于东晋南朝出土的墓志,多年来很多论者给予了介绍和讨论。新近出版的朱智武《东晋南朝墓志研究》一书又有详细的统计与考订。书中"《东晋南朝墓志墓主性别、卒岁、籍贯、葬地、身份统计表》"十分详细。① 据作者统计历代出土东晋南朝墓志共

① 朱智武:《东晋南朝墓志研究》,台湾花木兰出版社 2014 年版,第 156 页。

73 方,可知出土地域者有 72 方,其中南京地区占 53 方。[①] 为方便讨论,在此转录该表中有关南京地区出土墓志的统计。

表一　《东晋南朝墓志墓主性别、卒岁、籍贯、葬地、
　　　　身份统计表》:(南京地区)

朝代	编号	墓主	性别	卒岁	籍贯	葬地(或出土地)	身份
东 晋	01	谢鲲	男	43	陈国阳夏	南京戚家山	豫章内史
	02	温峤	男	42	并州太原祁县仁义里	南京郭家山	使持节、侍中、大将军、始安忠武公
	03	王兴之	男	31	琅琊临沂都乡南仁里	南京象山	征西大将军行参军、赣令
	04	宋和之	女	35	西河界休都乡吉迁里	南京象山	王兴之妻
	05	刘氏	女	34	琅琊	南京老虎山	安成太守颜谦妻
	06	王康之	男	22	琅琊临沂	南京象山	男子
	07	何法登	女	51	庐江潜	南京象山	王康之妻
	08	高崧	男		广陵	南京仙鹤观	镇西长史、骑都尉、建昌伯
	09	谢氏	女		会稽	南京仙鹤观	高崧妻
	10	李缉	男		广平郡广平县	南京吕家山	平南参军、湘南乡侯
	11	李摹	男		广平郡广平县	南京吕家山	中军参军
	12	李纂	男		魏郡肥乡	南京吕家山	宜都太守

---

① 作者指出,73 方中"17 方系金石文献著录(东晋 7 方,南朝 10 方)。"朱智武:《东晋南朝墓志研究》,台湾花木兰出版社 2014 年版,第 67 页。

朝代	编号	墓主	性别	卒岁	籍贯	葬地(或出土地)	身份
东晋	13	武氏	女		颍川长社县	南京吕家山	李篡妻
	14	何氏	女		东海郯县	南京吕家山	李篡妻
	15	王闽之	男	28	琅琊临沂都乡南仁里	南京象山	男子
	16	王丹虎	女	58	琅琊临沂	南京象山	散骑常侍、特进、卫将军、尚书左仆射、都亭肃侯王彬长女
	17	卞氏王夫人	女			南京赵士岗	
	18	王仚之	男	39	琅琊临沂	南京象山	丹杨令、骑都尉
	19	王建之	男	55	琅琊临沂县都乡南仁里	南京象山	振威将军、鄱阳太守、都亭侯
	20	刘媚子	女	53	南阳涅阳	南京象山	王建之妻
	21	温式之	男		并州太原祁县仁义里	南京郭家山	温峤子
	22	夏金虎	女	85	琅琊临沂	南京象山	卫将军、左仆射、肃侯王彬继室夫
	23	谢重	男		豫州陈郡阳夏县都乡吉迁里	江苏南京	骠骑大将军、开府、仪同三司、长史
	24	谢温	男		豫州陈郡阳夏县都乡吉迁里	南京司家山	
	25	谢球	男	31	豫州陈郡阳夏县都乡吉迁里	南京司家山	辅国参军

续表

朝代	编号	墓主	性别	卒岁	籍贯	葬地（或出土地）	身份
东晋	26	王德光	女		琅琊临沂	南京司家山	谢球妻
	27	史府君	男			江苏南京	尚书、左民郎、建安太守
	28	卞壸	男		济阴冤句	江苏南京	尚书令、假节、领军将军、赠侍中
宋	29	谢珫	男		豫州陈郡阳夏县都乡吉迁里	南京司家山	海陵太守、散骑常侍
	30	晋恭帝	男		（河内）①	（南京）②	
	31	宋乞	男		杨州丹杨建康都乡中黄里领豫州陈郡阳夏县都乡扶乐里	南京铁心桥	
	32	谢氏	女		（陈郡）③	南京戚家山	陈郡谢氏族人
	33	刘夫人	女			江苏南京	散骑常侍、荆州大中正、洮阳县侯宗悫母
	34	谢涛	男	49	扬州丹杨郡秣陵县西乡显安里领陈郡阳夏县都乡吉迁里	江苏南京	散骑常侍

①原表各项基于墓志记载。该书第二章《东晋南朝出土墓志校释》："江苏南京出土刘宋永初二年(421)晋恭帝石碣共26字"，其中无籍贯。按晋帝司马氏为河内人，补入。

②原表无出土地点。据该书第二章《东晋南朝出土墓志校释》，可知该碣石1960年出土于南京城内东侧富贵山，补入。

③原表无籍贯，既然谢氏为"陈郡谢氏族人"，当为陈郡人，补入。

续表

朝代	编号	墓主	性别	卒岁	籍贯	葬地（或出土地）	身份
宋	35	刘袭	男	38	南彭城	江苏南京	散骑常侍、护军将军、临澧侯
	36	明昙憙	男	30	平原	南京尧辰果木场	员外散骑侍郎
	37	黄天	女		陈留	南京油坊桥	周叔宣母
	38	蔡冰	男		济阳圉	南京栖霞山	
齐	39	王宝玉	女	28	吴郡嘉兴县昙溪里	南京甘家巷	冠军将军、东阳太守萧崇之侧室夫人
	40	萧昭文	男		（南兰陵）①	江苏南京	海陵王
梁	41	萧融	男	30	兰陵郡兰陵县都乡中都里	南京甘家巷	桂阳王
	42	王纂绍	女	42	南徐州琅琊郡临沂县都乡南仁里	南京甘家巷	桂阳国太妃
	43	萧敷	男	37	兰陵郡兰陵县	江苏南京	侍中、司空、永阳昭王
	44	王氏	女	59	琅琊临沂	江苏南京	永阳敬太妃
	45	？	男			南京燕子矶	辅国将军
	46	萧恢	男		（南兰陵郡）②	江苏南京	侍中、司徒、鄱阳忠烈王

①原表无籍贯，萧齐皇室籍贯南兰陵，补入。

②原表无姓名籍贯，据任官情况看，当为萧梁宗室成员萧恢。萧恢，《梁书》卷二二有传。

续表

朝代	编号	墓主	性别	卒岁	籍贯	葬地(或出土地)	身份
梁	47	萧子恪	男	52	南兰陵郡兰陵县都乡中都里	南京仙林灵①山	侍中、中书令、宁远将军、吴郡太守
	48	萧象	男		(南兰陵郡)②	南京甘家巷	桂阳王
	49	陶隐居				江苏南京	
	50	萧伟	男		(南兰陵郡)③	南京尧化门	中府将军、开府仪同三司、侍中、散骑常侍
陈	51	慧仙	女		谯	江苏南京	尼
	52	黄法氍	男		巴山新建	南京西善桥	司空、义阳郡公
	53	?				南京迈皋桥	

以上53方墓志中可知籍贯者47方,多数是北人,只有三方属于南方土著,即东晋高崧妻谢氏、南齐王宝玉、陈黄法氍。谢氏是会稽人,王宝玉是吴郡嘉兴县县溪里人,黄法氍是巴山新建人。《晋书》卷七一《高崧传》:

　　高崧字茂琰,广陵人也。父悝,少孤,事母以孝闻。……寓居江州,刺史华轶辟为西曹书佐。及轶败,悝藏匿轶子经

①原表作:"江苏仙林灵山"。表作者来信称:"误,当为南京仙林灵山。"
②原表无籍贯。按萧象,梁宗室成员,《梁书》卷二三有传,补入。
③原表无籍贯。南京博物院《南京尧化门南朝梁墓发掘简报》推测墓主为梁宗室成员萧伟。

年,会赦乃出。元帝嘉而宥之,以为参军,遂历显位,至丹杨
尹、光禄大夫,封建昌伯。

高崧是广陵人。广陵属徐州,在南北交界处。高氏自其父高悝时
就已经移居江州,高悝后任职建康。本传又说:"崧少好学,善史
书。总角时,司空何充称其明惠。充为扬州,引崧为主簿,益相钦
重。转骠骑主簿,举州秀才,除太学博士,父艰去职。"可知他自年
轻时就随父生活在建康,最终葬在建康可能与此有关。其妻谢氏
属于随夫而葬。吴郡王宝玉是齐冠军将军、东阳太守萧崇之侧室
夫人。萧崇之是萧齐宗室成员。《南齐书》卷四四《沈文季传》:
"崇之字茂敬,太祖族弟。"王宝玉的情况与谢氏一样,也属随夫而
葬。又,《陈书》卷一一《黄法氍传》:"字仲昭,巴山新建人也。……
(太建)八年十月,薨,时年五十九。"除去随夫而葬的两位女性墓
志,现在已知的南京出土墓志中,只有黄法氍一方属南方土著。

　　对于南京地区出土墓志墓主多为北来侨人,朱智武认为有三
点原因:第一,"都城建康是政治中心所在,聚集有大量官员贵
族,出现较多的具有较高规格的墓葬是很正常的现象。"第二,使
用墓志是侨人贵族在北方地区原有的习俗。第三,"东晋、南朝
时期殁于外地的功臣勋旧多丧还京师,归葬京畿","这在一定程
度上也促成了东晋南朝墓志集中于京畿现象的出现。"①

----

① 朱智武:《东晋南朝墓志研究》第三章"东晋南朝墓志的地域分布与形制特征",花木
　 兰文化出版社 2014 年版,第 156—160 页。

上述分析都有道理。但是还可以继续追问的是，东晋南朝时期南方本土特别是三吴地区在京城任高官的人士也很多，为什么不见他们的墓志？此外，为什么一些"殁于外地的功臣勋旧"要"丧还京师"？要回答这些问题，还须同时关注南方本土人士的丧葬问题。

南方本土人士并非不使用墓志。1979年江苏吴县甪直镇南张陵山4号墓出有东晋太宁三年（325）张镇墓志。朱书释文如下：

> （正面）晋故散骑常侍、建威将军、苍梧吴二郡太守、奉车都尉、兴道县德侯、吴国吴张镇字羲远之郭，夫人晋始安太守嘉兴徐庸之姊。
>
> （背面）太宁三年，太岁在乙酉，侯年八十薨。世为冠族，仁德隆茂。仕晋元明，朝野宗重。夫人贞贤，亦时良媛。千世邂逅，有见此者幸愍焉。①

张镇，《世说新语·排调》篇"张苍梧是张凭之祖"条引《张苍梧碑》有记载："君讳镇，字义远，吴国吴人。忠恕宽明，简正贞粹。泰安中，除苍梧太守。讨王含有功，封兴道县侯。"张氏属于吴郡著名家族"顾陆朱张"之一，所以墓志说张镇"世为冠族"。从墓

---

① 朱智武：《东晋南朝墓志研究》第二章"东晋南朝出土墓志校释"，花木兰文化出版社2014年版，第73页。

志出土地点可知,他死后是葬在家乡了。

　　朱智武墓志统计表中南京以外地区还有梁代的陆倕。该墓志文来自传统金石文献。宋陈思《宝刻丛编》卷一四"两浙西路苏州"引王厚之《复斋碑录》介绍称,陆倕普通七年除太常卿,"以其年七月卒,葬吴县陵山乡"。《梁书》卷二七《陆倕传》:"吴郡吴人也。晋太尉玩六世孙。祖子真,宋东阳太守。父慧晓,齐太常卿。……刺史竟陵王子良开西邸延英俊,倕亦预焉。"陆倕一直活跃在建康,但死后却是葬在了家乡。从东汉魏晋到南朝,吴人死后归葬家乡在文献上多有记载。

　　《三国志》卷五七《虞翻传》:因得罪孙权,"徙(虞)翻交州。……在南十馀年,年七十卒。归葬旧墓,妻子得还。""旧墓"在何处?本传注引《江表传》补充:孙权曾后悔,"促下问交州,翻若尚存者,给其人船,发遣还都;若以亡者,送丧还本郡,使儿子仕宦。会翻已终"。是知"旧墓"当在"本郡"。本传注引《会稽典录》:虞翻子"氾字世洪,生南海,年十六,父卒,还乡里。"虞氾当是因送丧而还乡里。

　　《晋书》卷六八《贺循传》:贺循,会稽山阴人"太兴二年卒,时年六十。帝素服举哀,哭之甚恸。赠司空,谥曰穆。将葬,帝又出临其枢,哭之尽哀,遣兼侍御史持节监护。皇太子追送近涂,望船流涕"。本传未载葬地。《建康实录》卷五《中宗元皇帝》:"将归葬于吴,皇太子追送近郊,望船流涕。"贺循是会稽山阴人,"归葬于吴"恐有误,应为"归葬于会稽"。

　　《晋书》卷七八《孔愉传附孔祗传》:"太守周札命为功曹史。

札为沈充所害,故人宾吏莫敢近者。祇冒刃号哭,亲行殡礼,送丧还义兴,时人义之。"周札是义兴阳羡人,"送丧还义兴"也就是丧还乡里。

《晋书》卷七一《孙惠传》:"吴国富阳人,……元帝遣甘卓讨周馥于寿阳,惠乃率众应卓,馥败走。庐江何锐为安丰太守,惠权留郡境。锐以他事收惠下人推之,惠既非南朝所授,常虑谗间,因此大惧,遂攻杀锐,奔入蛮中。寻病卒,时年四十七。丧还乡里。"孙惠死于"蛮中",但没有葬在当地,而是"丧还乡里"。

《晋书》卷八八《许孜传》:"年二十,师事豫章太守会稽孔冲,受《诗》、《书》、《礼》、《易》及《孝经》、《论语》。学竟,还乡里。冲在郡丧亡,孜闻问尽哀,负担奔赴,送丧还会稽。"孔冲虽在豫章丧亡,但最终还是葬在了家乡会稽,与孙惠的例子相同。

类似的情况南朝也有。《梁书》卷三〇《顾协传》:"吴郡吴人也。……大同八年,卒,时年七十三。高祖悼惜之,手诏曰:……大殓既毕,即送其丧枢还乡。"《陈书》卷一九《虞荔传》:虞荔,会稽馀姚人,卒于建康,"及丧枢还乡里,上亲出临送,当时荣之"。顾协、虞荔都是卒于建康,葬在家乡。

关于南方土著的家族墓地,还可以看到一些相关记载。《晋书》卷七七《陆晔传》:陆晔"咸和中,求归乡里拜坟墓"。《梁书》卷一八《张惠绍传》:"义阳人也。……永元初,母丧归葬于乡里。"《梁书》卷五二《顾宪之传》:"出为东中郎长史、行会稽郡事。山阴人吕文度有宠于齐武帝,于馀姚立邸,颇纵横。宪之至郡,即表除之。文度后还葬母,郡县争赴吊,宪之不与相闻。文度深衔之。"他们的家族墓地都是在故乡。

从上述事例看,南方土著高官的家族墓地可能大多是在故乡。如果这个推测可以成立,那么在建康自然难以发现他们的墓葬以及墓志。

现在可以继续讨论侨人墓葬的问题了。我曾经指出:"东晋时期,一批北来侨人到会稽安家置业,一些僧人也到此地传播教义,这使得该地区更加醒目。但是从东晋后期到南朝,会稽在人文方面失去了往昔的繁荣。士人与僧人渐渐集中到了都城建康。向建康集中是一个普遍的趋势,并不仅仅局限于会稽。"①在解释东晋南朝士族子弟"少孤贫"时,我还指出:"通常认为,永嘉之乱后南迁的侨姓士族在江南广占土地,建立田园别墅,经济上很富足。但是这个看法其实并不完全符合实际。……渡江南来的'朝士'大多居住在建康,除俸禄以外,他们并没有什么别的收入。……侯景乱后极少能见到侨姓士族逃难到地方。这些家族大多都是居住在建康。他们在南方是没有'乡里'的。"②既然如此,他们死后葬在建康也就可以理解了。同样,这也可以解释朱智武所说"东晋、南朝时期殁于外地的功臣勋旧多丧还京师,归葬京畿"的问题。朱文列举了庾亮、王廙、王建之、温峤、卫玠的例子。他们恰好都是北来侨人。此外,山简也属于此种情况。《建康实录》卷五《中宗元皇帝》:"(山)简字季伦,河内怀人。司

①胡宝国:《从会稽到建康——江左士人与皇权》,《文史》2013 年第 2 辑。
②胡宝国:《札记一则——释"少孤贫"》,载《田馀庆先生九十华诞纪念论文集》,中华书局 2014 年版。

徒涛之第五子。自侍中、吏部尚书出镇襄阳,卒时年六十一。赠仪同三司,归葬建康玄武湖南覆舟之阳。"这与前引南方土著卒于外地、归葬家乡的事例形成鲜明对比。

　　须要特别说明的是,我当然不会认为所有的侨人都生活在建康、埋葬在建康。大量的下层侨人过江后散乱地居住在各地,随着多次土断,早已入籍当地。其家族墓地不可能在建康。即使是上层侨人也并非一律葬于建康。《宋书》卷六七《谢灵运传》:"灵运父祖并葬始宁县,并有故宅及墅,遂移籍会稽,修营别业,傍山带江,尽幽居之美。"又《梁书》卷五一《何胤传》:"何氏过江,自晋司空充并葬吴西山。胤家世年皆不永,唯祖尚之至七十二。胤年登祖寿,乃移还吴,作《别山》诗一首,言甚凄怆。"谢灵运、何胤的家族墓地都不在建康。不过,谢、何家族的事例或不构成对本文观点的反证。因为按史传书法,一般是不记录葬地的,大概正是因为谢氏、何氏家族葬地有特殊性,所以才特别记录下来。

　　总之,虽然已知的墓志是有限的,文献中关于丧葬的记载也不多,但结合两个方面仍然可以得出一初步的结论:南方土著死后多葬于家乡。他们不论居于何处,与家乡的联系始终没有中断。而北来上层侨人多生活在建康,死后也多葬在建康,甚至一些死在地方上的侨人高官最后也还是要葬在建康。这都是因为他们在南方没有"乡里"。

二、南方土著的学术特征

从上节考察可知,北来上层侨人多居住在建康,而南方土著始终与"乡里"有着联系。从这个视角出发,还可以进一步讨论侨旧双方在学术文化上的某些差异。

几十年前唐长孺先生曾经指出,魏晋时期南方学风比较保守,仍然继续着汉代的学风,新学风都是从河南兴起的。永嘉之乱以后,北方大批士人到了南方,带去了新学风。受此影响,南方土著士人也渐渐趋新,如"吴郡顾张之氏均染清谈之风,尤其是张氏。"不过他也注意到,"东晋以后的江南名士受新风气的影响自无可疑,但江南土著与渡江侨旧在学风上仍然有所区别;这只要看《世说新语》中叙述南人者大都不是虚玄之士,而一时谈士南人中可与殷浩、刘惔辈相比的更是一个都没有,便可知玄谈还不是南士的专长。另一方面我们却可看到南士还相当重视传统经学。……江南土著之学还是以儒家经典注释见长"。他又说:"《南史》卷七一《儒林传》连附传在内一共二十九人,其中南人占十九人。"[1]

同在江南,但直到南朝,南人、北人学术上仍然有差异,这是一个饶有趣味的问题。是什么原因导致这种差异长期存在? 从史料上看,南北士人居住地的不同可能是一个重要原因。我注意

---

[1]唐长孺:《读抱朴子推论南北学风的异同》,《魏晋南北朝史论丛》,生活·读书·新知三联书店1955年版。

到,就传统经学而言,一些南方土著学者往往与家乡有着密切的关系。《晋书》九一《虞喜传》:

> 喜少立操行,博学好古。诸葛恢临郡,屈为功曹。察孝廉,州举秀才,司徒辟,皆不就。元帝初镇江左,上疏荐喜。怀帝即位,公车征拜博士,不就。……永和初,有司奏称十月殷祭,京兆府君当迁祧室,征西、豫章、颍川三府君初毁主,内外博议不能决。时喜在会稽,朝廷遣就喜谘访焉。

虞喜是两晋之交的人,精通礼学,直到东晋永和年间都在家乡会稽。《南齐书》卷五四《沈驎士传》:

> 驎士少好学,家贫,织帘诵书,口手不息。宋元嘉末,文帝令尚书仆射何尚之抄撰五经,访举学士,县以驎士应选。……少时,驎士称疾归乡,更不与人物通。养孤兄子,义著乡曲。……隐居馀不吴差山,① 讲经教授,从学者数十百人,各营屋宇,依止其侧。②

沈驎士是吴兴人,据《南史》本传,卒于梁天监二年,跨越了宋齐

---

① 本传校勘记:隐居馀不吴差山 "馀不吴差山"南监本、毛本、殿本作"馀干吴差山",局本作"馀不吴羌山"。按馀不,溪名,在吴兴,馀干乃江州鄱阳之属县,作"馀干"者讹。吴差山一作吴羌山,旧志引吴均《入东记》,云汉高士吴羌避王莽之乱,隐居此山,故名。
② 《南史》卷七六《沈驎士传》在"织帘诵书,口手不息"后加:"乡里号为织帘先生。"

梁三朝。他自幼在家乡学习,虽然一度赴建康,但《南史》本传在"县以麟士应选"之后增"不得已至都"五字,①似乎他并不情愿。"称疾归乡"后,他一直在家乡教授。《梁书》卷四八《沈峻传》:

> 吴兴武康人。家世农夫,至峻好学,与舅太史叔明师事宗人沈麟士,在门下积年,昼夜自课,时或睡寐,辄以杖自击,其笃志如此。麟士卒后,乃出都,遍游讲肆,遂博通《五经》,尤长《三礼》。

按此,沈峻、太史叔明都是在家乡跟随沈麟士学习。《南齐书》卷五四《顾欢传》:

> 顾欢字景怡,吴郡盐官人也。……乡中有学舍,欢贫无以受业,于舍壁后倚听,无遗忘者。八岁,诵《孝经》、《诗》、《论》。及长,笃志好学。母年老,躬耕诵书,夜则燃糠自照。同郡顾颛之临县,见而异之,遣诸子与游,及孙宪之,并受经句。

顾欢也是宋齐之间的人,自幼在家乡吴郡学习。又,《陈书》卷三三《顾越传》:"所居新坡黄冈,世有乡校,由是顾氏多儒学焉。"

---

①《南史》卷七六《沈麟士传》。

《南史》补:"祖道望,齐散骑侍郎。父仲成,梁护军司马、豫章王
府咨议参军。家传儒学,并专门教授。"①顾越也是吴郡盐官人,
看来此地一直有教授儒学的传统。《梁书》卷三八《朱异传》:

> 朱异字彦和,吴郡钱唐人也。……年十馀岁,好群聚蒲
> 博,颇为乡党所患。既长,乃折节从师,遍治《五经》,尤明
> 《礼》、《易》,涉猎文史,兼通杂艺,博弈书算,皆其所长。年
> 二十,诣都。

朱异"折节从师,遍治《五经》"也是在家乡,二十岁才去建康。
《梁书》卷四八《贺玚传》:

> 贺玚字德琏,会稽山阴人也。祖道力,善《三礼》,仕宋
> 为尚书三公郎、建康令。玚少传家业。齐时沛国刘瓛为会稽
> 府丞,见玚深器异之。尝与俱造吴郡张融,指玚谓融曰:"此
> 生神明聪敏,将来当为儒者宗。"瓛还,荐之为国子生。

贺氏是礼学世家。贺玚少年时代当是在家乡会稽学习经学,所以
刘瓛出任会稽府丞后见到了他。由于刘瓛的推荐,贺玚去建康当
国子生。据本传,此后他一生主要是在建康度过的,但《梁书》卷
三八《贺琛传》说:

---

① 《南史》卷七一《顾越传》。

伯父场,步兵校尉,为世硕儒。琛幼,场授其经业,一闻
便通义理。场异之,常曰:"此儿当以明经致贵。"场卒后,琛
家贫,常往还诸暨,贩粟以自给。闲则习业,尤精《三礼》。
初,场于乡里聚徒教授,至是又依琛焉。普通中,刺史临川王
辟为祭酒从事史。琛始出都,高祖闻其学术,召见文德殿,与
语悦之,谓仆射徐勉曰:"琛殊有世业。"

按此,贺场曾经"于乡里聚徒教授"①。贺场死后,贺琛在本地一
边当小贩以维持生活,一边继续学习、教授。一直到普通中才去
建康。贺氏的学问与家乡、家族都有密切关系。《梁书》卷四八
《孔子祛传》:

会稽山阴人。少孤贫好学,耕耘樵采,常怀书自随,投闲
则诵读。勤苦自励,遂通经术,尤明《古文尚书》。

孔子祛"耕耘樵采,常怀书自随",当是在本乡。这些情形表明,
至少在三吴地区,南方固有的经学传统一直存在。特别值得提到
的是,会稽贺氏、吴兴沈氏是南方土著中最重要的经学世家,而他
们的学问显然都与本乡以及家族有着密切的关系。

以下再看那些接受了新学风的江南土著的行迹。关于魏晋
新学风,唐长孺先生主要是着眼于玄学。不过到东晋南朝,"新

①《南史》卷六二《贺场传》在"场于乡里聚徒教授"后补充:"四方受业者三千馀人。"

学风"已经不仅局限于玄学,而是在很多方面都有表现。我曾将这一时期的新学风概括为"知识至上"。① 所以以下所关注的与"新学风"有关的人物,包括玄学人物,但又不局限于此。

众所周知,吴兴沈约是齐梁时代的文人领袖,也是新学风的倡导者,最值得关注。他在《宋书》自序中介绍家世说:"史臣七世祖延始居(武康)县东乡之博陆里馀乌邨。王父从官京师,义熙十一年,高祖赐馆于建康都亭里之运巷。"据此可知,从东晋末年开始,沈氏这一支就在建康定居了。② 类似的例子还有很多。《南齐书》卷三二《张岱传》:

> 张岱字景山,吴郡吴人也。祖敞,晋度支尚书,父茂度,宋金紫光禄大夫。岱少与兄太子中舍人寅、新安太守镜、征北将军永、弟广州刺史辨俱知名,谓之张氏五龙。镜少与光禄大夫颜延之邻居,颜谈议饮酒,喧呼不绝;而镜静嘿无言声。后延之于篱边闻其与客语,取胡床坐听,辞义清玄,延之心服,谓宾客曰:"彼有人焉。"由此不复酣叫。寅、镜名最高,永、辨、岱不及也。

张岱父祖均任职朝廷,"张氏五龙"恐怕都是自幼就在建康生活。张镜少年时与颜延之比邻而居应是在建康而不是在家乡吴郡。

---

① 胡宝国:《知识至上的南朝学风》,《文史》2009 年第 4 辑。
② 从沈约经历看,他年轻时可能一度回乡。参看拙作《从会稽到建康——江左士人与皇权》,载《文史》2013 年第 2 辑。

颜氏为北来侨人,一直居住在建康。梁代,吴郡张氏还出了一著名文士张率,以其文才深得梁武帝赞赏。梁武帝赐张率诗曰:"东南有才子,故能服官政。余虽惭古昔,得人今为盛。"①《梁书》卷三三本传介绍其早年经历:

> 率年十二,能属文,常日限为诗一篇,稍进作赋颂,至年十六,向二千许首。……与同郡陆倕幼相友狎,常同载诣左卫将军沈约,适值任昉在焉,约乃谓昉曰:"此二子后进才秀,皆南金也,卿可与定交。"

张率少年时与陆倕常常去拜访左卫将军沈约。他们也都是自幼生活在建康。陆倕博闻强记,以文才著名,在京师相当活跃,"竟陵王子良开西邸延英俊,倕亦预焉"②。又,《南齐书》卷三九《陆澄传》载,吴郡陆澄"少好学,博览无所不知,行坐眠食,手不释卷","当世称为硕学","家多坟籍,人所罕见。撰地理书及杂传,死后乃出"。陆澄少年经历不详,但自宋世"起家太学博士",一直到齐隆昌元年卒,基本都是在建康任职,未见与家乡有何联系。《陈书》卷一九《虞荔传》:

> 虞荔字山披,会稽馀姚人也。祖权,梁廷尉卿、永嘉太

---

① 《梁书》卷三三《张率传》。
② 《梁书》卷二七《陆倕传》。

守。父检,平北始兴王咨议参军。荔幼聪敏,有志操。年九岁,随从伯阐候太常陆倕,倕问《五经》凡有十事,荔随问辄应,无有遗失,倕甚异之。

《陈书》卷二七《姚察传》:

姚察字伯审,吴兴武康人也。……六岁,诵书万馀言。弱不好弄,博弈杂戏,初不经心。勤苦厉精,以夜继日。年十二,便能属文。父上开府僧垣知名梁武代,二宫礼遇优厚,每得供赐,皆回给察兄弟,为游学之资,察并用聚蓄图书,由是闻见日博。年十三,梁简文帝时在东宫,盛修文义,即引于宣猷堂听讲论难,为儒者所称。

《陈书》卷三〇《陆琼传》:

陆琼字伯玉,吴郡吴人也。祖完,梁琅邪、彭城二郡丞。父云公,梁给事黄门侍郎,掌著作。琼幼聪惠有思理,六岁为五言诗,颇有词采。大同末,云公受梁武帝诏校定《棋品》,到溉、朱异以下并集,琼时年八岁,于客前覆局,由是京师号曰神童。

《陈书》卷三〇《顾野王传》:

顾野王字希冯,吴郡吴人也。……野王幼好学。七岁,读《五经》，略知大旨。九岁能属文，尝制《日赋》，领军朱异见而奇之。年十二，随父之建安，撰《建安地记》二篇。长而遍观经史，精记嘿识，天文地理、蓍龟占候、虫篆奇字，无所不通。

以上南方土著士人虞荔、姚察、陆琼、顾野王诸人或因博学，或因文才而著称于世，都是新学风中人。他们都是自幼就生活在建康。

总之，虽然南方土著人士死后多葬于家乡，但在世时，属于新学风中的人物多是自幼就长期生活在建康。建康的文化环境对他们的成长起了重要的作用。建康是南方的政治文化中心。新学风的倡导者多在建康。此外，在"知识至上"的新学风中，欲追求渊博，必须大量阅读书籍，而建康正是书籍聚集最多的地方。

东汉以来，南方书籍本来不多。《后汉书》卷四九《王充传》：

王充字仲任，会稽上虞人也，……后到京师，受业太学，师事扶风班彪。好博览而不守章句。家贫无书，常游洛阳市肆，阅所卖书，一见辄能诵忆，遂博通众流百家之言。

《晋书》卷七二《葛洪传》：

洪少好学，家贫，躬自伐薪以贸纸笔，夜辄写书诵习，遂以儒学知名。……太安中，石冰作乱，吴兴太守顾秘为义军都督,与周玘等起兵讨之,秘檄洪为将兵都尉,攻冰别率,破之,迁伏波将军。冰平,洪不论功赏,径至洛阳,欲搜求异书以广其学。

从东汉的王充到两晋之交的葛洪,他们或在洛阳博览群书,或在洛阳"搜求异书"。那时的洛阳是政治文化中心,所以书籍最多。永嘉之乱后,北方十六国纷争不断,南方的建康取代了昔日的洛阳,成为书籍聚集之地。皇家藏书自然不用说,私人藏书也以建康为最多,南朝最著名的私人藏书家如沈约、任昉、王僧儒、陆澄等等都在京师。刘孝标少年时代流落北方,"齐永明中,从桑干得还,自谓所见不博,更求异书,闻京师有者,必往祈借。"①刘孝标后来的博学与其在京师能够大量读书是有关系的。前引姚察在京师"聚蓄图书,由是闻见日博"的例子也说明了博闻与书籍的关系。与建康相比,地方上书籍并不多,追求博学是有困难的。但经学就不同了,它在地方上有古老的传统。东汉以来,虞翻家族五世传《易》。贺氏家族世代以礼学著名。东晋南朝,一部分土著士人自幼生活在家乡,在家乡接受了最初的经学教育,所以保存了旧有的传统。唐长孺先生所揭示的南方土著在学术上以经学见长的特色可能与此有很大的关系。

最后须要指出的是,虽然本文强调新学风在建康,地方上存在着旧有的经学传统,但这个认识只能在相对的意义上理解。我

①《梁书》卷五〇《刘峻传》。

并不认为建康没有经学。事实上,建康既然是政治文化中心,经学的中心当然也在建康。只是建康的学术并不以经学为其特色。这是与地方社会不同的。

附记:本文写作过程中得到了朱智武先生的大力帮助,在此谨表示衷心的谢意!

原载武汉大学中国三至九世纪研究所编《魏晋南北朝唐史资料》第三十一辑,上海古籍出版社 2015 年版

东晋南朝的书籍整理与学术总结

　　永嘉之乱后,在南方建立的东晋朝廷拥有的书籍只有三千多卷。到东晋太元年间,经济有所恢复,社会安定,孝武帝试图复兴学术文化,开始大规模聚集图书。晋宋之际,造纸业有了很大发展,纸张逐渐取代了竹简。不论官私,书籍聚集都越来越多。到梁代,聚书达到了高峰。《隋书·经籍志》序称:"梁武敦悦诗书,下化其上,四境之内,家有文史。"梁元帝《金楼子》专设"聚书"一篇,很能反映当时的风尚。①

　　从东晋中期到南朝,持续不断的聚书是一个重要的文化现象。围绕着书籍的不断聚集,各种类型的整理工作相继展开,具有学术总结性质的著作也大量问世。梁陈相继灭亡之后,被迁移到北方的南方学者仍然在继续从事着这类带有明显南方特色的工作。可以说,南朝的学术文化传统并未随着南方王朝的灭亡而结束。

---

①参见拙作《知识至上的南朝学风》,载《文史》2009 年,第 4 辑。

一、书籍整理与学术总结

书籍增多以后,首要的任务就是编制目录、校书。这是易于理解的。图书不断增多,目录也必然随之调整。这一时期史书往往没有《经籍志》、《艺文志》,一个可能的原因就是单行的目录很多,史书中没有必要再专门列入。在抄本时代,同一书往往有不同的抄本,所以校书也是书籍整理工作中不可缺少的一个环节。除去一般意义上的整理之外,当时学者还在众多旧书的基础之上编撰出了新书。这些新书可以大致分为三类:第一是集注,第二是钞书,第三是汇聚众书为一书。

1. 集注

《隋书·经籍志》经部此类书很多,如朱异集注《周易》,李颙《集解尚书》,姜道盛《集释尚书》,崔灵恩《集注毛诗》、《集注周官礼》,孔伦《集注丧服经传》,裴松之《集注丧服经传》,王俭《丧服古今集记》,范宁集解《春秋穀梁传》,崔豹《论语集义》,孙绰《集解论语》,江熙《集解论语》,沈琁《集注尔雅》等等。从书名上看,《隋志》史部正史类所载东晋南朝时期带有"集注"字样的书并不多,仅有姚察《汉书集解》。但实际上很多以"注"相称的都属于集解、集注性质的。裴骃的《史记》注,《隋志》仅称"宋南中郎外兵参军裴骃注"。但是裴骃自己在《史记集解序》中早已说,"号曰集解"。《史记集解》才是裴骃书的本名。又如《三国志》,

《隋志》仅记"晋太子中庶子陈寿撰,宋太中大夫裴松之注"。但刘知幾早已指出裴松之是"集注《国志》"①。裴注以众书注一书的方式的确就是集注,刘说不误。刘知幾还说:"次有好事之子,思广异闻,而才短力微,不能自达,庶凭骥尾,千里绝群,遂乃掇众史之异辞,补前书之所阙。若裴松之《三国志》,陆澄、刘昭两《汉书》,刘彤《晋纪》,刘孝标《世说》之类是也。"②可知上述史注均属同类,都是集注性质。

2. 钞类

《隋书·经籍志》经部有庾蔚之《礼论钞》,王俭《礼论要钞》,贺玚《礼论要钞》,何佟之《礼杂问答钞》等。史部有张缅《晋书钞》、《晋宋起居注钞》,陆澄《地理书抄》,任昉《地理书抄》,王僧孺《百家谱集钞》。此外,如梁阮孝绪《正史削繁》可能也属此类。子部有庾仲容《子抄》,萧琛《皇览抄》,集部有谢灵运《诗集钞》,沈约《集钞》,丘迟的《集钞》以及大量不知作者的《集钞》、《集林》、《集略》、《文苑钞》等等。

"抄"并不是全文照抄。《梁书》卷四九《袁峻传》:"除员外散骑侍郎,直文德学士省,抄《史记》、《汉书》各为二十卷。"可见"抄"实际是摘抄。这样的例子很多。《南史》卷二五《到洽传》:"迁司徒主簿,直待诏省,敕使抄甲部书为十二卷。"《梁书》卷

①刘知幾《史通·补注》篇。
②同上。

五〇《庾仲容传》："仲容抄诸子书三十卷，众家地理书二十卷，列女传三卷，文集二十卷，并行于世。"在钞类中还有一些书的名字虽然没有"钞"字，但实际也是钞，如范泰的《古今善言》，必定是从"古今"书中抄录而来。

这种有选择的"钞"以前也有，如《隋志》有汉桂阳太守卫飒撰《史要》十卷，"约《史记》要言，以类相从"，吴有太子太傅张温撰《三史略》二十九卷"，晋代有散骑常侍葛洪撰《汉书钞》三十卷"。不过此类书大量出现还是在东晋南朝时期。

值得注意的是，当时没有类书概念，《隋志》是将后世称为"类书"的书籍归入了子部钞类，如《皇览》、《类苑》、《华林遍略》、《寿光书苑》以及北朝编撰的《圣寿堂御览》（即《修文殿御览》），隋代编撰的《长洲玉镜》、《书钞》都在其中。这样归类是有道理的，因为类书本来也是钞书。《梁书》卷五〇《刘峻传》："安成王秀好峻学，及迁荆州，引为户曹参军，给其书籍，使抄录事类，名曰《类苑》。"这里所谓"抄录"也是摘抄。隋代虞世南编纂《北堂书钞》，直接以"书钞"命名，最明确地表达出类书就是摘抄。

此外，还须注意的是，按《隋志》著录，《文选》是在集部钞类中，从编纂的角度看，这样处理是合适的，因为《文选》其实也是抄书，只是抄的方式与类书不同而已。《艺文类聚》序称："《流别》、《文选》，专取其文；《皇览》、《遍略》，直书其事。"可见欧阳询也是把《文选》和类书看作是一大类，都是有选择地摘抄已有书，只是选文的标准、范围不同而已。

3. 汇聚众书为一书

谱牒书。《南齐书》卷五二《贾渊传》："先是谱学未有名家，渊祖弼之广集百氏谱记，专心治业。晋太元中，朝廷给弼之令史书吏，撰定缮写，藏秘阁〔及〕左民曹。渊父及渊三世传学，凡十八州士族谱，合百帙七百馀卷，该究精悉，当世莫比。"《梁书》卷三三《王僧孺传》："僧孺好坟籍，聚书至万馀卷，率多异本，与沈约、任昉家书相埒。少笃志精力，于书无所不睹。其文丽逸，多用新事，人所未见者，世重其富。僧孺集《十八州谱》七百一十卷，《百家谱集》十五卷，《东南谱集抄》十卷。"这是将分散的谱牒搜集来汇聚成一书。

地理书、杂传。《南齐书》卷三九《陆澄传》："家多坟籍，人所罕见。撰《地理书》及《杂传》，死后乃出。"《隋志》："《地理书》一百四十九卷，录一卷。陆澄合《山海经》已来一百六十家，以为此书。"①可知此书并非陆澄自己所写，而只是汇聚了前人相关书籍。汇聚众书难以一网打尽，总会有遗漏，刘知幾说："自沈莹著《临海水土》，周处撰《阳羡风土》，厥类众伙，谅非一族。是以《地理》为书，陆澄集而难尽。"②以后任昉又继续补充。《梁书》卷一四《任昉传》："昉撰《杂传》二百四十七卷，《地记》二百五十二卷。"《隋志》称："《地记》二百五十二卷，梁任昉增陆澄之书八十四家，以为此记。"地理类最后总结说："学者因其经历，并有记

———

① 《隋书》卷三三《经籍志》二史部。
② 《史通·书志》篇。

载,然不能成一家之体。齐时,陆澄聚一百六十家之说,依其前后远近,编而为部,谓之《地理书》。任昉又增陆澄之书八十四家,谓之《地记》。陈时,顾野王抄撰众家之言,作《舆地志》。"按此,顾野王的《舆地志》也是此种性质。

陆澄、任昉编撰的《杂传》与地理书相同,也是汇聚众书而成。东汉以来,各种人物别传很多,章宗源、姚振宗两家《隋书经籍志考证》均有统计。这些《杂传》就是汇聚众多别传而来,因个人所见多少不同,所以陆澄、任昉的《杂传》收录的数量也不同。

集注、书抄、汇聚众书为一书,这三种编纂形式的书籍在东晋南朝大量出现,都与当时书籍增加有关。集注是以众书注一书,这只有在相关的书籍聚集较多后才有可能进行。同样,书抄类在南朝特别盛行,也与当时书籍增多有关。《梁书》卷二五《徐勉传》:"勉善属文,勤著述,虽当机务,下笔不休。尝以《起居注》烦杂,乃加删撰为《流别起居注》六百卷。""删撰"即是"钞"。《陈书》卷三四《陆琰传附陆瑜传》:"时皇太子好学,欲博览群书,以子集繁多,命瑜钞撰。"书籍太多,"烦杂"、"繁多",读者看不过来,所以不得不有所压缩、有所选择。汤用彤先生在讨论佛教撰述时说:"群经之纂集。此以梁代为最盛。天监七年,武帝以法海浩瀚,浅识难寻。敕僧旻于定林上寺纂《众经要钞》八十卷。"[①]

①汤用彤:《汉魏两晋南北朝佛教史》下册第十五章《南北朝释教撰述》,中华书局1983年版,411页。

佛教类书籍也有"钞",而其原因也是因为书籍太多,所谓"法海浩瀚,浅识难寻",因此不得不有所选择地摘抄。讨论类书的学者通常是将类书的出现归结为作文用典的需要。这个原因当然是存在的,但不是唯一的原因。胡道静总结类书说:"从编纂当时提供的用途来说,有为一般检查的,有为诗文取材的,有资科场之用的,有供启蒙之用的,还有备家常日用的。"①可见类书的用途是多种多样的。佛教类书籍中也有类书。汤用彤先生说:"僧祐记中有《法苑》百八十九卷,亦佛经之类书,当亦为齐梁间所纂集。"②这显然也与作文用典没有什么关系。总之,编纂类书的目的与编纂其他抄类书籍的目的是一样的,都是为了便于阅读、便于查找。关于总集,《经籍志》说:"总集者,以建安之后,辞赋转繁,众家之集,日以滋广,晋代挚虞,苦览者之劳倦,于是采摘孔翠,芟剪繁芜,自诗赋下,各为条贯,合而编之,谓为《流别》。是后文集总钞,作者继轨,属辞之士,以为覃奥,而取则焉。""苦览者之劳倦,于是采摘孔翠,芟剪繁芜",可见总集这种形式的出现也是为了解决书籍增多后阅读的不便而来。谱牒、地理书、杂传诸类中多有汇聚众书为一书的现象,这与此三类书籍的篇幅有关。谱牒书只有世系记录,没有具体事迹,篇幅不可能大。③ 关

---

① 胡道静:《中国古代的类书》第一章《类书的性质、起源及类型》,中华书局 1982 年版,11 页。

② 汤用彤:《汉魏两晋南北朝佛教史》下册第十五章《南北朝释教撰述》,中华书局 1983 年版,411 页。

③ 参见拙著《杂传与人物品评》,《汉唐间史学的发展》修订本,北京大学出版社 2014 年版。

于地理书,姚振宗《隋书经籍志考证》就陆澄所编《地理书》说:
"澄合百六十家之书,而编卷止于百四十有九,知其中零杂小部
不盈一卷者多矣。"杂传来自单个人物的别传。别传只记一人,
篇幅短也是可想而知的。这三类书虽然数量多,但篇幅都短,所
以有必要将其汇聚成一书。王僧孺、陆澄、任昉都是当时的聚书
大家,他们最有条件从事此类工作。

金克木先生曾发现,齐梁时期学术文化上最重要的一个特征
是出现了大批具有"总结性"的著作。他在讨论《玉台新咏》、《文
选》时说:"值得注意的是,短促的梁朝及其前后几十年内并不仅
出现了这两部由太子发动的总集,而且还有其他总结性的著作。
现存的书如:钟嵘的《诗品》、刘勰的《文心雕龙》、庾肩吾的《书
品》、齐代谢赫的《古画品录》、陈代姚最的《续画品》、宋代刘义庆
作而梁代刘孝标注的《世说新语》。还有梁代僧祐的《出三藏记
集》,是佛教最古的编集序目。他还编了《弘明集》,这是论文集,
其中保存了范缜的《神灭论》。梁代慧皎的《高僧传》是现存同类
书中最早的一部。宋代陆修静的《三洞经书目录》是道藏最古的
编目。现只存序目的梁代阮孝绪的《七录》是汉代刘向《七略》和
班固《汉书·艺文志》以后的重要的早期分类书目。还有企图统
一语音的著作,如失传的沈约《四声谱》等书,是隋代统一南北语
音的《切韵》的一个来源。还有失传的梁代殷芸的《小说》。"这是
一个重要的发现,但是多年以来似乎并没有引起足够的关注。为
什么这一时期会有如此多的总结性著作呢? 对此,金克木先生感
到很困惑,他说:"单算梁代,只有从公元五○二年到五五七年共

五十几年,为什么集中了这么多人做总结工作?内容从文学、艺术、宗教到语音,作者从文人到和尚、道士,体裁从选集、评价、记事到理论,方面很广。帝王提倡当然是重要条件,但不能如刘师培所说是文学兴旺的主要原因。"①

在我看来,总结性的著作大批问世就是因为书籍的聚集、整理工作而引发的。此外,总结性的著作也不局限于齐梁时期。如前所引,东晋太元年间贾渊祖父贾弼之"广集百氏谱记"不就是对当时众多散在各处的家谱的一次总结吗?以后相继出现的陆澄、任昉的《地理书》、《杂传》也属总结性质。裴松之以众多汉晋史著来注解《三国志》,也等于是对此前三国史著的一次总结。各种经史著作的集注、集解也属同样性质。就书籍体例而论,当时书多是有序的。在序中,作者往往会对相关的领域进行一番回顾,总结的色彩最为突出。

除去以上主要围绕着旧书展开的工作之外,这一时期也有很多在旧书基础上的新著问世。范晔写《后汉书》,"删众家《后汉书》为一家之作"②。梁武帝"敕其群臣,上自太初,下终齐室,撰成《通史》六百二十卷。其书自秦以上,皆以《史记》为本,而别采他说,以广异闻;至两汉已还,则全录当时纪传"③。梁武帝自称:"我造《通史》,此书若成,众史可废。"④他可能是认为《通史》已

①金克木:《玉台新咏三问》,《金克木集》第四卷,生活·读书·新知三联书店2011年版,180—181页。
②《宋书》卷六九《范晔传》。
③《史通·六家》。
④《梁书》卷三五《萧子显传》。

经把此前的"众史"精华全部吸收了。慧皎《高僧传》也是综合了他以前众多的各类僧传,今人考订,"所据之书当在八十种以上"①。慧皎自己在《高僧传》序录中明确说:"凡十科所叙,皆散在众记。今止删聚一处,故述而无作。俾夫批览于一本之内,可兼诸要。"此外,按鲁迅所说,《世说新语》也非凭空创作,而是"篡辑自后汉至东晋底旧文而成的"②。从某种意义上说,这些新著也可属上文所说"汇聚众书为一书",只不过它不是简单照抄原文,而是按一定的体例对众多的旧作有所删减、有所改造。总之,如果没有这一时期书籍的大量增加,就不可能有这些集大成的总结性著作出现。

从东晋到南朝,学术文化的总结工作可能存在着一个从不自觉到自觉的过程。如果说围绕着旧书整理而来的总结还具有不自觉的意味,那么如《文心雕龙》、《诗品》一类脱离了旧书的总结则是属于自觉的总结了。《宋书》虽然没有《文苑传》,但是沈约《谢灵运传》末"史臣曰"却打破常规,纵论古今,写下一最简明的文学史。他在《志序》中还对史书中"志"的历史进行了一番回顾,这些总结都反映出沈约有自觉的总结意识。田晓菲发现,"从公元 5 世纪开始,文学界开始产生一种强烈的'古'、'今'意识。伴随着这种意识的产生,人们对不同时代的不同口味以及诗人的个人风格之差异都开始有所觉察,同时也开始对新变进行有

---

①汤一介:《高僧传》绪论,中华书局 1992 年版。
②鲁迅:《中国小说的历史的变迁》,《中国小说史略》,人民文学出版社 1973 年版,277 页。

意识的追求。"作者在注中说:"检视《隋书》'经籍志'所著录的诗歌总集,标题中带有'古'、'今'字样的总集是在齐、梁开始大量出现的。"①"古"、"今"意识正是一种"总结性"的体现。这只有在古今书籍聚集多了才可能出现。

从历史上看,整理图书往往会导致学术文化的总结。梁代阮孝绪《七录》序回顾西汉书籍情形说:"至孝成之世,颇有亡逸。乃使谒者陈农求遗书于天下,命光禄大夫刘向,及子俊、歆等,雠校篇籍。每一篇已,辄录而奏之。会向亡丧,帝使歆嗣其前业,乃徙温室中书于天禄阁上。歆遂总括群篇,奏其《七略》。"②《七略》以及由此而来的《汉书·艺文志》是已知最早的全面系统的学术文化总结,这次总结之所以发生,也是因为当时有书籍的聚集、整理工作。

南朝与汉代不同的是,汉代是少数人在宫廷里整理书籍,而南朝因为纸张的普及,不论官私都拥有大量藏书,所以整理书籍并进而从事文化总结的就不再局限于宫廷里的少数人,而是具有相当的普遍性,成为一个醒目的文化现象。

总之。从发生的顺序看,不论汉代还是南朝,都不是因为要总结学术而有书籍整理,而是有了书籍的整理才带来了学术文化上的总结。

---

① 田晓菲:《烽火与流星:萧梁王朝的文学与文化》第三章,中华书局 2010 年版,106 页。
②《广弘明集》卷三。

二、南方学术文化活动的社会环境

对于南朝出现的学术文化总结活动,金克木先生进一步追问道:"为什么在王朝本身很不稳定,南方和北方分治的情况下,帝王有那么大兴趣提倡这些? 这不能用帝王的个人心理和思想作解说,也不能把王朝的更迭作为文化的要因。六朝并无文化大变革,倒有武装冲突和杀戮。在那时,战争频繁,兵荒马乱,民不聊生,官僚文人虽能连在几朝做官却也纱帽不稳随时会被杀,这些人为什么热心著这类书总结文学艺术历史? 可见必有客观历史原因和动力,以致不得不如此,才能形成潮流。"①他的追问涉及到了文化活动赖以存在的社会环境问题。这是需要讨论的。的确,自东晋中期开始的书籍整理与文化总结活动得以长时间持续进行必定是与社会环境有关系的。

金克木先生对这个时代的概括是"战争频繁,兵荒马乱,民不聊生"。这是长期以来研究者对这个时代的普遍认识。这个认识已经构成了我们思考很多问题的前提。但是,这个传统认识其实是有很大片面性的,当时人并不是这样认为的。跨越宋、齐、梁三朝的沈约在《宋书》卷五四"史臣曰"中对扬州有这样的描述:

---

①金克木:《玉台新咏三问》,《金克木集》第四卷,生活·读书·新知三联书店,2011年版,181 页。

既扬部分析,境极江南,考之汉域,惟丹阳会稽而已。自晋氏迁流,迄于太元之世,百许年中,无风尘之警,区域之内,晏如也。及孙恩寇乱,歼亡事极,自此以至大明之季,年踰六纪,民户繁育,将覆时一矣。地广野丰,民勤本业,一岁或稔,则数郡忘饥。

按沈约的描述,除了晋末"孙恩寇乱"这一短暂时期外,南方的核心地区扬州社会在很长的时间里都是处在和平环境之中。沈约在"史臣曰"中还特别提到了元嘉之治:"自义熙十一年司马休之外奔,至于元嘉末,三十有九载,兵车勿用,民不外劳,役宽务简,氓庶繁息,至餐粮栖亩,户不夜扃,盖东西之极盛也。"他在《宋书》卷九二《良吏传》序中又说元嘉之治:

太祖幼而宽仁,入纂大业,及难兴陕方,六戎薄伐,命将动师,经略司、兖,费由府实,役不及民。自此区宇宴安,方内无事,三十年间,氓庶蓄息,奉上供徭,止于岁赋,晨出莫归,自事而已。守宰之职,以六期为断,虽没世不徙,未及覆时,而民有所系,吏无苟得。家给人足,即事虽难,转死沟渠,于时可免。凡百户之乡,有市之邑,歌谣舞蹈,触处成群,盖宋世之极盛也。暨元嘉二十七年,北狄南侵,戎役大起,倾资扫蓄,犹有未供,于是深赋厚敛,天下骚动。自兹至于孝建,兵连不息,以区区之江东,地方不至数千里,户不盈百万,荐之以师旅,因之以凶荒,宋氏之盛,自此衰矣。

按此,"兵连不息"只是"自兹至于孝建",即元嘉二十七年(450)
到孝建(454—456)时期,只有几年的时间。关于萧齐,萧子显在
《南齐书》卷五三《良政传》序中说:"永明之世,十许年中,百姓无
鸡鸣犬吠之警,都邑之盛,士女富逸,歌声舞节,祛服华妆,桃花绿
水之间,秋月春风之下,盖以百数。及建武之兴,虏难荐急,征役
连岁,不遑启居,军国糜耗,从此衰矣。"萧齐存在时间较短,只有
二十三年,近半时间社会也是安定的。关于梁代,庾信在《哀江
南赋》中回忆道:"于时朝野欢娱,池台钟鼓。里为冠盖,门成邹
鲁。连茂苑于海陵,跨横塘于江浦。东门则鞭石成桥,南极则铸
铜为柱。树则园植万株,竹则家封千户。西赆浮玉,南琛没羽。
吴歈越吟,荆艳楚舞。草木之藉春阳,鱼龙之得风雨。五十年中,
江表无事。"①

众所周知,东晋有门阀士族之间的荆扬之争,宋齐宗室诸王
之间动辄兵戎相见,但根据当时人的描述,这些局限在特定地区
且持续时间较短的政治冲突对整个社会的扰动并不大。在很多
时候南方社会是安定的,并非一直是"战争频繁,兵荒马乱"。较
为安定的社会环境为学术文化的繁荣提供了必要的条件。

南方社会之所以安定,除了内部少有长期持续的动乱之外,
也与外部环境有密切的关系,当时北方并未能够对南方构成很大
的威胁。

关于这一时期的北方历史,研究者关注的重点是胡汉关系。

①《周书》卷四一《庾信传》。

就研究胡族汉化而言，关注胡汉关系自然不错，但是如果回到历史现场观察当时的政治形势，就可以发现胡汉关系并没有那么重要。永嘉之乱后，"中州士女避乱江左者十六七"①。留在北方的汉族政治军事力量主要就是散布在各地的坞壁主。坞壁主通常互不统属，各自为战。他们在兵荒马乱的时候虽然可以抵御一些零星的滋扰，但没有力量抵御强敌的进攻。《晋书》卷一〇一《刘元海载记》：元海入都蒲子，"河东、平阳属县垒壁尽降"。《晋书》卷一〇二《刘聪载记》："遣粲及其征东王弥、龙骧刘曜等率众四万，长驱入洛川，遂出轘辕，周旋梁、陈、汝、颍之间，陷垒壁百馀。"《晋书》卷一〇四《石勒载记》上：石勒"进军攻巨鹿、常山，害二郡守将。陷冀州郡县堡壁百馀"，又"南寇襄阳，攻陷江西垒壁三十馀所。"面对胡族军队的进攻，大量坞壁组织如同秋风落叶一般迅速陷落。

坞壁主不仅不构成对胡族的威胁，甚至还是各胡族可以借用的力量。《晋书》卷一〇四《石勒载记》上："元海命勒与刘零、阎罴等七将率三万寇魏郡、顿丘诸垒壁，多陷之，假垒主将军、都尉。"唐长孺先生分析说："这些垒壁是被击破了，然而垒主的地位却没有变动，他们接受汉的官爵，成为汉的将军、都尉。"②坞壁主又得到了征服者的任命。这种情况可能是普遍的。《晋书》卷一〇四《石勒载记》上："勒退屯黎阳，分命诸将攻诸未下及叛者，

①《晋书》卷六五《王导传》。
②唐长孺：《晋代北境各族"变乱"的性质及五胡政权在中国的统治》，《魏晋南北朝史论丛》，生活·读书·新知三联书店1955年版，172页。

降三十馀壁,置守宰以抚之。"《晋书》卷一一〇《慕容儁载记》:
"恪进兵入寇河南,汝、颍、谯、沛皆陷,置守宰而还。"《晋书》卷一
一一《慕容暐载记》:"暐遣抚军慕容厉攻晋太山太守诸葛攸。攸
奔于淮南,厉悉陷兖州诸郡,置守宰而还。"《晋书》卷一二三《慕
容垂载记》:"使慕容农略地河南,攻廪丘、阳城,皆克之,太山、琅
邪诸郡皆委城奔溃,农进师临海,置守宰而还。"各胡族政权单靠
本族的力量,难以有效控制地方,所以每攻下一地,往往只能是
"置守宰而还"。这些"守宰"恐怕多数就是当地的坞壁主。《晋
书》卷一一一《慕容暐载记》:尚书左丞申绍上疏称:"今者守宰或
擢自匹夫兵将之间,或因宠戚,藉缘时会。"申绍所说的"匹夫兵
将",可能就是指这些坞壁主。

从总体上看,十六国时期主要的政治军事冲突都是发生在胡
族与胡族之间,前赵为后赵所灭,前燕为前秦所灭。淝水之战后,
同为慕容氏的后燕灭了西燕,而给后燕以致命打击的则是鲜卑拓
跋部。除了东晋刘裕先后灭南燕、后秦外,直到439年北魏灭北
凉最终统一北方,一百多年的时间里,胡族政权多是为另一胡族
政权所消灭。胡族与胡族的冲突是这一时期北方历史的主线。
对此形势当时人是很清楚的。《晋书》卷一一四《苻坚载记》下:

　　(王猛临终前),坚亲临省病,问以后事。猛曰:"晋虽僻陋
吴越,乃正朔相承。亲仁善邻,国之宝也。臣没之后,愿不以晋
为图。鲜卑、羌虏,我之仇也,终为人患,宜渐除之,以便社稷。"

王猛忧虑的是苻秦内部的其他胡族，这是隐患，必须小心对待。到苻坚发兵前，苻融出面阻止。《晋书》卷一一四《苻坚载记》下载：

> （苻融）泣曰："吴之不可伐昭然，虚劳大举，必无功而反。臣之所忧，非此而已。陛下宠育鲜卑、羌、羯，布诸畿甸，旧人族类，斥徙遐方。今倾国而去，如有风尘之变者，其如宗庙何！监国以弱卒数万留守京师，鲜卑、羌、羯攒聚如林，此皆国之贼也，我之仇也。臣恐非但徒返而已，亦未必万全。"

与王猛一样，苻融也是对前秦内部的其他胡族不放心，以为内忧未除，不宜与南方开战。《苻坚载记》末附《苻融传》记："及淮南之败，垂、苌之叛，坚悼恨弥深。"淝水之战失败后，北方大乱，各胡族纷纷复国，正反映了北方内部的胡族问题的确还没有解决。直到北魏时，这个问题依然存在。《宋书》卷七四《臧质传》：元嘉二十八年，拓跋焘围臧质于盱眙城内，焘与质书曰："吾今所遣斗兵，尽非我国人，城东北是丁零与胡，南是三秦氐、羌。设使丁零死者，正可减常山、赵郡贼；胡死，正减并州贼；氐、羌死，正减关中贼。卿若杀丁零、胡，无不利。"这虽然是外交辞令，但也反映了北方内部胡族之间的矛盾依旧存在，彼此并没有融为一体。

关于北方胡族之间的关系，前辈学者早有注意。陈寅恪先生说："北朝民族问题极为复杂"，"问题的发生不仅在胡汉之间，而且在胡人与胡人之间。"①本文所要强调的是,在北方现实政治中,胡族与胡族的矛盾是主要的问题,而胡汉关系只能是第二位的。田馀庆先生论及前秦形势说:"在前秦统治的时候,北方远未成为稳定的地区,由北方统一南方的历史前景并没有真正出现。"②本文所要强调的是,不仅在前秦统治的时期,而是在整个十六国北魏时期,北方都不具备统一南方的可能,原因就在于胡族内部的问题并没有解决。以后北魏分裂为东、西魏,更无力统一南方了。这是东晋南朝之所以能够获得长期和平环境的重要因素。

长期的和平环境不仅造成了南方的学术文化繁荣,也影响到了社会风气。《宋书》卷七六《宗悫传》:"时天下无事,士人并以文义为业。(宗)炳素高节,诸子群从皆好学,而悫独任气好武,故不为乡曲所称"③宗悫的例子反映当时社会存在着重文轻武的风气。正如周一良先生所说:"东晋以来士大夫惟以谈义为事,不习武备。"④此种风气反映在官制上就是所谓"南朝武位不逮文职"。⑤

应该说,侯景之乱的发生是具有偶然性的,最终酿成大祸而

---

① 《陈寅恪魏晋南北朝史讲演录》第十四篇《南北对立形势分析》,黄山书社 1987 年版,229 页。
② 田馀庆:《东晋门阀政治》,北京大学出版社 1996 年版,243 页。
③ 《宋书》卷七六《宗悫传》。
④ 周一良:《南朝境内之各种人及政府对待之政策》,《魏晋南北朝史论集》,中华书局 1963 年版,69 页。
⑤ 参见周一良:《南齐书丘灵鞠传试释兼论南朝文武官位及清浊》,《魏晋南北朝史论集》,中华书局 1963 年版,116 页。

无法阻止,其原因肯定是多方面的,但梁军事上的脆弱应该是最直接的原因。对此,当时人以及稍后的人都有认识。颜之推后来在北方回忆南方社会情景称:"梁世士大夫,皆尚褒衣博带,大冠高履,出则车舆,入则扶侍,郊郭之内,无乘马者。周弘正为宣城王所爱,给一果下马,常服御之,举朝以为放达。至乃尚书郎乘马,则纠劾之。及侯景之乱,肤脆骨柔,不堪行步,体羸气弱,不耐寒暑,坐死仓猝者,往往而然。建康令王复性既儒雅,未尝乘骑,见马嘶歕陆梁,莫不震慑,乃谓人曰:'正是虎,何故名为马乎?'其风俗至此。"①前引《哀江南赋》紧接着"五十年中,江表无事"之后,庾信又说:"王歙为和亲之侯,班超为定远之使。马武无预于兵甲,冯唐不论于将帅。岂知山岳闇然,江湖潜沸。渔阳有闾左戍卒,离石有将兵都尉。"当时人完全没有预料到会有战争发生。徐陵也说:"昔我平世,天下乂安,人不识于干戈,时无闻于枹鼓,故得凶人侯景,济我横江,天步中危,实由忘战。"②唐初,姚思廉在《梁书》卷五六《侯景传》中说:"先是,丹阳陶弘景隐于华阳山,博学多识,尝为诗曰:'夷甫任散诞,平叔坐谈空,不意昭阳殿,化作单于宫。'大同末,人士竞谈玄理,不习武事;至是,景果居昭阳殿。"李延寿在《南史》中有如下一段文字:"侯景起于边服,备尝艰险,自北而南,多行狡算。于时江表之地,不见干戈。梁武以耄期之年,溺情释教,外弛藩篱之固,内绝防闲之心,不备

---

①《颜氏家训·涉务》篇。
②《文苑英华》卷六八二徐陵《武帝作相时与北齐广陵城主书》。

不虞,难以为国。"①他又说:"是时梁兴四十七年,境内无事,公卿在位,及闾里士大夫莫见兵甲。贼至卒迫,公私骇震。"②亲历侯景之乱的颜之推、徐陵以及唐初的姚思廉、李延寿都认识到了问题之所在。正是由于存在着长期的和平的环境从而导致了"不识于干戈"、"不习武事"。不过,他们都是着眼于梁代,如果从更长的时段看,这个问题早就存在。

总之,长期的和平环境既造就了东晋南朝学术文化的繁荣,也促成了重文轻武社会风气的形成。影响所致,南方政权在军事上不堪一击,而军事上的失败又使得南方学术文化繁荣的局面不得不中断。

三、学术总结的中断与延续

南方的政治文化中心一直在建康。侯景之乱给建康以毁灭性破坏。亲历侯景之乱的颜之推在《观我生赋》自注中说:"中原冠带随晋渡江者百家,故江东有《百谱》,至是在都者覆灭略尽。"③北方的魏收描述道:"始景渡江至陷城之后,江南之民及衍王侯妃主、世胄子弟为景军人所掠,或自相卖鬻,漂流入国者盖以数十万口,加以饥馑死亡,所在涂地,江左遂为丘墟矣。"④《太平

①《南史》卷八〇《贼臣传》"论曰"。
②《南史》卷六三《羊侃传》。
③《北齐书》卷四五《颜之推传》。
④《魏书》卷九八《岛夷萧衍传》。

寰宇记》卷九〇江南东道二升州引《金陵记》:"梁都之时,城中二十八万馀户。……自侯景反,元帝都于江陵,冠盖人物多南徙。洎陈高祖复王于此,中外人物不迨宋、齐之半。"书籍的损失更是严重。王僧辩平定侯景后,"收文德之书及公私经籍,归于江陵,大凡七万馀卷。"①梁元帝召集身边人校书,"左民尚书周弘正、黄门郎彭僧朗、直省学士王珪、戴陵校经部,左仆射王褒、吏部尚书宗怀正、员外郎颜之推、直学士刘仁英校史部,廷尉卿殷不害、御史中丞王孝纪、中书郎邓荩、金部郎中徐报校子部,右卫将军庾信、中书郎王固、晋安王文学宗善业、直省学士周确校集部"②。但是这次整理图书没有能持续多久,承圣三年(554)梁为西魏所灭,梁元帝在最后时刻下令焚烧了全部书籍。颜之推《观我生赋》云:"民百万而囚虏,书千两而烟炀,溥天之下,斯文尽丧。"颜氏自注:"北于坟籍少于江东三分之一,梁氏剥乱,散逸湮亡。唯孝元鸠合,通重十馀万,史籍以来,未之有也。兵败悉焚之,海内无复书府。"③《隋书·经籍志》载有大量"梁有"而后亡佚的书目,这些书大约是亡于侯景之乱。人、书俱亡,南方所遭受的打击是空前的。梁代繁荣的文化活动中断了。

　　陈代也有聚集书籍的活动,但大不如前。《隋书》卷三二《经籍志》有简要介绍:"陈天嘉中,又更鸠集,考其篇目,遗阙尚多。……及平陈已后,经籍渐备。检其所得,多太建时书,纸墨不

---

①《隋书》卷三二《经籍志》序。
②《北齐书》卷四五《颜之推传》。
③《北齐书》卷四五《颜之推传》。

精，书亦拙恶。"永定三年，"诏依前代置西省学士"①。此后学士
名目繁多，如东宫学士、嘉德殿学士、宣明殿学士、德教学士、撰史
学士、五礼学士、天保殿学士、宣明殿学士等等，但是再看不到昔
日大规模集中学士整理书籍的盛况了。

　　学术文化的发展有自身的逻辑。当梁、陈相继亡国之后，从
北朝到唐初，围绕着书籍整理而展开的工作一直在北方继续着。

　　西魏灭亡江陵梁元帝政权后，大批在江陵的南方人被迁到北
方。北周明帝即位后，"集公卿已下有文学者八十馀人于麟趾
殿，刊校经史"②。其中不乏来自南方的士人。《周书》卷四〇《颜
之仪传》："江陵平，之仪随例迁长安。世宗以为麟趾学士。"此
外，麟趾学士中如萧撝、宗懔、王褒、姚最、庾季才、庾信、明克让、
萧大圜、柳裘、鲍宏等均来自南方。③

　　北齐也有设馆召学士的制度。《北齐书》卷四五《文苑
传》序：

　　　　后主虽溺于群小，然颇好讽咏，幼稚时，曾读诗赋，语人
　　云："终有解作此理不？"及长亦少留意。初因画屏风，敕通

①《陈书》卷二《高祖纪》下。
②《周书》卷四《明帝纪》。
③《周书》卷三〇《于翼传》："世宗雅爱文史，立麟趾学，在朝有艺业者，不限贵贱，皆
　预听焉。乃至萧撝、王褒等与卑鄙之徒同为学士。翼言于帝曰：'萧撝，梁之宗子；
　王褒，梁之公卿。今与趋走同侪，恐非尚贤贵爵之义。'帝纳之，诏翼定其班次，于是
　有等差矣。"按此，入选者太滥，所以要定班次，萧撝、王褒等来自南方者当班次
　最高。

直郎兰陵萧放及晋陵王孝式录古名贤烈士及近代轻艳诸诗以充图画,帝弥重之。后复追齐州录事参军萧悫、赵州功曹参军颜之推同入撰次,犹依霸朝,谓之馆客。放及之推意欲更广其事,又祖珽辅政,爱重之推,又托邓长颙渐说后主,属意斯文。(武平)三年,祖珽奏立文林馆,于是更召引文学士,谓之待诏文林馆焉。

参与"录古名贤烈士及近代轻艳诸诗以充图画"的萧放、萧悫、颜之推三人都是来自南方。从序文看,"祖珽奏立文林馆"的建议很可能是来自萧放和颜之推。《北齐书》卷三九《祖珽传》:祖珽"入文林馆,总监撰书"。《北齐书》卷四五《颜之推传》:"河清末,被举为赵州功曹参军,寻待诏文林馆,除司徒录事参军。之推聪颖机悟,博识有才辩,工尺牍,应对闲明,大为祖珽所重,令掌知馆事,判署文书。"由此可知,祖珽是文林馆名义上的负责人,实际"掌知馆事"的是颜之推。前引《文苑传》序又载:"珽又奏撰《御览》,诏珽及特进魏收、太子太师徐之才、中书令崔劫、散骑常侍张雕、中书监阳休之监撰",又"敕放、悫、之推等同入撰例"。颜之推《观我生赋》自注也记述此事:"齐武平中,署文林馆待诏者仆射阳休之、祖孝征以下三十馀人,之推专掌,其撰《修文殿御览》、《续文章流别》等皆诣进贤门奏之。"[1]据此可知,编纂《修文殿御览》也是由颜之推负责的。编书之前确定条例是一项重要

---

[1]《北齐书》卷四五《颜之推传》。

的工作,而撰写者恰好都是来自南方的人。

北方原本没有设馆召学士的制度。北周的"麟趾殿学士",北齐的"待诏文林馆",可能都是受南方影响而来的,在两个机构中起关键作用的也正是来自南方的士人。

隋到唐前期,来自南方地区的士人在文化上的优势依然很明显。萧该,梁郡阳王恢之孙,开皇初,"奉诏书与(何)妥正定经史",又"撰《汉书》及《文选》音义,咸为当时所贵"①。许善心,开皇十七年,"除秘书丞。于时秘藏图籍尚多淆乱,善心放阮孝绪《七录》更制《七林》,各为总叙,冠于篇首。又于部录之下,明作者之意,区分其类例焉。又奏追李文博、陆从典等学者十许人,正定经史错谬"。许善心"父亨,仕梁至给事黄门侍郎,在陈历羽林监、太中大夫、卫尉卿,领大著作"②。唐初,许善心子许敬宗更显重要,"自贞观已来,朝廷所修《五代史》及《晋书》、《东殿新书》、《西域图志》、《文思博要》、《文馆词林》、《累璧》、《瑶山玉彩》、《姓氏录》、《新礼》,皆总知其事"③。虞绰,会稽馀姚人,"大业初,转为秘书学士,奉诏与秘书郎虞世南、著作佐郎庾自直等撰《长洲玉镜》等书十馀部"④。虞世南也是会稽人,"少与兄世基受学于吴郡顾野王。……善属文,常祖述徐陵,陵亦言世南得己之意。又同郡沙门智永善王羲之书,世南师焉,妙得其体,由是声名

①《隋书》卷七五《萧该传》。
②《隋书》卷五八《许善心传》。
③《旧唐书》卷八二《许敬宗传》。
④《隋书》卷七六《虞绰传》。

藉甚"①。除参与《长洲玉镜》的编纂外,他在隋代还编了《北堂书钞》。庾自直,颍川人。父持,陈羽林监。"自直少好学,沉静寡欲。仕陈,历豫章王府外兵参军、宣惠记室。陈亡,入关,不得调。晋王广闻之,引为学士。大业初,授著作佐郎。"②欧阳询,潭州临湘人,陈大司空欧阳頠之孙,从江总受学,"武德七年,诏与裴矩、陈叔达撰《艺文类聚》一百卷"③。颜师古,颜之推之孙,"太宗以经籍去圣久远,文字讹谬,令师古于秘书省考定《五经》,师古多所厘正",后又受命"注班固《汉书》,解释详明,深为学者所重"④。颜师古虽然生在北方,但所传家学仍属南方学术系统。同样道理,虞世南的《北堂书钞》、欧阳询的《艺文类聚》都可视之为南朝编写类书工作的继续。《旧唐书》卷七二《虞世南传》:"太宗重其博识,每机务之隙,引之谈论,共观经史。……尝称世南有五绝:一曰德行,二曰忠直,三曰博学,四曰文辞,五曰书翰。"世南"五绝"中,"德行"、"忠直"不论,后三绝都具有典型的南方文化特征。这些人一直活到唐代,称他们为唐人固然不错,但若从学术渊源上看,其实都属于南方文化系统。对他们的身份,当时人很清楚。《旧唐书》卷一九〇上《袁朗传附袁承序传》:"高宗在藩,太宗选学行之士为其僚属,谓中书侍郎岑文本曰:'梁、陈名臣,有谁可称?复有子弟堪招引否?'"显然,唐太宗对来自南方

①《旧唐书》卷七二《虞世南传》。
②《隋书》卷七六《庾自直传》。
③《旧唐书》卷一八九《欧阳询传》。
④《旧唐书》卷七三《颜籀传》。

的"名臣"及其"子弟"的地域归属是很清楚的。

唐长孺先生曾撰长文讨论南朝文学的北传。他指出,"十六国及北朝前期,北方由于战乱,文学亦无成就,北魏太和以后文学的复兴实质上即是仿效南朝文学的文体文风,北朝末期,南朝文学完全占领了北方文坛。隋及唐初,虽有人反对南朝轻艳、卑弱的文风,但无实效,无论朝野,时人习诵模仿的仍是南朝著名文人的文章。"①根据本文以上的讨论可知,在学术文化的很多方面,南方都有明显的优势,对北方的影响持续到唐初。

我曾指出,政治上结束战国是在秦代,而文化上结束战国是在汉代。② 现在看来,南北朝到唐初也有类似现象,政治上南朝结束于隋统一,但直到唐初,南朝的学术文化传统仍然在延续着。

原载《中国史研究》2017 年第 1 期

附:王天然致信

同老:

您好!

年底杂事太多,今天才认真学习您的文章,深感抱歉。文章给我很多方面的启发,阅读体验非常愉快。现将学习过程中的一些联想也向您作一报告:

①唐长孺:《论南朝文学的北传》,《唐长孺文存》,上海古籍出版社 2006 年版,319 页。
②胡宝国:《〈史记〉〈汉书〉籍贯书法与区域观念变动》,载《周一良先生八十生日纪念论文集》,中国社会科学出版社 1993 年版,18—26 页。

第2页，"这种有选择的'钞'以前也有"。读到这里立刻联想到《左传》之学中的例子：《汉书·艺文志》春秋类著录"左氏微""铎氏微""张氏微""虞氏微传"等，《史记·十二诸侯年表》云："铎椒为楚威王傅，为王不能尽观《春秋》，采取成败，卒四十章，为《铎氏微》。"刘向《别录》云："左丘明授曾申，申授吴起，起授其子期，期授楚人铎椒。铎椒作《抄撮》八卷，授虞卿；虞卿作《抄撮》九卷，授荀卿；荀卿授张苍。"可见左氏之学中有"微"、"抄撮"之类，而《左传》是诸经中部头最大的一部。（"虞氏微传"可能较为特殊，姚振宗《汉书艺文志条理》认为《虞氏微传》二篇"似传注之流，为《铎氏微》而作欤？"，"《别录》言作《抄撮》九卷者，似谓儒家之《虞氏春秋》，非谓此书。史言《虞氏春秋》八篇，加以录一篇，正合九卷之数"。）

第3页，"按《隋志》著录，《文选》是在集部钞类中"。我理解您此句或许是由《隋志》总集小序"是后文集总钞，作者继轨"而来？但因《隋志》集部有"总集"类，此处"集部钞类"的表述似乎容易引起读者的误解。另外，还想到《隋志》总集类中又著录了一些只有一两卷的书，这类书应该也是符合小序所谓的"采摘孔翠，芟翦繁芜"，即也是"选"、"抄"出来的。这和后来理解的"总集"有些不同，姚振宗在《隋书经籍志考证》中有一个想法："《七录叙目》文集录第三曰总集部十六种，第四曰杂文部二百七十三种。两部并计二百八十九种。本志合为总集一类，盖自第二类赋集以下皆杂文之属也。"也是很有道理的。

第5页，"总结性的著作大批问世就是因为书籍的聚集、整理工作而引发的。此外,总结性的著作也不局限于齐梁时期"。总结、回顾与书籍聚集的关系,还想到更早的例子:荀子游齐曾"最为老师"、"三为祭酒",当能见到聚于稷下而不限于儒家的各类文献。《荀子·非十二子》即是对战国学术的一篇总结,由此可知荀子对战国学术有全面、整体的认识,这种认识必当依赖于稷下丰富的藏书。

　　第6页,"除去以上主要围绕着旧书展开的工作之外,这一时期也有很多在旧书基础上的新著问世"。刘向也是在文献聚集、整理的背景下而有《新序》、《说苑》、《列女传》诸书。从今存《说苑》等书可知,其中所取也并非向壁虚造,即余嘉锡《古书通例》所说"刘向之书,事采旧闻,辞非己出"。

　　以上所言谬误之处请您诲正。感谢您给我提前学习的机会,再次致意。顺祝

时绥

　　　　　　　　　　　　　　　　　天然奉 2016. 12. 18

"西人"与"东人"——读南朝史札记

侯景之乱后,梁元帝在荆州江陵即位。当时关于建都江陵还是还都建康,在"西人"与"东人"之间曾有一场争论。这场争论反映出南方内部的地域问题。

一、"西人"与江陵

《陈书》卷二四《周弘正传》:

> 时朝议迁都,朝士家在荆州者,皆不欲迁,唯弘正与仆射王裒言于元帝曰:"若束脩以上诸士大夫微见古今者,知帝王所都本无定处,无所与疑。至如黔首万姓,若未见舆驾入建邺,谓是列国诸王,未名天子。今宜赴百姓之心,从四海之望。"时荆、陕人士咸云王、周皆是东人,志愿东下,恐非良计。弘正面折之曰:"若东人劝东,谓为非计,君等西人欲西,岂成良策?"元帝乃大笑之,竟不还都。

"西人"即荆州本地人,"东人"是指王褒、周弘正等从东部建康过来的人。西人希望建都于江陵,而东人则主张还都建康。《周书》卷四一《王褒传》也记载了这场争论,可与上条互相补充:

> 初,元帝平侯景及擒武陵王纪之后,以建业雕残,方须修复;江陵殷盛,便欲安之。又其故府臣寮皆楚人也,并愿即都荆郢。尝召群臣议之。领军将军胡僧祐、吏部尚书宗懔、太府卿黄罗汉、御史中丞刘毅等曰:"建业虽是旧都,王气已尽。且与北寇邻接,止隔一江。若有不虞,悔无及矣。臣等又尝闻之,荆南之地,有天子气。今陛下龙飞缵业,其应斯乎。天时人事,征祥如此。臣等所见,迁徙非宜。"元帝深以为然。时褒及尚书周弘正咸侍座。乃顾谓褒等曰:"卿意以为何如?"褒性谨慎,知元帝多猜忌,弗敢公言其非。当时唯唯而已。后因清闲密谏,言辞甚切。元帝颇纳之。然其意好荆、楚,已从僧祐等策。

除刘毅外,胡僧祐、宗懔、黄罗汉都是"楚人",也就是前引《周弘正传》所说的"西人"。萧绎普通七年(526)出为使持节、都督荆湘郢益宁南梁六州诸军事、西中郎将、荆州刺史。大同五年(539),离开荆州,入为安右将军、护军将军,领石头戍军事。太清元年(547),徙为使持节、都督荆雍湘司郢宁梁南北秦九州诸军事、镇西将军、荆州刺史,承圣元年(552)即皇帝位于江陵。他长期在荆州,所以"故府臣寮皆楚人",他本人"意好荆、楚"也不难理解。

值得注意的是,梁代"西人"中的重要人物多不是江陵本地人,而是属于永嘉之乱后从南阳迁来的。胡僧祐是南阳冠军人。深得梁元帝信任的宗懔也是南阳人,"八世祖承,晋宜都郡守,属永嘉东徙,子孙因居江陵焉"①。推荐宗懔给梁元帝的刘之遴也是南阳人。②刘之遴父刘虬,"南阳涅阳人,晋豫州刺史乔七世孙也。徙居江陵"③。刘乔曾参与八王之乱,任豫州刺史,卒于西晋末年。④又,乐蔼,"南阳淯阳人,晋尚书令广之六世孙,世居江陵"⑤。《梁书》卷一九《宗夬传》:"西土位望,惟夬与同郡乐蔼、刘坦为州人所推信。"宗氏、刘氏、乐氏是荆州最著名的家族。他们都是从南阳迁到了江陵。三姓彼此关系密切,牟发松发现,"迁居江陵的南阳旧族间互为婚姻"⑥。

关于永嘉之乱后南阳人迁居江陵,陈寅恪早有关注。他说:"南阳及新野之上层士族,其政治社会地位稍逊于洛阳胜流如王导等者,则不能或不必移居江左新邦首都建业,而迁至当日长江上游都会江陵南郡近旁一带。……至江左政权之后期,渐次著

①《梁书》卷四一《宗懔传》。
②宗懔本传载,"及梁元帝镇荆州,谓长史刘之遴曰:'贵乡多士,为举一有意少年。'之遴以懔应命"。
③《南史》卷五〇《刘虬传》。
④见《晋书》卷六一《刘乔传》。
⑤《梁书》卷一九《乐蔼传》。
⑥牟发松:《汉唐间的荆州宗氏》,载《汉唐历史变迁中的社会与国家》,上海人民出版社 2011 年版,280 页。

称。及梁元帝迁都江陵,为此集团最盛时代。"①因文章主旨不在于此,故陈氏对此未深究。

关于南阳,我曾撰文指出东汉的南阳虽然在行政区划上属于南方的荆州,但在文化上却属于中州。南阳士人与汝颍名士为代表的中州士人关系非常密切,毋宁说,南阳士也是中州士。② 南阳与汝南、颍川属于当时最重要的地区。

东汉都城在洛阳。就距离洛阳远近而言,荆州与扬州相比并不差,荆州最北端的南阳更不必说。但是从孙吴在建业立国后,局面就发生了根本的变化。孙氏父子出自吴郡,他所依靠的势力主要来自扬州的吴、会地区,特别是吴郡。陆凯说,"先帝外仗顾、陆、朱、张"③。《世说新语·赏誉》注引《吴录·士林》:"吴郡有顾、陆、朱、张,为四姓。三国之间,四姓盛焉。"与之相比,荆州在政治上处在了边缘地位。建安二十四年孙权平定荆州,"时荆州士人新还,仕进或未得所。(陆)逊上疏曰:'……今荆州始定,人物未达,臣愚偻偻,乞普加覆载抽拔之恩,令并获自进,然后四海延颈,思归大化。'权敬纳其言。"④从以后的情况看,陆逊的建议并没有什么实际效果。

西晋平吴后,南人仕途受阻。华谭建议:"吴阻长江,旧俗轻

---

①陈寅恪:《述东晋王导之功业》,载《金明馆丛稿初编》,上海古籍出版社1980年版,
　63—65页。
②胡宝国:《南阳士与中州士》,载《北大史学》第3辑,北京大学出版社1995年版。
③《三国志》卷六一《陆凯传》。
④《三国志》卷五八《陆逊传》。

悍。所安之计,当先筹其人士,使云翔闾阖,进其贤才,待以异礼。"①以后被吸纳到洛阳的"南士"如陆机、陆云、顾荣、贺循、孔愉、张翰等重要人物均来自扬州。著作郎陆机上疏推荐贺循说:"至于荆、扬二州,户各数十万,今扬州无郎,而荆州江南乃无一人为京城职者,诚非圣朝待四方之本心。"②荆州竟"无一人为京城职者",可见在政治上不受重视。如上所述,扬州的吴人是孙吴朝廷所依靠的主要政治力量,所以西晋朝廷考虑政治上笼络江南旧政权人物也自然是以吴人为主,而无须顾及荆州士人。东晋建都于建康,朝廷在政治上关注的重点依然是扬州的吴人。《晋书》卷六五《王导传》载,北人初到江南,吴人不附,王导称:"顾荣、贺循,此土之望,未若引之以结人心。二子既至,则无不来矣。""帝乃使导躬造循、荣,二人皆应命而至,由是吴会风靡,百姓归心焉。"《宋书》卷六六《何尚之传》:"荆、扬二州,户口半天下,江左以来,扬州根本,委荆以阃外。"《宋书》卷五一《刘义庆传》:"荆州居上流之重,地广兵强,资实兵甲,居朝廷之半。"荆州的价值主要在军事上,"地"虽重要,但"人"并不被重视。

永嘉之乱后迁居江陵的南阳士因远离政治文化中心建康,在政治上已经边缘化了,远不能与东汉时期相比。东汉的南阳士虽然籍贯属荆州,但实际上缺乏荆州土著的色彩。而到了江陵的这批南阳士随着时间的推移,终于变成了真正的荆州土著。

---

①《晋书》卷五二《华谭传》。
②《晋书》卷六八《贺循传》。

　　江陵距离建康相当遥远,"去京都水三千三百八十"。① 从江陵至建康需要多少时间,史无明文。据何德章考证,从建康溯流而上至江陵,平均日行 60—90 里,全程需要一个多月的时间。② 因为距离太远,在江陵的人们不可能像三吴人士那样轻易地往来于本乡与建康之间。这是宗懔等西人不愿意还都建康的主要原因。③

　　按前引陈寅恪文,迁居江陵的南阳人"至江左政权之后期,渐次著称"。这与齐梁时期一批在江陵的南阳士去了建康有关。宗夬,齐代"举郢州秀才,历临川王常侍、骠骑行参军。齐司徒竟陵王集学士于西邸,并见图画,夬亦预焉"。梁初宗夬官至"五兵尚书,参掌大选"④。乐蔼,天监初官至御史中丞。⑤ 他们都长期生活在建康。刘之遴父刘虬,齐国子博士,之遴也是自幼生活在建康。⑥ 讨论南阳士,不能不提到庾信。庾信家族也是出自南阳。庾信八世祖庾滔随晋元帝渡江。自此以后庾氏就定居在江陵,但是到庾信父辈,终于离开了江陵。庾信父庾肩吾、伯父庾黔

①《宋书》卷三七《州郡志》。
②何德章:《中国经济通史》第三卷第三章《城市与交通》,湖南人民出版社 2002 年版,155 页。
③"西人"中也有个别人建议还都建康。《隋书》卷七八《庾季才传》:"八世祖滔,随晋元帝过江,官至散骑常侍,封遂昌侯,因家于南郡江陵县。"他建议梁元帝不要久留荆州:"顷天象告变,秦将入郢,陛下宜留重臣,作镇荆、陕,整旆还都,以避其患。假令羯寇侵蹙,止失荆、湘,在于社稷,可得无虑。必久停留,恐非天意也。"
④《梁书》卷一九《宗夬传》。
⑤《梁书》卷一九《乐蔼传》。
⑥《梁书》卷四〇《刘之遴传》。

娄、庾於陵都长期在建康任职。侯景之乱前庾信任东宫学士,领建康令。

从以上宗氏、刘氏、庾氏家族的情况看,到政治文化中心的建康去发展十分重要。相反的例证是宗懔。《周书》卷四二《宗懔传》:

> 懔少聪敏,好读书,昼夜不倦。语辄引古事,乡里呼为小儿学士。梁普通六年,举秀才,以不及二宫元会,例不对策。及梁元帝镇荆州,⋯⋯令兼记室。⋯⋯及移镇江州,以懔为刑狱参军,兼掌书记。历临汝、建成、广晋三县令。⋯⋯梁元帝重牧荆州,以懔为别驾、江陵令。及帝即位,擢为尚书侍郎。

宗懔长期在荆州本地任职,如果不是梁元帝建都于江陵,他的影响可能很有限。此外,须要强调的是,这些进入建康的南阳人多是在学术文化上有突出表现,政治上远没有进入权力核心。因此陈氏所说"渐次著称",只能在文化的意义上来理解。

侯景之乱后,在建康的南阳人有的选择了还乡之路。刘之遴,"避难还乡,未至,卒于夏口"[1]。庾肩吾,"及太宗即位,以肩吾为度支尚书。时上流诸蕃,并据州拒景,景矫诏遣肩吾使江州,喻当阳公大心,大心寻举州降贼,肩吾因逃入建昌界,久之,方得

---

[1]《梁书》卷四〇《刘之遴传》。

赴江陵,未几卒"①。庾信,"侯景作乱,梁简文帝命信率宫中文武
千馀人,营于朱雀航。及景至,信以众先退。台城陷后,信奔于江
陵"②。对于他们来说,还乡与归朝是一致的。

二、"东人"与建康

如同"西人"中的重要人物不是江陵本地人一样,到江陵的
"东人"多数也不是东部扬州地区的土著吴人。力主还都建康的
王褒、周弘正都是北来侨人的后代。《周书》卷四一《王褒传》:王
褒,"琅邪临沂人也。曾祖俭,齐侍中、太尉、南昌文宪公。祖骞,
梁侍中、金紫光禄大夫、南昌安侯。父规,梁侍中、左民尚书、南昌
章侯。并有重名于江左。"梁末,王褒"迁安成郡守。及侯景渡
江,建业扰乱,褒辑宁所部,见称于时。梁元帝承制,转智武将军、
南平内史。及嗣位于江陵,欲待褒以不次之位。褒时犹在郡,敕
王僧辩以礼发遣。褒乃将家西上"。《陈书》卷二四《周弘正传》:
周弘正,汝南安城人,"晋光禄大夫颛之九世孙也。祖颙,齐中书
侍郎,领著作。父宝始,梁司徒祭酒。"梁元帝在江陵遣使迎之,
"及弘正至,礼数甚优,朝臣无与比者。授黄门侍郎,直侍中省。
俄迁左民尚书,寻加散骑常侍"。与王褒、周弘正类似,当时去江
陵的如颜之推、王固、王通、王劢、殷不害、柳裘等也都是北来侨人

①《梁书》卷四九《庾肩吾传》。
②《周书》卷四一《庾信传》。

的后代。这是有历史原因的。永嘉之乱后追随司马氏南来的北方高层人物大多世世代代生活在建康,死后也大都葬在建康或附近地区,虽然不放弃旧籍郡望,但事实上建康已经成了他们唯一的居住地。《陈书》卷二四《周弘正传》:弘正"博物知玄象,善占候。大同末,尝谓弟弘让曰:'国家厄运,数年当有兵起,吾与汝不知何所逃之。'"梁末他已经预感到即将天下大乱,但"不知何所逃之"。他的困惑反映了建康侨人在地方上没有乡里可以回归的处境。因此之故,当梁元帝新朝出现后,他们自然要去江陵。但是比较而言,他们更愿意回到世代居住的建康,所以当梁元帝征求意见时,这些"东人"明确要求还都建康。

西去江陵的"东人"中也有扬州三吴地区的土著士人,如沈重、姚僧垣。《周书》卷四五《沈重传》:"沈重字德厚,吴兴武康人也。……大同二年,除五经博士。梁元帝之在藩也,甚叹异之。及即位,乃遣主书何武迎重西上。"《周书》卷四七《姚僧垣传》:"吴兴武康人,……及宫城陷,百官逃散。僧垣假道归,至吴兴。……梁简文嗣位,僧垣还建业,以本官兼中书舍人。子鉴寻镇广陵,僧垣又随至江北。梁元帝平侯景,召僧垣赴荆州,改授晋安王府谘议。"

与沈重、姚僧垣不同,多数在建康的三吴士人并没有西去江陵,而是逃回了家乡。吉川忠夫早就注意到这个现象,他分析说,"大概是因为他们在乡里拥有某些生活的基础"①。我同意这个

①吉川忠夫:《六朝精神史研究》,王启发译,江苏人民出版社 2010 年版,220 页。

意见，即使后来去了江陵的姚僧垣也是先回到了家乡。此外，我曾注意到，六朝时期南方土著不论死于何地，最终往往还是要归葬家乡。① 结合两个方面，可以认为尽管有些吴人任职建康，但与本乡本土仍然有着密切的联系。与"西人"不愿意离开荆州一样，他们也不愿意离开家乡太远。这是在江陵朝廷中很少见到吴人的主要原因。吴人不愿意西迁是一向如此的。《三国志》卷六一《陆凯传》"皓徙都武昌，扬土百姓泝流供给，以为患苦，又政事多谬，黎元穷匮"，凯上疏引谣言："宁饮建业水，不食武昌鱼；宁还建业死，不止武昌居。"武昌尚嫌远，更远的江陵自然不必说了。

关于本节讨论的"东人"，胡三省在《通鉴》注中解释说："周颛、王导自南渡以来世居建康，故谓为东人。"②他的解释固然不错，但是他没有意识到"东人"这个相对于"西人"而来的称谓本来也应该包括东部地区的土著居民的，从而失去了进一步思考的动力。

六朝建都建康对东部地区的土著有极大的方便，以三吴为例，吴郡"去京都水六百七十"，吴兴"去京都水九百五十"。会稽虽然稍远，"去京都水一千三百五十五"，但这也比江陵距离建康近多了。③《宋书》卷九四《恩幸传》戴法兴，"会稽山阴人也。家

①胡宝国：《从南京出土的东晋南朝墓志推论侨旧之别》，载《魏晋南北朝隋唐史资料》第三十一辑，上海古籍出版社2015年版。
②《资治通鉴》卷一六五元帝承圣二年。
③《宋书》卷三五《州郡志》。

贫,父硕子,贩绫为业。……法兴少卖葛于山阴市,后为吏传署,入为尚书仓部令史"。《南齐书》卷五六《幸臣传》吕文度:"会稽人。宋世为细作金银库吏,竹局匠。"类似戴法兴、吕文度这样的来自三吴地区的小手工业者、小商贩在建康很多。这使得他们有机会接近上层权贵。周一良先生曾发现,南朝寒人多是本地土著。他解释说:"帝王欲引进寒人为亲信自难求之于畿甸以外,扬州侨人本不多(1.5%),南徐州几占其半(53.63%)数不为少,然侨人中高门甲族本多于凡庶,建康附近之侨民尤尔。……于是土著寒门得进之机缘自较侨姓寒人为多,如《宋书·恩幸传》、《南齐书·幸臣传》所载十六人中,除宋于天宝先世胡人外,十五人皆出于丹阳、会稽、吴兴诸郡,其明证也。"[1]作者着眼点在侨、旧两个方面的差别。但是若从荆、扬二州相比较的角度看,又可发现这些寒人几乎没有来自荆州的人。这当是因为路途遥远,荆州的寒人很难像扬州的寒人那样大批涌入建康。

三、陈代侨人

刘师培论及陈代文学称:"然斯时文士,首推徐陵、沈炯,次则顾野王、江总、傅缚、姚察、陆琼、陆琰、陆瑜,并以文著。"[2]在这

---

①周一良:《南朝境内之各种人及政府对待之政策》,载《魏晋南北朝史论集》,中华书局 1963 年版,66 页。

②刘师培:《中国中古文学史讲义》第五课"宋齐梁陈文学概略,丙陈代文学",上海古籍出版社 2000 年版,92—93 页。

个名单中,除了徐陵、江总、傅绰之外,其他人都是土著吴人。这个局面是侯景之乱造成的。《太平寰宇记》卷九〇《江南东道二·昇州》引《金陵记》:"梁都之时,城中二十八万馀户。西至石头城,东至倪塘,南至石子冈,北过蒋山。东西南北各四十里。自侯景反,元帝都于江陵,冠盖人物多南徙。洎陈高祖复王于此,中外人物不逮宋、齐之半。"由前面的分析可知去江陵的"冠盖人物"基本是建康的侨人。除个别人物如周弘正得以突围逃脱外,①大多数人都随着江陵政权的崩溃而被强行迁至北方关中地区。

徐陵、江总、傅绰都是因特殊原因而留在了南方。徐陵,太清二年出使北方。《陈书》本传称:"梁元帝承制于江陵,复通使于齐。陵累求复命,终拘留不遣。"②徐陵未能南归,但其家人还是去了江陵。徐陵本传附子徐俭传称:"侯景乱,陵使魏未反,俭时年二十一,携老幼避于江陵。"③江总的情况也比较特殊。他是济阳考城人。建康陷落后,他没有去江陵,而是"避难崎岖,累年至会稽郡"。这大概是因为他的先辈在东晋时曾在会稽置业。但是祖上的产业早在刘宋元嘉时已改建为龙华寺,他只能暂停于此,不久因"第九舅萧勃先据广州,总又自会稽往依焉"。梁元帝平侯景后,"征总为明威将军、始兴内史,以郡秩米八百斛给总行

---

① 《陈书》卷二四《周弘正传》:"及江陵陷,弘正遁围而出,归于京师。"
② 《陈书》卷二六《徐陵传》。
③ 《陈书》卷二六《徐陵传附徐俭传》。

装。会江陵陷,遂不行"①。可见江总虽然最初没有去江陵,但最终的政治归宿还是在江陵。傅缚是北地灵州人,"梁太清末,携母南奔避难,俄丁母忧,在兵乱之中,居丧尽礼,哀毁骨立,士友以此称之。后依湘州刺史萧循,……王琳闻其名,引为府记室。琳败,随琳将孙瑒还都"②。他也是因为不在江陵而免遭北迁的命运。

在刘师培开列的陈代著名文士名单中,南方土著士人显得很突出,这固然体现了土著吴人在学术文化上的进步,但这也与侨人的去留有密切的关系。如果徐陵、江总、傅缚这些人不是因特殊原因而侥幸留在了南方,土著吴人会更突出。相反,如果庾信、王褒、颜之推等人没有去北方,那么土著吴人肯定不会显得这样突出。

原载《魏晋南北朝隋唐史资料》第三十三辑,
上海古籍出版社 2016 年版

---

①《陈书》卷二七《江总传》。
②《陈书》卷三〇《傅缚传》。

习凿齿与襄阳

习凿齿因著《汉晋春秋》而留名于后世。此书是他得罪桓温后才撰写的，但在此前他在士林中已有不错的声誉。《晋书》卷八二《习凿齿传》：

> 习凿齿字彦威，襄阳人也。宗族富盛，世为乡豪。凿齿少有志气，博学洽闻，以文笔著称。荆州刺史桓温辟为从事，江夏相袁乔深器之，数称其才于温，转西曹主簿，亲遇隆密。……时清谈文章之士韩伯、伏滔等并相友善，后使至京师，简文亦雅重焉。既还，温问："相王何似？"答曰："生平所未见。"以此大忤温旨，左迁户曹参军。时有桑门释道安，俊辩有高才，自北至荆州，与凿齿初相见。道安曰："弥天释道安。"凿齿曰："四海习凿齿。"时人以为佳对。

习氏博学洽闻，以文笔著称，与清谈文章之士相友善。这本是魏晋名士的一般形象，并不特别。值得注意的是他的地域背景。《世说新语·言语》篇："王中郎令伏玄度、习凿齿论青、楚人物。"

刘注引《中兴书》:"伏滔,字玄度,平昌安丘人。"平昌属青州。习凿齿是襄阳人。襄阳属荆楚之地,所以王中郎让他们二人互相辩驳。《世说新语·排调》篇:

> 习凿齿、孙兴公未相识,同在桓公坐。桓语孙:"可与习参军共语。"孙云:"蠢尔蛮荆,敢与大邦为雠!"习云:"薄伐猃狁,至于太原。"

刘注:"《小雅》诗也。《毛诗注》曰:'蠢,动也。荆蛮,荆之蛮也。猃狁,北夷也。'习凿齿,襄阳人。孙兴公,太原人。故因诗以相戏也。"从历史上看,荆州属于比较落后的地区,所以孙兴公要拿习凿齿的"荆蛮"背景开玩笑。虽然如此,但是习凿齿实际上没有什么荆楚地方特色。他的清谈水平并不比最先进的中州士差。《高僧传》卷五《释道安传》称习凿齿是"锋辩天逸,笼罩当时"。

落后的"荆蛮"地区为何会出现一位清谈水平不输中州士的人物呢? 这或许可以从襄阳的特殊性上考虑。《三国志》卷三九《蜀志·马良传》:"兄弟五人,并有才名,乡里为之谚曰:'马氏五常,白眉最良。'良眉中有白毛,故以称之。"由此可以感受到汉末襄阳地方社会中弥漫着的人物品评风气。回顾历史,在习凿齿以前,襄阳也出过有名的清谈人士。《三国志》卷三七《蜀志·庞统传》:

> 庞统字士元,襄阳人也。少时朴钝,未有识者。颍川司

马徽清雅有知人鉴,统弱冠往见徽,徽采桑于树上,坐统在树下,共语自昼至夜。徽甚异之,称统当为南州士之冠冕,由是渐显。后郡命为功曹。性好人伦,勤于长养。……吴将周瑜助先主取荆州,因领南郡太守。瑜卒,统送丧至吴,吴人多闻其名。及当西还,并会昌门,陆绩、顾劭、全琮皆往。统曰:"陆子可谓驽马有逸足之力,顾子可谓驽牛能负重致远也。"谓全琮曰:"卿好施慕名,有似汝南樊子昭。虽智力不多,亦一时之佳也。"绩、劭谓统曰:"使天下太平,当与卿共料四海之士。"深与统相结而还。

庞统好品评人物的习气完全是汉末中州名士的风格。我们再看襄阳的其他类似人物。《三国志》卷四五《蜀志·杨戏传》注引《襄阳记》曰:"习祯有风流,善谈论,名亚庞统,而在马良之右。"按此,习桢、马良也都是清谈人士。习温,《三国志》无传。《三国志》卷六一《吴志·潘濬传》注引《襄阳记》曰:"襄阳习温为荆州大公平。大公平,今之州都。""大公平"、"州都"即州大中正。又,《太平御览》卷四四四引《襄阳耆旧记》曰:"潘濬见习温十数岁时,曰:'此儿名士,必为吾州里议主。'敕子弟与善。温后果为荆州大公平。"[1]习温年轻时就表现出了能当"州里议主"的潜质,当属清谈名士无疑。

地属"荆蛮"的襄阳,从汉末到东晋,一再出现清谈名士。这

---

① 此条据黄惠贤《校补襄阳耆旧记》,中华书局 2018 年版,26 页。

当与襄阳的地理位置有关。二十多年前,我在讨论南阳士与中州士时曾指出,南阳虽然属于荆州,但因为南阳紧邻中州,南阳士与中州士,特别是汝颖士风格完全相同,不妨说,南阳士也是中州士。① 襄阳紧邻南阳,"本楚国之北津"②。可以说,襄阳就在中州边上。因此士风接近中州也可以理解了。

汉末,中州大乱,刘表立足襄阳统治荆州。《三国志》卷六《魏志·刘表传》注引《英雄记》曰:"州界群寇既尽,表乃开立学官,博求儒士,使綦毋闿、宋忠等撰《五经章句》,谓之《后定》。"《三国志》卷四二《蜀志·尹默传》:"尹默字思潜,梓潼涪人也。益部多贵今文而不崇章句,默知其不博,乃远游荆州,从司马德操、宋仲子等受古学。"主持荆州学校的司马德操是颖川人,宋仲子即宋忠,是南阳人。綦毋闿可能也是颖川人。③ 他们都是中州士。荆州学校实际上就是由中州士建立的。襄阳学校建立后,"关西、兖、豫学士归者盖有千数"。④ 襄阳成为当时的学术中心,这对襄阳本地的士风自然会有重要影响。如前所引材料,庞统最早知名就是因为被中州士司马德操称为"南州士之冠冕"。刘表在襄阳统治长达十

---

① 胡宝国:《南阳士与中州士》,载《北大史学》第 3 辑,北京大学出版社 1995 年版,145—153 页。
② 《初学记》卷八州郡部引凿齿《襄阳记》。
③ 《世说新语·言语》第二注引《司马徽别传》称:"徽字德操,颖川阳翟人。有人伦鉴识。居荆州。"《三国志》卷五七《吴志·虞翻传》注引《翻别传》有"南阳宋忠"诸字。《风俗通义校注》愆礼第三:"……颖川有识陈元方、韩元长、綦毋广明咸嘉是焉。"王利器按:"《后汉书刘表传》、《三国志魏书刘表传》注引《英雄记》有綦毋闿,疑即其人,名闿字广明,义固相应也。"
④ 《后汉书》卷七四下《刘表传》。

九年。这段时间襄阳社会是相当稳定的,这是办学的必要条件。

　　刘表以后,襄阳被曹操占领。此后襄阳一直为北方政权控制。《晋书》卷三四《羊祜传》:"帝将有灭吴之志,以祜为都督荆州诸军事、假节,散骑常侍、卫将军如故。祜率营兵出镇南夏,开设庠序,绥怀远近,甚得江汉之心。"《水经注》卷二八沔水:"建安十三年,魏武平荆州,分南郡立为襄阳郡,荆州刺史治。邑居殷赈,冠盖相望,一都之会也。城南门道东有三碑:一碑是晋太傅羊祜碑,一碑是镇南将军杜预碑,一碑是安南将军刘俨碑,并是学生所立。"按此,自羊祜始,西晋的襄阳一直是有学校的。吉川忠夫据此认为:"襄阳这一城市,继承了东汉末期以来的文化学术传统。"[1]这个分析是有道理的。可以推测,一直在北方政权控制下的襄阳学校所传授的知识还是来自中州地区,而与"荆楚"无关。西晋末年,天下大乱,山简出镇荆州。"于时四方寇乱,天下分崩,王威不振,朝野危惧。简优游卒岁,唯酒是耽。诸习氏,荆土豪族,有佳园池,简每出嬉游,多之池上,置酒辄醉,名之曰高阳池。"[2]可知此时的襄阳依然是和平的环境。东晋,释道安为躲避北方战乱,南下襄阳,在此著述、传教长达十五年,"四方学士,竞往师之"。[3] 这依然有赖于襄阳的安定局面。正如汤用彤先生所说:释道安"计居襄阳十有五载。其时适值北方秦燕交兵,无暇

---

①吉川忠夫:《道安教团在襄阳》,载日中国际共同研究《地域社会在六朝政治文化上所起的作用》,玄文社1989年版,36—43页。
②《晋书》卷四三《山涛传附山简传》。
③《高僧传》卷五《释道安传》。

南图,荆襄得以少安。"①

　　由以上的简略讨论可知,由于襄阳地理位置靠近政治文化中心,且长期为北方政权控制,所以此地士风更接近于中州地区,而与荆楚没有什么关系。习凿齿好清谈等等的特点都可以在这个背景下理解。此外,襄阳长期的和平环境也使得此地具备了从事文化活动的条件。

　　东晋以后,上述情形逐渐发生了变化。一方面,因为政治文化中心转移到了建康,襄阳失去了昔日靠近中心地区的地理优势,渐渐边缘化。另一方面,襄阳本地居住者也发生了变化。南朝有所谓"江陵素畏襄阳人"②之说,这当与流民的到来有关。东晋后期,"胡亡氐乱,雍、秦流民多南出樊、沔,晋孝武始于襄阳侨立雍州,并立侨郡县"③。此种流民如陈寅恪所说,乃是"有战斗力之武人集团,宜其为居住江陵近旁一带之文化士族所畏惧也"④。刘宋时"襄阳多杂姓"⑤可能也与此有关。

　　上述因素的变化使得襄阳很难维持过去的文化传统。可以说,习凿齿是襄阳地区汉魏以来旧传统的最后一位继承者。在他以后,襄阳不大可能再有这样的人物出现了。

---

①汤用彤:《汉魏两晋南北朝佛教史》上册第八章《释道安》,中华书局1983年版,147页。
②《梁书》卷一〇《萧颖达传》。
③《宋书》卷三七《州郡志》雍州。
④陈寅恪:《述东晋王导之功业》,载《金明馆丛稿初编》,上海古籍出版社1980年版,64页。
⑤《宋书》卷八三《宗越传》。

释"少孤贫"

在东晋南朝史籍中,常常可以看到"少孤贫"的记载,其中不乏士族子弟。《晋书》卷九二《袁宏传》:

> 侍中猷之孙也。父勖,临汝令。宏有逸才,文章绝美,曾为咏史诗,是其风情所寄。少孤贫,以运租自业。

《宋书》卷七三《颜延之传》:

> 琅邪临沂人也。曾祖含,右光禄大夫。祖约,零陵太守。父显,护军司马。延之少孤贫,居负郭,室巷甚陋。好读书,无所不览,文章之美,冠绝当时。

《宋书》卷七七《颜师伯传》:

> 琅邪临沂人,东扬州刺史竣族兄也。父邵,刚正有局力,为谢晦所知。……值晦见讨,晦与邵谋起兵距朝廷,邵饮药

死。师伯少孤贫,涉猎书传,颇解声乐。

《宋书》卷九三《王弘之传》:

> 琅邪临沂人,宣训卫尉镇之弟也。少孤贫,为外祖征士
> 何准所抚育。从叔献之及太原王恭,并贵重之。晋安帝隆安
> 中,为琅邪王中军参军,迁司徒主簿。家贫,而性好山水,求
> 为乌程令,寻以病归。

《梁书》卷一四《江淹传》:

> 济阳考城人也。少孤贫,好学,沉靖少交游。起家南徐
> 州从事,转奉朝请。

《梁书》卷三六《江革传》:

> 济阳考城人也。祖齐之,宋尚书金部郎。父柔之,齐尚书
> 仓部郎,有孝行,以母忧毁卒。革幼而聪敏,早有才思,六岁便
> 解属文,柔之深加赏器,曰:“此儿必兴吾门。”九岁丁父艰,与
> 弟观同生,少孤贫,傍无师友,兄弟自相训勖,读书精力不倦。

《陈书》卷三四《颜晃传》:

琅邪临沂人也。少孤贫，好学，有辞采。解褐梁邵陵王
兼记室参军。时东宫学士庾信尝使于府中，王使晃接对，信
轻其尚少，曰："此府兼记室几人？"晃答曰："犹当少于宫中
学士。"当时以为善对。

类似的记载还有，如《梁书》卷二六《傅昭传》："晋司隶校尉咸七
世孙也。祖和之，父淡，善三礼，知名宋世。淡事宋竟陵王刘诞，
诞反，淡坐诛。昭六岁而孤，哀毁如成人者，宗党咸异之。十一，
随外祖于朱雀航卖历日。"这里虽然没有用"少孤贫"三字来形容
傅昭，但实际上他也属于此类。

为什么会有这样多的士族子弟都是"少孤贫"呢？这首先是
与当时人的寿命有关。从史料上看，当时不少人的寿命只有四、
五十岁。南齐萧嶷临终时召子子廉、子恪说："人生在世，本自非
常，吾年已老，前路几何。"①萧嶷病逝是在永明十年，年仅四十九
岁。又，《南史》卷五九《江淹传》：齐时"后拜中书侍郎，王俭尝谓
曰：'卿年三十五，已为中书侍郎，才学如此，何忧不至尚书金紫。
所谓富贵卿自取之，但问年寿何如尔。'淹曰：'不悟明公见眷之
重。'"按此，当时三十五岁的人，就要考虑"年寿"的问题了。又
如任昉，齐时与萧衍同为"竟陵八友"，卒于梁时，也是年仅四十
九岁。"武帝闻问，方食西苑绿沈瓜，投之于盘，悲不自胜。因屈

①《南齐书》卷二二《豫章文献王嶷传》。

指曰:'昉少时常恐不满五十,今四十九,可谓知命。'"①当时人也意识到南方人寿命不长。《南史》卷六二《顾协传》:"吴郡吴人,晋司空和六世孙也。……张率尝荐之于帝,问协年,率言三十有五。帝曰:'北方高凉,四十强仕,南方卑湿,三十已衰。如协便为已老,但其事亲孝,与友信,亦不可遗于草泽。卿便称敕唤出。'于是以协为兼太学博士。"

　　三十多岁就"已老",四十多岁就去世了,后代自然就会"少孤",如任昉,"及卒,诸子皆幼"。② 但是何以会一"孤"即"贫"呢? 这又与家庭的经济状况有关。

　　通常认为,永嘉之乱后南迁的侨姓士族在江南广占土地,建立田园别墅,经济上很富足。但是这个看法其实并不完全符合实际。《晋书》卷七四《桓冲传》:

　　　　初,彝亡后,冲兄弟并少,家贫,母患,须羊以解,无由得之,温乃以冲为质。羊主甚富,言不欲为质,幸为养买德郎。买德郎,冲小字也。及冲为江州,出射,羊主于堂边看,冲识之,谓曰:"我买德也。"遂厚报之。

《晋书》卷七五《王湛传附王峤传》:

---

①《南史》卷五九《任昉传》。
②《梁书》卷一四《任昉传》。

咸和初,朝议欲以峤为丹杨尹。峤以京尹望重,不宜以疾居之,求补庐陵郡,乃拜峤庐陵太守。以峤家贫,无以上道,赐布百匹,钱十万。

《南齐书》卷五二《王智深传》:

家贫无人事,尝饿五日不得食,掘荠根食之。司空王僧虔及子志分其衣食。卒于家。

《梁书》卷四九《袁峻传》:

袁峻字孝高,陈郡阳夏人,魏郎中令涣之八世孙也。峻早孤,笃志好学,家贫无书,每从人假借,必皆抄写,自课日五十纸,纸数不登,则不休息。

士族家贫的例子还有很多,不一一列举。这与我们通常想象的士族多拥有大地产的情形是很不相同的。当时在建康的中央官吏俸禄并不丰厚,严耕望发现"自东晋以下,史传中常见有以家贫为借口乞为县令者。晋世,如孙盛、干宝、罗企生,皆以家贫亲老为辞由佐著作郎求补县令。(盛为浏阳令,宝为山阴令,企生为临汝令。)各见本传。又《李充传》,为征北参军,以家贫苦求为县,乃除剡县令。《江逌传》,为骠骑功曹,以家贫求试守太末令。而《温峤传》,子放之,为黄门侍郎,以贫求为交州,朝廷许之。是且以贫求为远州矣。宋世,如王僧达以家贫求郡,关康之以母老家贫求为岭南小县;齐世,如沈冲以母老家贫求为永兴令。各见本传"①。当时地方官收入颇丰,严耕望列举有"公田与禄田"、"资给"、"送迎钱"等项。其中单靠"送故"一项,就收入惊人。对此学者多有论述。② 以家贫为理由求县令,西晋已有,如胡毋辅之"辟别驾、太尉掾,并不就。以家贫,求试守繁昌令"。③ 但大量出现确如严氏所说,是从东晋以后才有的。

　　渡江南来的"朝士"大多居住在建康,除俸禄以外,他们并没有什么别的收入。颜之推曾说:"江南朝士,因晋中兴,南渡江,卒为羁旅,至今八九世,未有力田,悉资俸禄而食耳。假令有者,皆信僮仆为之,未尝目观起一堥土,耘一株苗;不知几月当下,几月当收。"④颜之推自幼生活在南方,他的概括不会是没有根据的。按他说,这些过江的"朝士"多数并没有土地,而是靠俸禄为生。既然以俸禄为生,则父辈中年殒没,子弟就很容易陷入"少孤贫"的境地。《宋书》卷七一《徐湛之传》:孝武帝即位下诏曰:"'徐湛之、江湛、王僧绰门户荼酷,遗孤流寓,言念既往,感痛兼深。可令归居本宅,厚加恤赐。'于是三家长给廪。"徐、江、王三人均因卷入政治斗争而中年丧命,"长给廪"是个别情况,一般官员死后不可能有此待遇。

---

①严耕望:《中国地方行政制度史—魏晋南北朝地方行政制度》,上海古籍出版社 2007
　年版,387 页。
②参见周一良《魏晋南北朝史札记》"送故"条,中华书局 1985 年版,82 页。
③《晋书》卷四九《胡毋辅之传》。
④《颜氏家训》卷四《涉务》篇。

　　须要指出的是,"少孤贫"的例子虽然主要出自过江北人,但南方本土也不是没有,如沈约即是。《梁书》卷一三《沈约传》:"少时孤贫,丐于宗党,得米数百斛,为宗人所侮,覆米而去。及贵,不以为憾,用为郡部传。"沈约的例子可能有一些特殊性。他在《宋书》自序中介绍自己的家世说:"史臣七世祖延始居(武康)县东乡之博陆里余乌邨。王父从官京师,义熙十一年,高祖赐馆于建康都亭里之运巷。"按此,从沈约祖父开始,沈氏这一支就迁到了建康,时间在东晋末。《沈约传》又说:"父璞,淮南太守。璞元嘉末被诛,约幼潜窜,会赦免。既而流寓孤贫,笃志好学,昼夜不倦。"按此,沈约离开建康,"流寓孤贫",回到家乡是因为特殊的政治原因。如果一切正常,他应该是一直生活在建康。从"丐于宗党"一语看,沈氏家族当时在家乡吴兴可能并没有什么家业可以凭藉。他的"少时孤贫"或许可以由此解释。《陈书》卷一八《沈众传》:"侯景之乱,众表于梁武,称家代所隶故义部曲,并在吴兴,求还召募以讨贼,梁武许之。及景围台城,众率宗族及义附五千馀人,入援京邑。"沈众是沈约之孙。按他说,沈家在吴兴有"家代所隶故义部曲"。这很可能是沈约以后才有的。

　　沈约家族的事迹提示我们,江南本地士族与侨姓士族终究有所不同。吉川忠夫曾注意到,侯景之乱后一些南方土著士人回乡里避难。他分析说,"大概是因为他们在乡里拥有某些生活的基础"①。与此形成鲜明对比的是,侯景乱后极少能见到侨姓士族

---

①吉川忠夫:《六朝精神史研究》,王启发译,江苏人民出版社2010年版,220页。

回到地方,尽管我们知道有些家族当年在地方上是置有产业的。事实上这些家族大多都是居住在建康的,他们在南方是没有"乡里"的。因此之故,侯景之乱后他们所受打击也最大。颜之推《观我生赋》自注述及侯景之乱说:"中原冠带,随晋渡江者百家,故江东有《百谱》;至是在都者覆灭略尽。"①

就南朝实际情况看,在维持家族政治地位、社会地位方面,最重要的并不在经济上是否富有,而在于文化。前引"少孤贫"的南朝士族人物,最后得以进入到社会上层基本都是靠文化。前引江革的例子最具典型性。江革"六岁便解属文",其父江柔之"深加赏器",以为"此儿必兴吾门"。类似的例子在南朝很多。

因为文化对于家族政治地位、社会地位的维系具有重要作用,所以这一时期的一些戒子书都很强调学习的重要。王僧虔在《诫子书》中直言道:"吾不能为汝荫,政应各自努力耳。或有身经三公,蔑尔无闻;布衣寒素,卿相屈体。或父子贵贱殊,兄弟声名异。何也?体尽读数百卷书耳。"②王筠与诸儿书论家世集云:"史传称安平崔氏及汝南应氏,并累世有文才,所以范蔚宗云崔氏'世擅雕龙'。然不过父子两三世耳;非有七叶之中,名德重光,爵位相继,人人有集,如吾门世者也。沈少傅约语人云:'吾少好百家之言,身为四代之史,自开辟已来,未有爵位蝉联,文才相继,如王氏之盛者也。'汝等仰观堂构,思各努力。"③《颜氏家

①《北齐书》卷四五《颜之推传》。
②《南齐书》卷三三《王僧虔传》。
③《梁书》卷三三《王筠传》。

训·勉学》篇：

> 梁朝全盛之时，贵游子弟，多无学术，至于谚曰："上车不落则著作，体中何如则秘书。"无不熏衣剃面，傅粉施朱，驾长檐车，跟高齿屐，坐棋子方褥，凭斑丝隐囊，列器玩于左右，从容出入，望若神仙。明经求第，则顾人答策；三九公讌，则假手赋诗。当尔之时，亦快士也。及离乱之后，朝市迁革，铨衡选举，非复曩者之亲；当路秉权，不见昔时之党。求诸身而无所得，施之世而无所用，被褐而丧珠，失皮而露质，兀若枯木，泊若穷流，鹿独戎马之间，转死沟壑之际。当尔之时，诚驽材也。有学艺者，触地而安。自荒乱已来，诸见俘虏。虽百世小人，知读《论语》、《孝经》者，尚为人师；虽千载冠冕，不晓书记者，莫不耕田养马。以此观之，安可不自勉耶？若能常保数百卷书，千载终不为小人也。

颜之推亲历江陵朝廷的覆灭，尔后又由南入北，对文化的重要性感触极多。他亲眼见到了"虽百世小人，知读《论语》、《孝经》者，尚为人师；虽千载冠冕，不晓书记者，莫不耕田养马"。颜之推所说"梁朝全盛之时，贵游子弟，多无学术"一语极重要。在需要靠文化维系家族地位的时代，"多无学术"的贵族子弟注定了贵族社会必将难以为继。

从表面上看，在南朝史籍中出自王、谢等一流家族的人物仍然很多。这似乎足以显示当时贵族社会的昌盛。但是，须知经过二百多年的自然繁殖,这些家族人口众多,与见诸记载的人相比,未见记载的人其实更多。见诸记载的,多是在文化上有突出表现的成员,这只能是少数。再往后看,经历北朝隋代,一直到唐初还有表现的南方士族人物也大都是因其文化上的业绩而被记录下来。

原载《田馀庆先生九十华诞颂寿论文集》,中华书局 2014 年版

读三种《观世音应验记》

　　六朝时期，为宣扬佛教灵验，有所谓《观世音应验记》一类书出现。刘宋时有傅亮的《光世音应验记》，还有张演的《续光世音应验记》，萧齐时又有陆杲的《系观世音应验记》。这三种应验记久已失传，庆幸的是，上个世纪在日本发现了三书的古抄本。（据我所知，此书有孙昌武点校《观世音应验记》、董志翘《〈观世音应验记三种〉译注》二种。手头没有孙书，以下所引《应验记》文本均出自董书。）

　　这三种应验记是非常宝贵的资料，对于研究当时佛教在下层社会的传播、佛教与道教之间的冲突斗争都有十分重要的价值。以下我就尝试着逐一分析这三种应验记。须要说明的是，可能因为比较喜好"地域史"的缘故，所以我特别关心的并不是这些故事本身，而是这些故事中的主人公是否为南方土著居民？

　　刘宋傅亮的《光世音应验记》共七条：一、竺长舒。二、沙门帛法桥。三、郫西寺三胡道人。四、窦传。五、吕竦。六、徐荣。七、沙门竺法义。

　　第一条："竺长舒者，其先西域人也。世有资货为富人。居晋元康中,内徙洛阳。长舒奉佛精进,尤好诵《光世音经》。"竺长舒是西域人,后内迁至洛阳。故事发生在西晋时北方地区。

第二条:"沙门帛法桥,中山人也。……石虎末犹在,年九十馀乃终。"帛法桥是北方人,故事发生在十六国时期的北方地区。

第三条:"石虎死后,冉闵杀胡。……时邺西寺有三胡道人。""胡道人"应指域外僧人。故事发生在十六国时期的北方地区。

第四条:"窦傅者,河内人也。永和中,高昌、吕护各拥部曲,相与不和。……沙门支道山时在护营中,……道山后过江,为谢庆绪具说其事。"窦傅,北方人。故事发生在十六国时期的北方。

第五条:"吕竦字茂高,兖州人也,寓居始丰。自说其父尝行溪中,……竦后与郗嘉宾周旋,郗口所说。"始丰,属临海郡。吕竦是北来侨人。故事发生在东晋时期的南方。

第六条:"徐荣者,琅琊人。常至东阳,还经定山。……荣后为会稽府督护,谢庆绪闻其自说如此。与荣同舟者,有沙门支道蕴,谨笃士也,具见其事。后为余说之,与荣同说。"徐荣祖籍琅琊,为北来侨人。东阳郡,属于扬州。这也是发生在东晋时南方的故事,

第七条:"沙门竺法义者,山居好学。……义住始宁保山,余先君少与游处。义每说事,辄凛然增肃。"竺法义籍贯不详,《高僧传》卷四有传:"竺法义,未详何许人。年十三,遇深公,……于是栖志法门,从深受学。"始宁县属会稽郡。故事也是发生在东晋南方地区。

以上七条应验故事中,四条发生在北方,三条发生在南方。南方的三条故事之中,两条故事的主人公都是北来侨人。最后一条故事中的主人公籍贯不详。总之,七条故事中,还没有一例主人公可以肯定是南方土著。

刘宋张演的《续光世音应验记》共十条:一、徐义。二、张展。三、惠简道人。四、孙恩乱后临刑二人。五、道泰道人。六、释僧融。七、江陵一妇人。八、毛德祖。九、义熙中士人。十、韩当。十条当中,一、二、五、八、十条为北方事。第九条发生地不详。馀四条为南方事(考虑到篇幅,北方事例不再列出)。这四条是:

第三条:"荆州听事东有别斋三间,由来多鬼,恒恼人。至王建武时,犹无能住者。唯王周旋惠简道人素有胆识,独就居之。……"王建武即王忱。东晋太元年间曾任荆州刺史、建武将军。

第四条:"昔孙贼扰乱海陲,士庶多离其灾。有十数人临刑东市。一人独奉法,便至意诵光世音。同坐者问之。对曰:'闻佛法经,有光世音菩萨济人危,故自归耳。'其便事事效之。次当就命,官司簿目独无其名,相与惊骇怪,乃各散走。二人亦随众,遂得免。""孙贼"指东晋末年孙恩之乱。此事发生在东部沿海地区,具体地点不详。"奉法"之人可能是南方当地人。

第六条:"道人释僧融,笃志泛爱,劝江陵一家,令合门奉佛。"

第七条:"僧融又尝与释昙翼于江陵劝一人夫妻戒,后其人为劫所引,因遂越走。执妇系狱。融遇途见之,仍求哀救,对曰:

'惟当一心念光世音耳,更无馀术。'妇人便称念不辍。……"

以上四条发生在南方的故事中,除僧人惠简一条外,两条讲述的都是僧人在南方宣传佛教的故事。信教者"江陵一家"、江陵"妇人"可能是南方土著。"孙恩乱后临刑二人"一条中,故事中的主人公也可能是南方土著。

萧齐陆杲的《系观世音应验记》共六十九条。其中记南方事约二十馀条,大致可分为三种情况。第一种情况是僧人事迹,如第八条"释法纯道人",第二十二条"释僧洪道人"。第二种情况是北来侨人事迹,如第五条"刘澄"、第七条"伏万寿"条、第二十三条"王球"、第二十四条"郭宣"、第三十二条"朱龄石"。第三种情况是南方土著或可能是南方土著的事例,如第三条"吴兴郡吏"、第四条"海盐一人"、第二十一条"会稽库吏姓夏"、第三十四条"张会稽使君"、第三十八条"唐永祖"、第四十条"彭子乔"、第六十一条"潘道秀"。以下我们来关注一下涉及南方土著的故事。

第三条:"宋元嘉中,吴兴郭尝大火,治下民人居家都尽。唯一家是草屋,在火腹,独在。太守王韶之出见火,以为怪异。使人寻问,乃郡吏家也。此吏素不事佛,但恒闻王道光世音,因火切起诚,遂以至心得免也。"

第四条:"海盐有一人,年卅,以海采为业。后入海遭败,同舟尽死,唯此人不死,独与波沉浮。遂遇得一石,因住身其上,而以石独,或出或没,判是无复生理。此人乃本不事佛,而尝闻观世音。于是心念口叫,至诚无极。因极得眠,如梦非梦,见两人乘一小船，唤其来人。即惊起开眼，遂见真有此事，跳透就之，入便至岸，向者船人不觉失去。此人遂出家，殊精进作沙门也。"

第二十一条："晋义熙中，司马休之为会稽。换回库钱廿万，迁荆州，遂不还之。郡无簿书，库吏姓夏，应死，明日见杀。今夜梦见一道人，直来其前，语夏：'催去！'因觉起，见所住槛北有四尺许开，又见所梦道人复语：'催去！'夏曰：'缘械甚重，何由得去？'道人曰'汝已解脱，但便速去，我是观世音也。'夏便自觉无复锁械，即穿出槛，槛外墙上大有芳判，见道人在芳上行。夏因上就之。比出狱，已晓，亦失向道人。处处藏伏，暝投宿下驾山，见有数道人共水边坐。夏先亦知有观世音，因问曰：'观世音是何处道人？'道人曰'是佛，非世间人也。'得免后，守人遇收，因首出为秘书令吏。后归家作金像，著颈发中，菜食断谷，入剡山学道。"

第三十四条："杲外祖张会稽使君讳畅，字景微，吴人也。知名天下，为当时民望。家奉佛法，本自精进。宋元嘉末，为荆州长史。孝建初，征还作吏部尚书，加散骑常侍。于时谯王丞相在荆州，自启解南蛮府，留使君为持节校尉，领己长史，带南郡如故。寻荆州作逆，使君格言谏之。丞相则欲见害，有求得免。丞相性痴，左右是用，虽以谏见全，而随众口。没有恶意，即梦见观世音，辄语：'汝不可杀张长史。'由此不敢害。及至丞相伏诛，使君亦系在廷尉。诵《观世音经》得千遍，钳锁遂寸寸自断。于是唤狱司更易之，咸惊叹以为异，少日便事散。此杲家中事也。"

第三十八条："唐永祖，建康人也。宋孝武时作大市令，为藏盗被收。临收日，遇见相识道人，教其念敬观世音。永祖岁本不信向,而事急为之。在建康狱,经六日,昼夜存念,两脚著锁忽然自脱。……永祖出,即推宅为寺,请道人斋会,郢州僧统释僧显,尔时亲受其请,具知此事,为杲说之。杲舅司徒左长史张融、从舅中书张绪同闻其说。”

第四十条:“彭子乔者,益阳人也。作本郡主簿,触迕太守沈文龙,见执付狱,欲遂杀之。子乔少时出家,还俗,故恒诵《观世音经》。于时文龙必欲杀子乔,判无复冀,唯至心诵经,得百有馀遍。……其双械脱在脚后。”

第六十一条:“吴郡潘道秀,年廿馀,队纠主。晋义熙中,从宋高祖征广固,于道有勋,转为队副。道秀在别军经败,星散各走,遂为伧人所略卖,传数处作奴。既无归缘,分死绝域,本信佛法,后说别偈……恒念观世音,数梦想得见。后被使伐树,独在山中。忽眼见光世音真形放光,竟山中为金色。道秀惊惧作礼,下头便见地无复光。仍即仰视,都非向处。更就四望,便已还在乡里。于是随路归家,其事惊动远近。秀后精进弥笃,年垂六十亡。”

以上“张会稽使君”、“唐永祖”、“彭子乔”、“潘道秀”都是南方土著。“吴兴郡吏”、“海盐一人”、“会稽库吏”籍贯不详,但很可能也属于南方土著。有趣的是,这些故事中的主人公多数原本并不信佛,如吴兴郡吏“素不事佛”,海盐一人“本不事佛”,会稽库吏早先也只是“知有观世音”,但并不明白是怎么回事,所以才问:“观世音是何处道人?”道人曰:“是佛,非世间人也。”唐永祖也是“本不信向,而事急为之”。这与前述张演《续光世音应验记》中"孙贼扰乱海隅"一条很相似。当时被捕诸人中虽有"一人独奉法",但是他并不明白到底"法"是什么。所以别人问他缘由,他回答说:"闻佛法经,有光世音菩萨济人危,故自归耳。"此人对"佛法经"也只是听说过而已。这些事例都属于危难临头,临时抱佛脚之类。

从上述三种应验记看,观世音崇拜在南方似并不很流行。三种应验记作者除刘宋时的傅亮书为北来侨人外,其他二书作者如刘宋时的张演、萧齐时的陆杲都是南方本地吴郡人。不过,须要特别注意的是,傅亮书的原始作者其实也是南方本土人士。傅亮在介绍故事之前有一介绍:"右七条,谢庆绪往撰《光世音应验》一卷十馀事,送与先君。余昔居会土,遇兵乱失之。顷还此竟,寻求其文,遂不复存。其中七条具识事,不能复记馀事,故以所忆者更为此记,以悦同信之士云。"由此可知,谢庆绪是本书的原始作者。他将此书送给了傅亮的父亲,但因遇动乱,此书不复存,傅亮凭记忆,写出七条。谢庆绪即谢敷。他是会稽人,《晋书》卷九四《隐逸传》载有其事迹。由此可见,三种《观世音应验记》的作者都是南方本土人士。按说他们对本地人当中发生的应验传闻应该有更清楚的了解,但记载下来各类故事中,发生于南方土著身上的应验故事却并不多。

除观世音应验故事之外,佛教也还有其他类型的应验故事,如南齐王琰《冥祥记》中就多有此类故事。据我粗略统计,《冥祥记》所载各类应验(包括观世音应验)故事约一百二十多条。其中少数故事时间、地点不详。除此之外,发生于南方的故事约七十餘条，但故事中主人公多是僧人或北来侨人，主人公为南方土著居民的约有二十餘条（其中有的故事已见于前引三种应验记中），也不算多，与观世音应验记所表现出的情形相似。

这样看来，是否可说佛教信仰在南方民间远不如在北方民间那样流行呢？如果这一假设能成立，那么这又是什么原因造成的呢？依我猜测，这很可能与南方土生土长的巫术、道教传统的强大有关。这是读了鲁迅所辑相关志怪小说后的一点感受。下面看几个例子。

晋荀氏《灵鬼志》："晋南郡议曹掾姓欧，得病经年，骨消肉尽；巫医备至，无复方计。其子夜如得睡眠，梦见数沙门来视其父。明旦，便往诣佛图，见诸沙门，问佛为何神？沙门为说事状，便将诸道人归，请读经。再宿，病人自觉病如轻。……自此后病渐渐得差。"这段故事是在宣传佛能治病，而巫医则束手无策。

宋刘义庆《宣验记》："史隽有学识，奉道而慢佛。常语人云：'佛是小神，不足事也。'每见尊像，恒轻诮之。后因病脚挛，种种祈福，都无效验。其友人赵文谓曰：'经道福中第一。可试造观音像。'隽以病急，如言铸像。像成，梦观音，果得差。"这段故事是在宣扬"奉道而慢佛"的害处。若想治病，还得信佛教而不能信道教。

同书："程道慧，字文和，武昌人。旧不信佛，世奉道法。沙门乞者，辄诘难之。论云，若穷理尽性，无过老庄。后因疾死，见阎罗王，始知佛法可崇；遂即奉佛。"这段故事也是从信道转而信佛的例子，还是在宣扬佛优于道。

齐王琰《冥祥记》:"晋张应者,历阳人。本事俗神,鼓舞淫祀。咸和八年,移居芜湖。妻得病。应请祷备至,财产略尽。妻,法家弟子也,谓曰:'今病日困,求鬼无益,乞作佛事。'应许之。往精舍中,见竺昙铠。昙铠曰:'佛如愈病之药。见药不服,虽视无益。'应许当事佛。昙铠与期明日往斋。应归,夜梦见一人,长丈馀,从南来。入门曰:'汝家狼藉,乃尔不净。'见昙铠随后,曰:'始欲发意,未可责之。'应先巧,眠觉,便炳火作高座,及鬼子母座。昙铠明往,应具说梦。遂受五戒。斥除神影,大设福供。妻病即闲,寻都除愈。"这还是一个涉及治病的故事。对于疾病而言,"俗神"、"淫祀"、"求鬼"都无用。要想解决问题,还得改信佛教。

同书:"何澹之,东海人,宋大司农,不信经法,多行残害。永初中,得病,见一鬼,形甚长壮,牛头人身,手执铁叉,昼夜守之。忧怖屏营,使道家作章符印录,备诸禳绝,而犹见如故。相识沙门慧义,闻其病往候;澹之为说所见,慧义曰:'此是牛头阿旁也,罪福不昧,唯人所招;君能转心向法,则此鬼自消。'澹之迷很不革,顷之遂死。"这是一个反面的例证。因为不信佛法而坚信道教,何澹之终遭恶报。

同书:"宋孙道德,益州人也,奉道祭酒,年过五十,未有子息。居近精舍,景平中,沙门谓德:'必愿有儿,当至心礼诵观世音经,此可冀也。'德遂罢不事道,单心投诚,归观世音;少日之中而有梦应,妇即有孕,遂以产男也。"孙道德信道教,任"奉道祭酒",但结果呢,年过五十仍未有子,说明道教不管用,改信佛教,遂立刻见到成效。

《冥祥记》中最曲折、最富戏剧性的故事当属"宋刘龄者"一条："宋刘龄者,不知何许人也。居晋陵东路城屯,颇奉法,于宅中立精舍一间,时设斋集。元嘉九年三月二十七日,父暴病亡。巫祝并云:'家当更有三人丧亡。'邻家有道士祭酒,姓魏名叵,常为章符,诳化屯里,语龄曰:'君家衰祸未已,由奉胡神故也。若事大道,必蒙福祐,不改意者,将来灭门。'龄遂揭延祭酒,罢不奉法。叵云:'宜焚去经像,灾乃当除耳。'遂闭精舍户,放火焚烧,炎炽移日,而所烧者,唯屋而已,经像旛□,俨然如故,像于中夜,又放火赫然。时诸祭酒有二十许人,亦有惧畏灵验,密委去者。叵等师徒,犹盛意不止;被发偊步,执持刀索,云斥佛还胡国,不得留中夏,为民害也。龄于其夕,如有人殴打之者,顿仆于地,家人扶起,方餘气息,遂委挛躄,不能行动,道士魏叵,其时体内发疽,日出二升,不过一月,受苦便死。自外同伴,并皆著癞。其邻人东安太守水丘和传于东阳无疑,时亦多有见者。"这个故事最能见到佛、道斗争的激烈,读来也十分有趣。

这些故事在志怪小说中还有一些,说的都是佛教战胜了道教,佛教有用而道教、巫术淫祀等无用。这反映出当时佛教与道教之间在争取下层民众方面是有激烈斗争的。换言之,阻碍佛教在民间传播的主要就是道教及巫术、淫祀等。值得一提的是,《冥祥记》中有一个故事很特别:"宋王淮之字元曾,琅琊人也。世以儒专,不信佛法。常谓:'身神俱灭,宁有三世?'元嘉中,为丹阳令,十年,得病气绝,少时还复暂苏。时建康令贺道力省疾,下床会,淮之语力曰:'始知释教不虚,人死神存,信有征矣。'道力曰:'明府生平置论不尔,今何见而乃异之耶?'淮之敛眉答云:'神实不尽,佛教不得不信。'语卒而终。"这个故事反映的是儒、佛之间的关系。儒者由不信佛教转而最终信从。这样的故事在《冥祥记》中只有这一条。与众多佛、道斗争故事相比,这个孤零零的故事反衬出当时阻碍佛教在民间的传播主要不是儒家思想而是道教、巫术等。

从东汉末一直到东晋,南方本土最盛行的就是道教。道教徒孙恩之乱时,"三吴士庶皆响应",可见其影响之大。一直到后来,南朝崇佛最厉害的梁武帝早年其实也是信道教的。周一良先生曾经注意到"东晋南朝很少听说佛教徒改宗道教,却颇有些道教徒信仰了佛法"(《论梁武帝及其时代》)。我想,这其中的原因可能就在于道教殖根本土已久,而佛教是后来的、外来的,从时间上看,道教是底层的信仰,人们生活在本乡本土,从小到大,首先接触到的就是道教,而后才是佛教。因此最可能的是从道教转佛教,而不大可能从佛教转道教。

在下层民众中传播高深的佛教义理恐怕是很困难的,民众感兴趣的是实用性。从东晋后期开始,信奉佛教的士人开始注意到了这个问题,所以各种类似"应验记"之类的"释氏辅教之书"(鲁迅语)越来越多,其宣传作用不可小视,民众只有相信了佛教真能帮助他们的生活才会信奉。在志怪小说中也能见到这样例子:因其佛法的灵验而使得"于是屯人,一时奉法"、"一县士庶,略皆奉法"。这是佛教在民间的胜利。

就东晋情形论,不仅下层,而且在上层士人群体当中信佛教的似乎也不多。当时,特别是东晋前期,士人交往圈多数还是北人与北人交往,南人与南人交往,地域隔阂比较明显,而北来僧人,其实也是北人,只不过身份特殊而已。因此僧人初到江南,来往较多的也往往还是过江北人,如支遁与北人的交往就是一个显例。这就限制了佛教在南方本土士人中的传播。

东晋前期妨碍南方士人接受佛教可能也与当时佛教的特点有关。汤用彤先生论及"佛教南统"特征时说:"佛义与玄学之同流,继承魏晋之风,为南统之特征。"他又说:"当时道俗所谈论,偏于理论。"(汤用彤:《汉魏两晋南北朝佛教史》)佛教与玄学的结合可能对南土士人接受佛教有很大的妨碍,因为东晋前期南方士人并不大懂来自中土的玄学。但是从晋宋之际开始,这种局面有了明显改观,南人也逐渐懂得玄学了。在佛教领域,南人也愈来愈醒目。如前所述,三种《观世音应验记》的作者都是南方本地人。此外,其中的陆杲还著有《沙门传》三十卷。众所周知,《高僧传》作者是慧皎。他也是南方土著,出自会稽。由此看来,到南朝,佛教经历了若干曲折后终于融入了南方本土社会。

原载《虚实之间》,社会科学文献出版社 2011 年版

南朝学风与社会

以往论及南朝历史,研究者最关注的是门阀士族的兴衰。但是除此之外,南朝在学术文化方面贡献也很值得关注。当这个时代结束后,它留下的遗产中最宝贵的部分可能就在于此。

一、南朝新学风

与热衷于玄谈的魏晋士人不同,南朝士人最感兴趣的多是知识性的问题。我曾将当时的学术风气概括为"知识至上"。刘宋时,王僧虔在《诫子书》告诫子弟,清谈要以读书为基础,对文献、对前人各种意见必须了然于胸。如果这些都不懂,那是没有资格谈玄的。懂玄学的伏曼容说:"何晏疑《易》中九事,以吾观之,晏了不学也,故知平叔有所短。"(《梁书·伏曼容传》)他看不起玄学开创者何晏,认为何晏在学问上是不行的。伏曼容的骄傲表现出了一种知识上的优越感。在文史领域也可以感受到这种风气。钟嵘说当时的文学创作"贵于用事"。所谓"事"即是典故。士人往往在诗文中大量堆砌典故来展示自己知识的丰富。《汉书》在南朝特别受重视,但从具体事例上看,当时人最感兴趣的多是有关文字训诂、地名考释一类的知识性问题,而对汉代历史并没有多少深入的思考。《梁书·陆倕传》载:陆倕"杜绝往来,昼夜读书,如此者数载。所读一遍,必诵于口。尝借人《汉书》,失《五行志》四卷,乃暗写还之,略无遗脱"。当时人最为推崇的就是这种博闻强记的能力。

"知识至上"的新风气与书籍的聚集有密切关系。东晋初年,朝廷藏书不多,只有三千多卷。当时兵荒马乱,经济困难,国家没有能力顾及学术文化。到孝武帝太元年间(376—396),经济有所恢复,政治上也比较稳定。《通鉴》记载此段历史虽然使用的是南方年号,但所记述的主要内容却是北方的历史。我的推测是,《通鉴》多记载政治,南方既然缺乏这方面的大事可记,司马光就不得不以北方为主了。在南方政治稳定的形势下,孝武帝开始了大规模的书籍征集活动。到刘宋元徽元年,国家藏书已达一万五千多卷,梁初则高达二万三千馀卷。对比东晋初年,藏书增加很多。另外,宋齐以来私人藏书的风气也日益高涨,梁代达到了高峰,《隋书·经籍志》称:"梁武敦悦诗书,下化其上,四境之内,家有文史。"京城一些著名的人物如沈约等人拥有的私人藏书也都在万卷之上。

南朝书籍的大量增多与造纸技术的发展有直接关系。造纸术虽然早已出现,但纸张真正普及并代替了竹简是在晋宋之际。这对于书籍的传播、收藏提供了极大的方便。而书籍的增多又为追求"知识至上"新风气提供了的物质上的保证。

二、书籍整理与学术总结

书籍增多以后，首要的任务就是编制目录、校书。

除去这些一般意义上的整理之外，当时学者还围绕众多旧书开展了如下的工作：第一是集注，如朱异集注《周易》，李颙《集解尚书》等等。第二是钞书，如庾蔚之《礼论钞》、张缅《晋书钞》等等。第三是汇聚众书为一书，如陆澄的《地理书》等等。

集注是以众书注一书，这只有在相关的书籍聚集较多后才有可能进行。同样，书钞类在南朝特别盛行也与当时书籍增多有关。"钞"不是全文照抄，而只是摘抄。《陈书·陆瑜传》："时皇太子好学，欲博览群书，以子集繁多，命瑜钞撰。"书籍"繁多"，看不过来，所以不得不有选择地摘抄。关于汇聚众书，可以《地理书》为例讨论。《隋志》载："《地理书》一百四十九卷，录一卷。陆澄合《山海经》已来一百六十家，以为此书。"姚振宗《隋书经籍志考证》说："澄合百六十家之书，而编卷止于百四十有九，知其中零杂小部不盈一卷者多矣。"由此可知，这类书虽然数量多，但篇幅都不长，散在各处，所以有必要将其汇聚成一书。陆澄是有名的藏书家，最有条件做这个工作。

金克木先生曾发现，齐梁时期学术文化上最重要的一个特征是出现了大批具有"总结性"的著作。他在讨论《玉台新咏》、《文选》时说："值得注意的是，短促的梁朝及其前后几十年内并不仅出现了这两部由太子发动的总集，而且还有其他总结性的著作。"（《玉台新咏三问》）为什么这一时期会有如此多的总结性著作呢？金克木先生感到很困惑："单算梁代，只有从公元五〇二年到五五七年共五十几年，为什么集中了这么多人做总结工作？"

在我看来，大批总结性著作的出现不一定有什么深刻的原因，而只是因为当时书籍增多了。此外，总结工作也不局限于梁代。东晋孝武帝太元年间贾渊祖父贾弼之"广集百氏谱记"。这既是对零散家谱的整理，也可以理解为对众多家谱的一次总结。同样，陆澄的《地理书》也属此类性质。刘宋时，裴松之以众多不同类型的汉晋史著来注解《三国志》，也等于是对此前三国史著的一次总结。就书籍体例而论，当时书多是有序的。在序中，作者往往会对相关的领域进行一番回顾，总结的色彩最为突出。

除去以上围绕旧书展开的工作之外，南朝也有很多在旧书基础上的新著问世。范晔《后汉书》"删众家《后汉书》为一家之作"（《宋书·范晔传》）。梁武帝"敕其群臣，上自太初，下终齐室，撰成《通史》六百二十卷。其书自秦以上，皆以《史记》为本，而别采他说，以广异闻；至两汉已还，则全录当时纪传"（《史通·六家》）。慧皎《高僧传》也是综合了以前众多的各类僧传。他在序录中说："凡十科所叙，皆散在众记。今止删聚一处，故述而无作。俾夫批览于一本之内，可兼诸要。"今人考订，"他所据之书当在八十种以上"（汤一介：《高僧传》绪论）。此外，《世说新语》也非凭空创作。鲁迅说它只是"纂辑自后汉至东晋底旧文而成的"（《中国小说史略》）。从某种意义上说，这些新著也可属上文所说"汇聚众书为一书"，只不过它不是简单照抄原文，而是按一定的体例对众多的旧作有所删减、综合、改造。如果没有书籍的大量增加，就不可能有这些集大成的总结性著作出现。

南朝学术文化的总结可能存在着一个从不自觉到自觉的过程。如果说围绕着旧书整理而来的总结还具有不自觉的性质，那么如《文心雕龙》、《诗品》一类脱离了旧书的总结则是属于自觉的总结了。《宋书》虽然没有《文苑传》，但是沈约《谢灵运传》末的"史臣曰"却打破常规，纵论古今，写下一最简文学史。他在《志序》中还对史书中"志"的撰写历史进行了一番回顾，这反映沈约有自觉的总结意识。

从历史上看，汉代整理图书就曾经引发过学术总结。梁代阮孝绪《七录》序回顾西汉书籍情形说："至孝成之世，颇有亡逸。乃使谒者陈农求遗书于天下，命光禄大夫刘向，及子俊、歆等，雠校篇籍。每一篇已，辄录而奏之。会向亡丧，帝使歆嗣其前业，乃徙温室中书于天禄阁上。歆遂总括群篇，奏其《七略》。"《七略》以及由此而来的《汉书·艺文志》是对此前学术的一次全面系统总结。这次总结也是因书籍的征集、整理而来的。南朝与汉代不同的是，汉代是少数人在宫廷里整理书籍，而南朝则因为纸张的普及，不论官私都拥有大量藏书，所以整理书籍并进而从事总结工作的就不再局限于宫廷里的少数人，而是参与者众多，持续时间很长，成为一个醒目的文化现象。

总之，不论汉代还是南朝，都不是因为要总结学术而有书籍整理，而是因为有了书籍的整理才带来了学术上的总结。

三、"今之士人并聚京邑"

南朝另外一个重要文化现象是士人大量聚集在京师。梁武帝天监年间，沈约上疏称："顷自汉代，本无士庶之别，自非仕宦，不至京师，罢公卿牧守，并还乡里，小人瞻仰，以成风俗。且黉校棋布，传经授业，学优而仕，始自乡邑，本于小吏干佐，方至文学功曹，积以岁月，乃得察举。人才秀异，始为公府所辟，迁为牧守，入作台司。汉之得人，于斯为盛。今之士人，并聚京邑，其有守土不迁，非直愚贱。且当今士子繁多，略以万计，常患官少才多，无地以处。"（《通典》）沈约注意到了士人向建康集中的现象。他一生跨宋齐梁三朝，文中又将"汉代"与"今"对举，可知他所说的"今"并不仅仅是指他上疏的天监年间。从史料上看，从东晋孝武帝时期开始，就已经出现了士人向建康集中的趋势。有所不同的是，晋宋之际的一些大儒是朝廷征召来的，而这以后大量士人涌入建康则是属于他们的主动行为。

士人大量聚集在建康，书籍最多的地方也在建康。建康是南朝的文化中心。固然历代王朝的都城都是文化中心，但南朝的建康似乎更特殊一些。不论是同一时期的北朝或者更早的汉代，在都城以外，地方上也有相当活跃的学术活动，而南朝地方上的学术活动却相当沉寂。这可能与南朝新学风有关。汉代以及北朝，地方上传播的主要是经学。经学是讲究师承的。某地有著名经学家，他身边就会聚集很多来学习的士人。经学在南方地方社会中也有，但主要局限在三吴地区，其他地区则很少见到记载。南方士人兴趣很广，并不局限在经学。他们追求的是博闻强记，离开了建康的士人群体和大量书籍，这个目标就很难实现。我们看到，虽然也有不少建康的著名士人跟随宗王出镇地方，但这都是暂时的，宗王返回建康，他们也一同返回，南朝新学风在地方上不见踪影。

很多研究者都注意到来自北方的世家大族在南方广占田园。但从史料上看，像谢灵运家族那样在地方上拥有大量土地的情形可能并不具有普遍性。颜之推说："江南朝士，因晋中兴，南渡江，卒为羁旅，至今八九世，未有力田，悉资俸禄而食耳。假令有者，皆信僮仆为之，未尝目观起一墢土，耘一株苗；不知几月当下，几月当收。"（《颜氏家训·涉务》）颜之推自幼生活在南方，他对"江南朝士"的描述不会是没有根据的。按他说，这些过江的"朝士"多数并没有土地，而只是靠俸禄为生。《宋书·颜延之传》："琅邪临沂人也。曾祖含，右光禄大夫。祖约，零陵太守。父显，护军司马。延之少孤贫，居负郭，室巷甚陋。"与颜延之类似，不少士人都有"少孤贫"的经历。这主要是因为渡江南来的高等士人大多居住在建康，除俸禄以外并没有什么别的收入。既然如此，则父辈中年殒没，子弟就很容易陷入"少孤贫"的境地。

考古学家在南京地区发现了不少著名侨人家族的墓葬。与此不同，从文献记载上看，南方土著死后大多是葬在家乡。综合这两个方面考虑，或许可以得出一初步结论，即世代居住在建康的北来侨人在地方上并没有根，所以死后只能葬在建康附近。

侨姓高门多世代居住在建康,因此前文引沈约所说"今之士人,并聚京邑",应该主要是指南方土著士人。因为地理位置的原因,在建康的土著士人多是来自距离建康不远的三吴地区,而远在荆州的所谓"西人"就较少去建康了。这对他们在政治、学术等方面的发展都有影响。永嘉之乱后,不少南阳人逃到了荆州江陵。陈寅恪说:"南阳及新野之上层士族,其政治社会地位稍逊于洛阳胜流如王导等者,则不能或不必移居江左新邦首都建业,而迁至当日长江上游都会江陵南郡近旁一带。至江左政权之后期,渐次著称。"(《述东晋王导之功业》)南阳士在东汉相当显赫,迁至江陵后,丧失了昔日的地位。为什么他们会在南朝后期"渐次著称"?陈寅恪没有解释。我注意到,齐梁之际,定居江陵的南阳著姓如庾信家族以及宗氏、刘氏都有人去建康发展。这可能是至关重要的。毕竟建康既是政治中心,也是激荡着新学风的地方。

汉代以来,各地士风往往有它的特点,如"汝颖巧辩"、"青徐儒雅"。州郡长官到任常常要询问本地士风如何,著名士人有谁。但是到南朝,这样的情形就比较少见了。这可能也与士人聚集在建康有关。如沈约虽然籍贯是吴兴,但祖辈以来一直住在建康。他学术的成长以及后来的显赫的地位都与吴兴没有关系。

总而言之,南朝出现了新的学术风气,这新的风气是在建康发生并延续着的。建康也是书籍汇聚之地。建康的政治文化中心地位吸引了大批南方土著士人聚集于此。

从时间过程上看,书籍的聚集和学术的总结都是从东晋中期就已经开始了,刘宋初年重要的学术人物如裴松之等人也都是在东晋中期以后的学术文化环境中成长起来的。因此,从学术史的立场看,南朝始于东晋中期。

四、学术文化活动的社会环境

南方学术文化繁荣的局面得以长期延续是与当时的社会环境分不开的。通常认为魏晋南北朝是一个战争不断的时代。这个认识对南方并不大适合。实际上南方在很多时候都是和平的。沈约在《宋书》中是这样描述扬州的:"自晋氏迁流,迄于太元之世,百许年中,无风尘之警,区域之内,晏如也。及孙恩寇乱,歼亡事极,自此以至大明之季,年踰六纪,民户繁育,将曩时一矣。地广野丰,民勤本业,一岁或稔,则数郡忘饥。"萧子显《南齐书》称:"永明之世,十许年中,百姓无鸡鸣犬吠之警,都邑之盛,士女富逸,歌声舞节,祛服华妆,桃花绿水之间,秋月春风之下,盖以百数。"关于梁代,庾信在《哀江南赋》中回忆道:"于时朝野欢娱,池台钟鼓。里为冠盖,门成邹鲁。连茂苑于海陵,跨横塘于江浦。东门则鞭石成桥,南极则铸铜为柱。树则园植万株,竹则家封千户。西赆浮玉,南琛没羽。吴歈越吟,荆艳楚舞。草木之藉春阳,鱼龙之得风雨。五十年中,江表无事。"虽然东晋有门阀士族之间的荆扬之争,宋齐以后宗室诸王之间动辄兵戎相见,但这些局限在特定地区且持续时间较短的军事冲突对整个社会的扰动并不大。特别是建康,在梁末侯景之乱前,很少遭受严重破坏。如前所述,新学风都是在建康发生的。建康稳定,南朝的学术文化就有了基本的保证。

南方社会之所以安定,也与外部环境有关。关于这一时期的北方历史,研究者关注的重点是胡汉关系。从长过程看,重视胡汉关系完全正确。但是,如果回到历史现场观察当时的政治形势,就可以发现胡汉关系并没有那么重要。永嘉之乱后,"中州士女避乱江左者十六七"(《晋书·王导传》)。留在北方的汉族政治军事力量主要就是散布在各地的坞壁主。坞壁主通常互不统属,各自为战。坞壁组织在兵荒马乱的时候虽然可以抵御一些零星的滋扰,但没有力量抵御强敌的进攻。他们对胡族政权不仅不构成威胁,反而是可借用的力量。从总体上看,十六国时期北方的政治军事冲突主要是发生在胡族与胡族之间,前赵为后赵所灭,前燕为前秦所灭。淝水之战后,同为慕容氏的后燕灭了西燕,而给后燕以致命打击的则是鲜卑拓跋部。除了东晋刘裕先后灭南燕、后秦外,直到439年北魏灭北凉统一北方,一百多年的时间里,胡族政权多是为另一胡族政权所消灭。胡族与胡族的冲突是这一时期北方历史的主线。对此形势当时人是很清楚的。王猛临终前对苻坚说:"晋虽僻陋吴越,乃正朔相承。亲仁善邻,国之宝也。臣没之后,愿不以晋为图。鲜卑、羌虏,我之仇也,终为人患,宜渐除之,以便社稷。"(《晋书·苻坚载记》)王猛忧虑的是前秦内部的其他胡族,这才是隐患,必须小心对待。就一次战役而论,淝水之战前秦的失败具有偶然性,但战后北方再度分裂,胡族政权纷纷重建则是必然的。王猛确有远见卓识。由此可见,在各胡族政权彼此之间的问题没有解决之前,北方对南方并不构成重大威胁。这是南方和平环境得以长期延续的重要原因。

长期的和平环境不仅为南方的学术文化繁荣提供了保障,也影响到了社会风气。《宋书·宗悫传》:"时天下无事,士人并以文义为业。……而悫独任气好武,故不为乡曲所称。"宗悫的例子反映出了当时的社会风气。长期的和平环境使得重文轻武的风气在南朝一直存在,最终酿成侯景之乱。徐陵说:"昔我平世,天下乂安,人不识于干戈,时无闻于桴鼓,故得凶人侯景,济我横江,天步中危,实由忘战。"(《文苑英华》徐陵《武帝作相时与北齐广陵城主书》)李延寿《南史》称:"是时梁兴四十七年,境内无事,公卿在位,及闾里士大夫莫见兵甲。贼至卒迫,公私骇震。"当时南方朝野对战争的发生完全没有思想准备,加上脆弱的军事力量,使得本不强大的侯景终于得逞。侯景之乱给建康以毁灭性破坏。亲历侯景之乱的颜之推在《观我生赋》自注中说:"中原冠带随晋渡江者百家,故江东有《百谱》,至是在都者覆灭略尽。"(《北齐书·颜之推传》)北方的魏收描述道:"始景渡江至陷城之后,江南之民及衍王侯妃主、世胄子弟为景军人所掠,或自相卖鬻,漂流入国者盖以数十万口,加以饥馑死亡,所在涂地,江左遂为丘墟矣。"(《魏书·萧衍传》)书籍的损失更是严重。王僧辩平定侯景后,"收文德之书及公私经籍,归于江陵,大凡七万馀卷。"(《隋书·经籍志》)承圣三年(554)梁为西魏所灭,梁元帝在最后时刻下令焚烧了全部书籍。颜之推《观我生赋》称:"民百万而囚虏,书千两而烟炀,溥天之下,斯文尽丧。"颜氏自注:"北于坟籍少于江东三分之一,梁氏剥乱,散逸湮亡。唯孝元鸠合,通重十馀万,史籍以来,未之有也。兵败悉焚之,海内无复书府。"

总之,长期的和平环境既造就了东晋南朝学术文化的繁荣,也促成了重文轻武社会风气的形成。影响所致,南方政权在军事上不堪一击,而军事上的失败又使得学术文化繁荣的局面不得不中断。

学术文化的发展有自身的逻辑。当梁、陈相继亡国之后,从北朝到唐初,来自南方文化系统的庾信、颜之推、萧该、许善心、许敬宗、虞绰、虞世南、欧阳询等众多学者继续发挥着重要作用。南朝的学术文化并没有因为南朝政权的结束而结束。

原载"澎湃新闻·上海书评"2017 年 9 月 19 日

读《东晋门阀政治》

　　田馀庆先生的《东晋门阀政治》一书已经出版十几年了，相关的书评时有所见。一直希望在别人的评论中看到自己想说的话。可是这个想法每每落空。看来，自己想说的话还得自己说。

　　《东晋门阀政治》一书为我们讲述了这样一段故事：与通常皇权至上的时期不同，东晋一朝出现了皇权与士族共天下的特殊政治局面。最开始是所谓"王与马，共天下"，即士族琅邪王氏与皇帝司马氏共治天下。由于士族并非一家，彼此间势力强弱有变化，所以王与马之后，还会有庾与马、桓与马、谢与马等等的变化。同样，由于士族并非一家，彼此之间存在着制约的关系，所以任何一家也并不能轻易地取代皇权，由此，共天下的局面得以维持。

　　至此为止，问题似乎已经圆满地解决了。但是，作者的思考并没有停下来。他又发现，在士族与皇权之外，还有另外一支不为人所注意的政治力量存在着。这支力量就是流民。当时北方有源源不断的流民南下，这些流民不是西汉那种流民，而是一些由流民帅控制着的武装组织。起初，他们在热闹的政治史中并不显眼，但在保卫东晋免遭胡族铁蹄践踏上却着实立下了汗马功劳。他们是皇权、士族之外的第三种力量。发现这一点至关重要。因为只有发现了这条线索,才能完整地解释东晋之所以存在、东晋之所以消亡。我们看作者的总结:"东晋一朝,皇帝垂拱,士族当权,流民出力,门阀政治才能维持。等到士族不能照旧当权,司马氏也不能照旧垂拱而居帝位的时候,已经走到历史前台的流民领袖人物既抛弃了司马氏,也改变了门阀政治格局,树立了次等士族的统治秩序。但是历史并未因此而断裂,历史的逻辑在晋宋之际仍在顽强地起作用。次等士族的代表刘裕既继承了孝武帝伸张皇权的遗志,又在朝堂上安排了虽丧元气但有余威的门阀士族的席次。皇帝恢复了驾驭士族的权威,士族则保留着很大的社会政治影响。这就是具有南朝特点的皇权政治。"①可见,如果作者没有引入流民问题,这个最终的结论是不可能得出的。找到了流民帅,才终于找到了东晋通往南朝的历史之门。

　　对一个问题的研究倘若长久地没有进展,通常是因为研究者忽视了不应忽视的因素。寻找到这些被忽视的因素是很困难的。困难不在于它们隐藏得有多深,而在于前人已有的研究思路根深蒂固,无形之中会制约后来者思想的展开。关于门阀政治,以往的研究者多是从士庶对立的角度加以讨论,不要说流民问题,就连皇权在这之中的地位、作用也没有引起多少关注。作者突破了不易突破的制约,所以才为人们展现出一番新的天地。抛开流民问题不谈,上述结论本身也十分精彩。作者没有过分地渲染东晋

①田馀庆:《东晋门阀政治》,北京大学出版社 1996 年版,349—350 页。

南朝间历史变动的剧烈,而是清醒地注意到历史变化的背后也还存在着历史的延续。要解释变化背后的延续,必须看到历史的深处,如果思考仅仅停留在表面,那么"延续"与"变化"的同时存在只能使研究者在解释上陷入困境。

《东晋门阀政治》一书二十五万字。如果让我写,可能有三万字就够了。为什么他需要这么大的篇幅?我想,这是因为作者对历史细节有着特殊的偏好,不妨说他有一种"细节嗜好"。要说明细节问题,没有足够的篇幅是不行的,因为在这里,一般性的说明无济于事。

我们来看一个例子。永嘉之际,晋室南渡。关于南渡的建议者有三种记载。一说是王导,一说是裴妃,一说是王旷。对于这样的问题,谨慎一点的研究者可能不作判断,只是存疑。轻率一点的研究者可能会勉强认定一种是真实的,而排斥其他。但本书作者却不是这样处理的。他说:"以上三说,各从不同的方面反映了一些真实情况,可以互相补充,而不是互相排斥。它说明南渡问题不是一人一时的匆匆决断,而是经过很多人的反复谋划。"这个结论真可谓是预料之外,情理之中。在考证到了最关键的时候,他突然不考证了,用敏捷的思维化解了这个问题。类似的例子在书中还有许多。

将近二十年前,田馀庆先生曾和我们学生说:"要注意排除反证,没有反证的问题是简单问题,复杂问题往往有反证。反证必需在我们的考虑之中。"以上这个例子可以说是排除反证的经典之作。

老实说,究竟是谁提出了南渡的建议并不重要,如果我来研究,大概不会注意这个问题。这里之所以提出它,主要是想说明作者在解决问题时所表现出的智慧。优秀的学者就是这样,他不仅会提出有价值的观点,而且也会让你看一看智慧的模样。从古至今,智慧远不如知识增长得快,所以每当我们看到智慧的光芒时,就会感到由衷的喜悦。

他不会永远顺利的,他也会陷入困境。在阐释东晋门阀政治出现的原因时,他提出的理由使人怀疑。作者在此是采用了一种叙述的方式来说明问题。他指出,东晋王导与司马睿的政治结合,实际是来源于西晋王衍与司马越的政治结合。同样是王、马结合,但地位却不相同。在西晋,政治上是以司马越为主,王衍为辅,而在东晋,则是"王与马共天下。"王、马之间关系为何会发生变化呢? 这是因为早在西晋末年尚未南渡的司马睿与王导结合时,司马睿就处在一个弱势的地位上。那时的他只是一个"恭俭退让"、"时人未之识"①的一般宗室成员,而王导已经具有政治阅历和名望。这种关系延伸到东晋,便有了"祭则司马、政在士族的政权模式"②,由此开启了百年门阀政治的格局。

这样叙述历史事实是一点也不错的。但是从道理上讲,我们并不能排除前一对王与马南渡的可能性。如果过江的是司马越与王衍,必定还是以马为主,以王为辅。如此一来,岂不是就没有

①《晋书》卷六《元帝纪》。
②前引田徐庆书,7页。

百年门阀政治了？退一步说，即使我们坚信过江的只能是司马睿与王导，疑问也还是存在的。因为"共天下"的局面在王导以后并没有结束，而是一再出现，持续百年。对于东晋皇权来说，这种局面绝不是一个偶然事故所能造成的。

在本书结尾的时候，作者又再次触及到这个问题。他说："如果没有一个成熟的有力量有影响的社会阶层即士族的存在，如果没有一个丧失了权威但尚馀一定号召力的皇统存在，如果没有民族矛盾十分尖锐这样一个外部条件，如果以上这三个条件缺少一个，都不会有江左百年门阀政治局面。"①他说得依然没有错，但依然只是对事实的叙述而不是解释。东晋出现门阀政治，到底是什么原因？我曾当面征询田馀庆先生的意见。他略作沉思，答道："我不愿意追求终极原因，因为一追求终极原因，文章就飘起来了。"的确，对于习惯了从细节出发的他来说，追求终极原因是有困难的，因为终极原因不会在细节里。

无法在深层次上解释东晋门阀政治的出现，这其实并不仅仅与他个人的研究习惯有关，而且也与政治史研究方法本身有关。极端地说，单纯的政治史研究可以解释从去年到今年的政治演变，但却无力解释政治形态的根本变化。当整个政治形态都发生变化的时候，它必定牵涉到超出政治史范围的更大的历史变动。这就如同说，我们可以用政治史的研究方法分析辛亥革命时各种政治势力的此消彼长，但却不可能用同样的方法解释历史上为什

么会有一场辛亥革命。历史上为什么会有一场辛亥革命？这里涉及到了政治、经济、文化、国际形势种种复杂的因素。在时代发生大转折的时候，终归是政治跟随着时代，而不是时代跟随着政治，尽管表面现象可能恰好相反。

政治史研究方法对他的制约不仅表现在研究东晋门阀政治时。在研究三国史时，同样的问题也发生了。在《孙吴建国的道路》、《李严兴废与诸葛用人》等文章中，他为我们揭示出了吴、蜀政治演变的清晰线索。关于曹魏，他也写过若干高水平的文章，但涉及到曹魏政治发展线索的时候，他沉默了。这是为什么？我想，这是因为吴、蜀的历史较为单纯，都是有头有尾的，容易把握。而曹魏则不然，一涉及到曹魏，就必定要和前面的东汉、后面的西晋联系起来，而汉晋时期的历史变动是多方面的，远远超出了政治史的范畴。一到这时，他就显得力不从心了。即使不考虑政治史以外的因素，单纯思考政治发展线索，他面临的困难也同样不少，因为从东汉的党锢之祸到西晋的八王之乱，时代剧烈的、多次的变化打碎了政治史。政治史只是些零碎的片段。我们知道，他的性格是从细节出发，追求的是不缺少任何中间环节的完整链条。当这个目标不可能实现的时候，他只能沉默了。

有趣的是，在他沉默的地方，几十年前，陈寅恪先生却为我们提供了一条线索。陈寅恪先生在《书〈世说新语〉文学类钟会撰四本论始毕条后》一文中说，东汉末年有两种政治势力，一为内廷之宦官，一为外廷之士大夫。魏末曹氏与司马氏两党之争就是汉末斗争的继续。曹操为宦官代表，而司马氏则为信奉儒学的士大夫的代表。魏晋禅代，曹氏败，司马氏胜，斗争终于有了结果。这是一条清晰的线索。为什么陈寅恪能找到线索呢？很明显，他所凭借的是他自己的阶级分析学说。这学说说穿了其实就是血统论。因为曹操是宦官的后代，所以曹魏就是宦官阶级的代表。这样，他用理论把断裂的政治碎片缝合了起来。

他的结论是不能成立的。田馀庆先生曾委婉地指出，陈寅恪先生忽视了一个事实，即曹氏父子早已转化为皇权的代表，而不再与宦官有何关系。我要补充的是，在转化为皇权以前的东汉末年，曹操就不在宦官阵营内。密谋诛杀宦官的计划制订时，曹操就已经参加了。从他晚年的回忆中看，年轻时，曹操的理想很简单，就是想当一名合格的士大夫。借用田馀庆先生的分析方法，或许可以说，东汉末年的曹操是介乎于宦官、士大夫之间的第三种政治力量。

从以上的对比中，我们能够感受到陈、田的不同。他们都在研究政治史，从表面上看，陈寅恪先生也是在寻找历史线索，但从深层次上看，他有时实际上不自觉地是要用历史的线索来证明自己的理论。他有理论先行的嫌疑。而田馀庆先生则不然，他没有预设什么，他只是一心一意地寻找历史内部真正存在的线索。如果找不到，他宁可沉默。

两种方法，各有利弊。陈寅恪先生的政治史是有理论背景的政治史，所以他研究问题涉及的时段较长，显得有气魄，而田馀庆先生的政治史在气魄方面就显得略逊一筹了。田馀庆先生的优势是思考缜密、深刻，一旦得出结论，往往不可动摇。客观地说，陈寅恪先生在他认为有意义的许多细节、许多点上也有极精致的、令人叹服的考辨，但是在点与点之间则往往有较大的跨越。他跨越的幅度越大，失误的机会也就越多。

我们通常认为，一个研究者应特别注意克服自己的弱点。因为你的优势不用管它也会发挥作用，而弱点如果不被克服就会妨碍进步。这个认识看似合理，其实是有些问题的。经验告诉我们，人能克服的弱点其实都是比较次要的，真正严重的、致命的弱点往往是无法克服的。陈寅恪先生是如此，田馀庆先生也是如此。杰出的学者并不是没有弱点，他们也不是因为克服了弱点才变得杰出。他们之所以有杰出贡献，只是因为他们把自己的优势发挥得淋漓尽致。正是在这个意义上，我们说陈寅恪先生是成功的，田馀庆先生也是成功的。

原载《书品》2002 年第 2 期

在题无剩义处追索

  田馀庆先生新作《拓跋史探》已于 2003 年 3 月由三联书店出版。全书二十四万字,主要讨论了三个方面的问题。第一,北魏子贵母死制度与离散部落的关系。第二,拓跋与乌桓共生的问题。第三,《代歌》、《代记》与《魏书》序纪的关系。我认为,其中第一部分是全书最为重要、最为精彩的部分。以下的讨论主要围绕这部分展开。

  关于北魏子贵母死这一现象,前人早已注意到。赵翼说:"立太子先杀其母之例,实自道武始也。"[1]周一良先生说:"拓跋氏入中原前之旧制,凡其子立为太子者,母妃先赐死,至孝文帝母犹因此而被杀。但北方其他少数民族未闻有此风俗。且游牧部落亦不如封建王朝之易于发生母后专权之例,其来源尚待研究。"[2]韩国学者朴汉济对此提出过一个解释。他认为,子贵母死既非拓跋旧法,也非汉制,而是北魏胡汉体制中的特殊事物,其目

---

[1]赵翼:《廿二史札记》卷一三"《魏书》纪传互异处"。
[2]周一良:《魏晋南北朝史札记》,中华书局 1985 年版,380 页。

的是为了加强皇权。（朴说见田书所引）这个解释是不错的。

关于北魏离散部落，《魏书》中一共有三条记载。《魏书》卷一一三《官氏志》："登国初，太祖散诸部落，始同为编民。"《魏书》卷一〇三《高车传》："太祖时，分散诸部，唯高车以类粗犷，不任使役，故得别为部落。"《魏书》卷八三上《贺讷传》："其后离散诸部，分土定居，不听迁徙，其君长大人皆同编户。"对于道武帝离散部落，分土定居之举，研究者多从拓跋社会由部落联盟向国家转变这个大的时代背景下求得解释。这个解释也是不错的。

总之，不论是子贵母死，还是离散部落，都是老问题了，而且也都有了不错的解释。不过事情常常是这样的，不错的解释往往对我们妨碍最大，因为它使得我们有理由停下来，不再进一步思考。田馀庆先生的可贵之处却恰恰是不满足于此，而是按他惯常的思考习惯，在一般人停下来的地方继续穷追不舍。他指出："拓跋鲜卑，相对于先后兴起的其他胡族说来，是一个发展缓慢的部族。东汉桓帝时拓跋南迁，'统国三十六，大姓九十九'，群体庞大松散。汉末建安年间拓跋诘汾再次南迁，部落联盟更扩大了。《魏书·官氏志》所谓'七族'、'十姓'，是拓跋部落联盟新形成的核心，血统亲近，'百世不婚'。拓跋部作为联盟领袖，其后妃必取之于七族、十姓以外的部落，其女子也必于七族、十姓以外择偶。因此，在一定的时间内，可能出现一些与拓跋部世代为婚的部族，形成与拓跋部的特殊关系；由于君权不张，拓跋后妃也就自然而然地居间起着联络作用，甚至有可能成为维系拓跋部落联盟的关键人物。"①在本书的另一处,作者明确写道:"道武帝建国,并没有强大的外界敌人要去认真对付,真正棘手的倒是他的母族部落和妻族部落,甚至还有他自己的母、妻。这一现象令我恍然大悟,原来道武帝用战争手段'离散部落',首当其冲的竟是母族贺兰和妻族独孤,这并不是偶然现象。打破部落联盟的束缚,建立帝国,是此举直接的、急切的原因。至于更为根本的社会原因,如部落役使之类,在当时似乎是第二位的。……离散部落之举和子贵母死制度看似无涉,却是内蕴相通,后者是前者的后续措施。"(3页)至此我们看到,作者从他独特的思考角度出发,终于把本来属于皇室内部的子贵母死制度与看似毫不相干的离散部落问题结合了起来。两个问题的结合真可谓互相发明,相得益彰。如果没有联系到离散部落,关于子贵母死的问题实际上已经无话可说;如果没有联系到子贵母死,离散部落的问题就难以落到实处,而只能是国家形成理论的一个具体例证而已。

　　诗歌语言中有所谓"陌生化"之说。一位诗人朋友曾就此向我解释说,"形式主义"批评家们提出过一个概念。他们认为文学,这里主要指诗歌,目的就是要把语言"陌生化",也就是说,让语言能够给人以新的刺激,提供看待世界的新角度。借用这样一个概念,我们不妨说,田馀庆先生也是把我们熟悉的问题陌生化了。在原本已经题无剩义之处开掘出了新的局面,提供了新的思

---

①田馀庆:《拓跋史探》,生活·读书·新知三联书店2003年版,24—25页。下引该书仅括注页码。

考动力。不过我这里要强调的是,诗歌语言的"陌生化"是诗人的有意追求,而田馀庆先生的"陌生化"却并非刻意为之,而只是他研究工作的客观结果而已。

与陌生化的结果相反,对于熟悉他研究特点的人来说,作者在书中所使用的研究方法是一点也不陌生的。这个方法是什么呢?其实就是政治史的方法。我们知道,在《东晋门阀政治》一书中,作者曾研究了南方几大家族的政治关系,而在《拓跋史探》一书中,作者研究的则是北方几大部族的政治关系。这本书的各个部分总括起来说,实际上就是一部拓跋早期政治史。众所周知,年鉴学派重视长时段,而对于属于短时段的政治史则比较轻视,认为是"转瞬即逝的尘埃"。这个思想对我影响很大,所以在以前写的《读〈东晋门阀政治〉》一文中,较多地指出单纯政治史的缺陷。但是读了《拓跋史探》,我却感到政治史的方法也有它不容忽视的长处。政治史虽然不能解释一切,但从此入手,却也可以发现并解释民族史上的很多重要问题。具体到早期拓跋史,政治史的方法显得尤其必要。如果从传统的民族学的角度去研究,除非有更多的考古发现,否则已经没有多少可以利用的资料了,而一旦从政治史的角度切入,就会发现还有不少值得我们分析的素材。正是借助于政治史,作者才描绘出了一个早期拓跋族的隐约身影。由此,拓跋早期的历史不再只是一种部落→国家的理论概念的演进,而是变得具体了,生动了,活泼了。

仔细观察就会发现,田馀庆先生的政治史研究具有很强的个性特征。我们知道,研究政治史,既可以依据政治学的某种理论框架展开，也可以不要这些框架。在我看来，田馀庆先生属于后者。我们看作者在本书前言中的一段话："五胡十六国这一破坏性特别突出的时代得以结束，归根结柢是五胡日趋融合，其主要部分终于陆续积淀在农业地区而被汉族文明逐渐同化之故，这可说是今天史界共识。但是，在这漫长过程行将结束而又尚未结束的时候，为什么是拓跋部而不是别的部族担当了促死催生的任务呢？"（1—2页）我们再看作者在《东晋门阀政治》中就"王与马共天下"说的一段话："为什么江左会出现这种政治局面呢？总的说来，偏安江左是八王之乱和永嘉之乱的产物，而江左政权依赖于士族，则是门阀制度发展的结果。士族高门与晋元帝'共天下'，归根到底可以从这里得到解释。但是这还不能说明为什么是琅邪王氏而不是别的高门士族与晋元帝'共天下'的问题。"（3页）这两段话充分反映了他对历史的认识。这个认识简单地说就是：当时的事情必有当时的原因。由此，他自然不会满足于理论框架给出的解释，也不会满足于一般性的说明，而是一定要找出一个具体的历史原因。受这种认识的引导，他在本书中又有如下的一段话："我不排除道武帝曾在某个时候发布过离散部落号令的可能，也不排除某些具有定居条件的部落俯首接受号令的可能，但不认为所谓离散部落主要就是如此而无其他更直接、更急迫的原因和具体的过程。"（62页）把问题具体化的思路会很自然地诱导出新的疑问：道武帝究竟是在什么时间、在什么地点、离散了哪些部落？道武帝母后究竟又是来自于哪些部落？回答了这几个问题，离散部落与子贵母死之间的关系就自然地呈现了出来。在解释历史现象时,研究者很容易急切地求助于"规律"、"趋势"来加以说明,他却反其道而行之,一再向"具体"索要答案。与众不同的思考方法使他更像是一位旷野中的孤独旅行者。在他不断的追问中,泛泛的解释愈来愈显得苍白无力,而我们原本熟悉的问题也终于变得陌生了。

研究早期拓跋史,面临的最大困难是资料太少。作者虽然竭尽全力钩沉索隐,但很多地方还是不得不以推测来弥补资料的不足。这之中有的推测极有道理,给人以启发,但也有的推测难免令人生疑。

在《〈代歌〉〈代记〉与北魏国史》一文中,作者指出《魏书·乐志》中《真人代歌》"上叙祖宗开基所由,下及君臣废兴之迹",应该就是拓跋史诗。根据有限的记载,作者进而推测,在当时替道武帝整理、辑集代歌者只能是汉族士人邓渊。以后邓渊又奉命修《代记》,《代歌》中的内容应是《代记》的主要资料依据。因此《代歌》、《代记》同源。邓渊之后,又有崔浩修国史。记录了早期拓跋史的《代记》基本包含在了崔浩的国史之中。这些资料以后又成为魏收《魏书·序纪》的蓝本。因此辑集《代歌》、撰成《代记》的邓渊应是《魏书·序纪》的第一作者。由此,作者就勾勒出了《代歌》→《代记》→崔浩国史→《魏书·序纪》这样一条史学发展线索。我认为这条线索不仅清晰而且很有道理。其中尤为可贵的是作者意识到《代歌》与《代记》之间可能的联系。《代歌》早已不存,根据有关的只言片语而注意到它的价值,并将其纳入史学史的发展线索中是很不容易的。

与上述合理的推测相比,接下来的推测就不那么合理了。关于邓渊之死,史书中是有明确记载的。《魏书·邓渊传》载,渊从父弟晖坐和跋案,"太祖疑渊知情,遂赐渊死"。但作者不相信这条材料,反而认定邓渊与以后的崔浩一样,也是死于国史之狱。在毫无材料依据的情况下,作者为什么一定要作出这样的推测呢? 我想,这或许是因为作者不自觉中已经被前面自己发现的《代歌》、《代记》的线索束缚住了。我们先来看崔浩国史之狱。崔浩因修史"备而不典"、"暴扬国恶"而遭祸。《资治通鉴》也说崔浩国史"书魏之先世,事皆详实,……北人无不忿恚"。由此可知崔浩国史当是记录了一些有悖人伦、有伤风化的早期拓跋故事,因此惹怒了皇帝,引来杀身之祸。但是,崔浩所记拓跋早期历史是从哪里来的呢? 根据《代歌》、《代记》线索,这些内容应该都是从邓渊所撰《代记》那里来的。如此,既然崔浩已经死于国史之狱,那么更早的邓渊能不死于国史之狱吗? 看来,为了符合这个逻辑,作者只能让邓渊死于国史之狱了。

更为值得商讨的问题还不是邓渊之死,而是关于离散部落的史料依据。根据作者的统计,贺兰部被离散的经过是这样的:

第一次:据《资治通鉴》记载,北魏登国三年(388)三月,"燕赵王麟击许谦,破之,谦奔西燕。遂废代郡,悉徙其民于龙城。"作者指出:"显然,慕容麟尽徙代郡民于龙城,当包括三十年前的前燕时期由贺赖头率领居于代郡平舒城的数万贺兰部民在内。"(67页)

第二次:登国五年,道武帝与慕容麟合击贺兰、高车诸部于意幸山。稍后,铁弗刘卫辰又袭贺兰,贺兰部请降于拓跋,"遂徙讷部落及诸弟处之东界"(70 页)。

第三次:登国六年,贺讷兄弟内讧,后燕"兰汗破贺染干于牛都",慕容麟"破贺讷于赤城,禽之,降其部落数万。燕主垂命麟归讷部落,徙染干于中山"(70 页)。

第四次:作者在叙述皇始三年贺讷之弟贺卢逃奔南燕后说:"至此,道武帝舅贺讷、贺染干、贺卢三人,只剩下贺讷一人,据《贺讷传》,此时贺讷已无所统领,而且后嗣无闻。道武舅氏中还有一个贺讷的从父兄贺悦,待道武'诚至'有加,得到道武善遇。贺讷、贺悦的部民,自然也被强制离散,分土定居了。这是第四次离散贺兰部落,也就是现知的最后一次。"(70—71 页)

以上离散贺兰部事例中,第一次、第三次都是被慕容部离散的,真正被拓跋部离散的只有第二次、第四次。我们再看独孤部被离散的情况。

第一次:《资治通鉴》登国二年记"燕王(慕容)垂立刘显弟可泥(亢泥)为乌桓王,以抚其众,徙八千馀落于中山"。作者指出:"刘显八千馀落徙中山,这是独孤部的主要部分第一次被强徙,是孤独部落离散之始。"(80 页)

第二次:刘亢泥降于慕容氏,《太祖纪》皇始元年(396)六月"遣将军王建等三军讨(慕容)宝广宁太守刘亢泥,斩之。徙亢泥部落于平城"。作者指出:"这是《魏书》所见独孤部民第二次被强制迁徙。"(83 页)

独孤部被离散两次,一次是慕容氏所为,一次是拓跋氏所为,这与贺兰部被离散的情况类似。作者在 59 页曾分析说："部落离散,就其实质说来,本来是部落发育的自然过程,它之所以在道武帝时比较集中地出现,却也是由于道武帝创建帝业的特别需要。这可以解释为什么离散部落只留下这几家外戚部落的个案,而大量的对道武帝帝业无害的部落却得以保存下来。"显然,作者十分关注、十分强调的是道武帝拓跋珪离散贺兰、独孤部落,而不是别人的离散行动。但是,根据他提供的事实,不论是对贺兰部还是对独孤部,离散部落的发动者都是不仅有拓跋氏,而且也有慕容氏。两家各占一半。既然如此,恐怕就不能把离散部落很特殊地仅仅看成是道武帝为打击外戚部落,"创建帝业的特别需要了"。应该说,作者也意识到了慕容氏在离散过程中所起的作用,所以在 35 页又补充说:"看来,贺兰部破败主要是拓跋部借慕容部之力,得利的是拓跋部。"这个补充其实没有太大用处。这里所谓"借慕容部之力"一说,给人的感觉似乎慕容氏只是前台的表演者,而拓跋氏才是幕后操纵者。如果真是这样,那么上述由慕容部发动的离散事例就不构成对本书观点的反证了,但遗憾的是,实际上并没有这样的材料可以证明。所谓"得利的是拓跋部"云云,其实只是一种客观效果而已,并不能因此把慕容氏离散贺兰、独孤部归结为拓跋氏操纵的、有预谋的行动。

这里还涉及到一个概念问题。究竟什么是离散部落? 按书中多数场合的表述,所谓"离散部落"就是指强制迁徙部落。但十六国时期某个部族强制迁徙另一个部族从甲地到乙地是常有的事情。如果仅在此意义上来理解离散问题,那道武帝离散部落还有什么特殊意义好说呢？作者似乎也认识到这个问题需要解释，所以在 75 页又说："强徙部落自十六国以来就是常有的事，包含离散部落，但并非都离散。道武帝在完成帝业的过程中，从总体上意识到离散部落的深层意义，理解其必要性和可能性，因而采取更主动更连续更强烈的措施，不只是迁徙部落，而且还要离散部落。这是他与十六国君主的不同之处。"按这个表述，似乎强制迁徙部落又不等同于离散部落了。

　　按我的理解，强制迁徙部落不等于离散部落。前引《官氏志》说："登国初，太祖散诸部落，始同为编民。"《贺讷传》说："其后离散诸部，分土定居，不听迁徙，其君长大人皆同编户。"按离散的结果既然是"同为编民"、"君长大人皆同编户"，因此所谓"离散"应该是指打破部落内部旧有社会等级结构而言的，唐长孺先生也是这样理解离散部落的，他说"部落的解散使贵族、人民都成为单独的编户。"[1]而所谓强制迁徙部落，即只是把某部落从甲地强制迁徙到乙地是不可能起到这种作用的。按作者上面的表述，似乎道武帝不只是迁徙部落，而且还离散了部落，但根据前面提到的有关贺兰、独孤部的史料，我们见到的还只是迁徙而不是离散。总之，如果我的理解不错，如果强制迁徙部落真的不等于道武帝登国年间的离散部落，那么本书所有有关于此的讨论就值得重新考虑了。

　　写到这里，我不想再就作者的种种可疑推测说更多的话了，

---

[1] 唐长孺：《拓跋国家的建立及其封建化》，载《魏晋南北朝史论丛》205 页。

因为作者本人早就认识到了这个问题。他在前言中说:"我衰年涉入拓跋史题,颇感力不从心、步履维艰,更感到资料不足,结论难下。"他还说:"基于以上认识,我把本书所见主要作为窥探拓跋史的一种思路,而不一定是作为确切结论,奉献给读者,希望起到促进思考、共同探求的作用,以期尽可能把古史的这一模糊区域一点一点加以辨识。"凭借着几十年的研究经验,田先生当然知道要尽量避免过多推测,本书诸多推测实在是出于无奈,正所谓巧妇难为无米炊。史料的极度缺乏制约着每一个研究者。他已经竭尽全力了,尽管有些推测还需要再斟酌,但他毕竟已经给我们描述出了一个以前未曾见过的、精细的历史过程。这是我们要十分感谢他的。

《汉书》卷六二《司马迁传》载,西汉刘向、扬雄"皆称迁有良史之材,服其善序事理,辨而不华,质而不俚,其文直,其事核,不虚美,不隐恶,故谓之实录"。本传又载司马迁语:"所以隐忍苟活,函粪土之中而不辞者,恨私心有所不尽,鄙没世而文采不表于后也。""实录"之说、"文采"之说,正反映了史学的两个特点,一方面,史学是求真的学问,另一方面,史学也是展现史家思想、才华与魅力的手段。换言之,史学不仅是科学的,而且也是艺术的。从求真的角度看,我对《拓跋史探》多有疑惑;从展现史家个人才华与魅力的角度看,我又认为这是一部成功的著作。这种矛盾的态度或许就说明了这样一个浅显的道理:真与美有的时候并不能完全统一。

原载《读书》2004年第6期

读唐长孺先生论著的点滴体会

唐长孺先生去世后，周一良、田馀庆二位先生曾合写一挽联悼念他。上联是："论魏晋隋唐义宁而后我公当仁称祭酒"，下联是："想音容笑貌珞珈在远吾侪抆泪痛伤神。"上联的意思是说，治魏晋隋唐史，陈寅恪先生之后当首推唐长孺先生。周、田两位先生与唐先生一样，也都是治魏晋南北朝史的第一流学者。他们对唐长孺先生学术地位的评价既符合事实，也体现出了真正学者的胸怀。此联精彩，所以广为流传。

唐长孺先生的主要论著有《魏晋南北朝史论丛》、《魏晋南北朝史论丛续编》、《魏晋南北朝史论拾遗》、《魏晋南北朝隋唐史三论》、《唐书兵志笺正》、《三至六世纪江南大土地所有制的发展》、《山居存稿》等。

唐先生的史学研究涉及的领域非常广泛。无论是政治、经济、军事，还是各种制度、民族问题、学术、中西交通等等，各个方面几乎均有重要论述。而单就魏晋南北朝史而论，他的贡献应该说是在陈寅恪先生之上的。

两年多前，我的研究生初入学时，我曾要求他第一学期重点读唐先生的论著。他问我："唐先生的哪篇文章最好？"我没有回答，一来"哪篇最好"，这是个见仁见智的问题，不好说，二来我是怕他偷懒，怕他只去读我称赞过的文章。

我们知道，优中选优是很困难的。如果一定要我选择的话，我最喜欢的唐先生的文章或许有如下几篇：一，《晋书赵至传中所见的曹魏士家制度》。二，《清谈与清议》。三，《读〈抱朴子〉推论南北学风的异同》。四，《南朝寒人的兴起》。五，《范长生与巴氏据蜀的关系》。六，《东汉末期的大姓名士》。

须要说明的是，我并不认为这几篇文章就一定是他所有文章中最重要的，只是觉得这几篇文章比较能反映出唐先生的敏锐与机智。赵至这个人物在西晋历史上一点也不重要，一般人看到他的传是不会太留意的。但唐先生读书非常仔细，《赵至传》中的各种异常之事，他都注意到了，并且给予了合理的、可靠的解释。唐先生这篇短文大概也就三千多字，但文中所展现出作者目光的锐利确实令人叹服。

《范长生与巴氏据蜀的关系》一文也有类似的特点。范长生对于巴氏李氏的建国起了不小的作用。文中说："李雄对于范长生的尊敬是为了他挽救了自己的危机，本不足怪。但是范长生何故要支持李氏？他是涪陵人，为什么住在成都附近之青城山，并拥有部曲？为什么他与徐轝的归附便能影响成败局势？即使为了感恩而给予特殊尊礼，又何至要让长生为君？徐轝的地位相同，为什么没有像范长生那样获得尊重？"在一般人容易忽略的地方，他一连提出了这么多问题，并最终从民族、宗教诸方面给予了合理的解释。

《清谈与清议》一文篇幅不大，作者从这两个词在东汉魏晋南北朝各个不同时期的不同用法入手，一直分析到了玄学的起源。在读《抱朴子》一文中，唐先生从江南的"书法"、"语言"、"哀哭"、"居丧"四事开始，逐渐进入到一个宏大的场面，最终揭示出南北学术文化的不同。《南朝寒人的兴起》一文讨论了晋宋之间士庶区别日益严格的现象。唐先生不为现象迷惑，反而发现了恰好与现象相反的事物本质。他说："士庶区别的严格化发生在此时正因为士庶有混淆的危险，所以这里并不表示门阀势力的强大，相反的倒是由于他们害怕这种新形势足以削弱甚至消除他们长期以来引以自傲的优越地位。"此外，文中还把南朝宫廷中流行吴歌、西曲之事与寒人的兴起联系了起来，表现出作者丰富的联想能力。

《东汉末期的大姓名士》一文没有曲折的考证，只是根据人所共知的基本史实就把汉魏之际大姓名士的作用以及这一群体的发展脉络梳理出来。作者说："从中平六年（189）四月灵帝去世，何进辅政，到初平元年（190）春山东兵起，为时不到一年。大姓、名士曾经是何进依靠的政治力量，也是董卓依靠的政治力量，而藉讨伐董卓之名，乘机割据的又正是他们。他们是社会上最具有活动力量的集团。"一般认为曹操提倡"唯才是举"，意在反对名士清议，而唐先生却发现了另一面。他说："但是曹操仍然只能从大姓、名士中选用他所需要的人才，也仍然需要大姓、名士推荐他所需要的人才。"进而，唐先生又把这一认识与九品中正制度的出现联系了起来。他说："制度是由陈群建议，延康元年颁布的,但建安年间实际上已采取这种办法,只是既不是普遍推行,更没有形成制度而已。曹操用颍川人即由荀彧荐举,荀彧岂非就是颍川中正么? 用荆州人由韩嵩条列优劣,韩嵩岂非就是荆州大中正么? 我们认为九品官人法既是创举,又是传统的大姓、名士品评人物、主持乡议的继续与曹操全部选举政策的继续。"这实在是精彩之论。曹操用人政策与中正制度通常被理解为截然对立的两端,后者是对前者的背叛。而唐先生利用最基本的史料,就突破了成见,指出表面看似对立的两端其实具有内在的一致性。有了这样的认识,中正制度的出现就不再显得那样突如其来了。我曾经说过,历史上很少有突如其来的事情,感觉上的突如其来大都是因为我们对此前的情况并不理解。尤为可贵的是,他得出这个结论,完全是出自对一般史料的敏锐分析,而并没有新资料可以依靠。通常地,越是一般性的资料,越是容易被人们忽略,而高手却往往能在这种地方展露风采,于一般之中看到不一般。

研究魏晋南北朝史,面临的一个最大问题是资料少,所以任何人若想在这个领域取得大的成就,都必须具备两种能力。首先是精致处理材料的能力,要尽最大可能从有限的材料中榨取尽可能多的信息。其次,还得具备"小中见大"的能力。如果只是一味地"小",那就没有气魄,也无法解决大问题。在这两个方面,唐先生都是非常突出的。写到这里,我就想起了陈寅恪先生几十年前的一段话。他曾说:"一时代之学术,必有其新材料与新问题。取用此材料,以研求问题,则为此时代学术之新潮流。治学之士,得预于此流者,谓之预流。其未得预者,谓之未入流。"我觉得,陈先生的上述认识与他所处的时代有很大关系。当时甲骨文等新材料的发现给学界以很大震动,学者们特别强调新材料的重要性是可以理解的。不过,对新材料的强调似乎也不可以过分。因为从道理上讲,没有挖出来的新材料总是有限的,总有穷尽时,若学术研究必须依傍新材料始能前行,那岂不是说学术研究也有穷尽时?比较而言,我倒觉得新问题更重要,有了新问题,就有了新眼光,于是旧材料就有了新意,就变成了新材料。其实陈先生自己的学术贡献主要还是来自于对旧材料提出新解释,而不是依靠新材料。在这方面,唐长孺先生也是如此。

　　唐先生的风格显然是受到了陈寅恪先生的影响。他自己的诗也可以做证。1988年夏,中山大学首次召开纪念陈寅恪先生的国际学术讨论会,唐先生因故未能参加,题诗三绝赠给大会。诗曰:

　　　　燕子翩翩王谢堂,穹庐天末见牛羊。
　　　　西凉舞伎龟兹乐,收入毫端说巨唐。

　　　　胜义微言若有神,寻常史迹考文新。
　　　　先生自有如椽笔,肯与钱、王①作后尘?

　　　　掩卷心惭赏誉偏,讲堂著籍恨无缘。
　　　　他年若撰渊源录,教外何妨有别传。

----

①唐先生原注:"钱竹汀、王西庄。"即钱大昕、王鸣盛两位乾嘉大师。

戊辰初夏中山大学召开纪念
寅恪先生学术大会敬赋三绝
后学唐长孺

　　唐先生对陈寅恪先生尊重如此,而陈寅恪先生对唐先生也是十分尊敬。1955 年,陈寅恪先生收到《魏晋南北朝史论丛》后,曾给唐先生去一信。信中说:

长孺先生左右:
　　今日奉到
来示并大著。寅恪于时贤论史之文多不敢苟同,独诵尊作,辄为心折。前数岁曾托令妹季雍女士及金君克木转达钦服之意,想早尘清听矣。寅恪壮不如人,老更健忘,复以闭门造车之学不希强合于当世,近数年来仅为诸生讲释唐诗,聊用此糊口。所研索者大抵为明清间人诗词及地方志乘之书,而旧时所授之课即尊著所论之范围,其材料日益疏远。故恐详绎大著之后,亦止有叹赏而不能有所质疑承教也。旧作《从史实论切韵》一册附呈,藉博一笑。
　　专此复谢,敬颂
著祉

寅恪敬启
九月十九日

上述书信往来还不是陈、唐的初次交往。早在1949年以前，唐先生评教授职称就是由陈先生审查通过的。据说当时唐先生的论著还未出版，提供审查的是《唐书兵志笺正》手稿。凭一册未刊手稿，由一个人说了算。这在今天几乎不可想象了。

唐先生最可贵的是，他虽然深受陈先生影响，也非常尊敬陈先生，但他并没有对自己所崇拜的对象采取迷信的态度。相反，在《读"桃花源记旁证"质疑》一文中，他对陈先生的观点提出了有力的质疑。他在研究领域的广泛、眼光的敏锐、小中见大诸方面都像陈寅恪，但他得结论时要比陈先生更稳一些。他总是把话说得极有分寸，让人难以反驳，所以和唐先生商榷的文章极难见到。老友阎步克先生曾不止一次和我说起研究者在学术上成熟的标志。他认为分寸感是一个很重要的标志。对此，我是深表赞同的。唐先生文字朴素，从不虚张声势。读他的文章很舒服，仿佛冬日的夜晚，一个老人坐在火炉旁，手捧一杯热茶，正向你娓娓道来。他非常谦虚，而且这谦虚一直持续到身后。他事先给自己的墓碑写下了碑文。那碑文说："生于吴，没于楚。勤著述，终无补。……"

我与唐先生没有见过面，只通过两封信。第一次通信是在1987年。当时遵父亲嘱咐，我把自己发表的第一篇论文《魏西晋时代的九品中正制》寄给了他。他很快就给我回了信。信中还让我代他转达对周一良先生、田馀庆先生的问候。当时我很不用功，也缺乏责任心，常常是醉生梦死，大概是忘了转达他的问候。第二次通信是在他去世那年。当时我正在写一篇短文《南阳士与中州士》。文章已经有了初稿,但距离发表还要有段时间。我知道他的日子已经不多,不可能看到这篇文章了,所以就写信给他,一是慰问,二是扼要介绍文章的主要内容。这时的他,因为双目失明,早已不能自己阅读了,我的信是由他的助手读给他听,回信也是由他口授,助手来写,他只是签了名字。在信中,他还为我的文章操心,提了很好的建议。我曾经想把这信附在文章后面,但又怕人说我拉大旗做虎皮,所以考虑再三,最后还是删了。

唐先生的《论丛》及《论丛续编》、《拾遗》诸书,我都是在当学生时买的,因为看的次数太多了,破损严重,但我仍然不愿意换新版的。二十多年来,各个时期自己批注的文字都在上面,偶尔翻看,感慨颇多,总觉得这二十多年里,我一直在与他交谈,即使在他去世以后也是如此。

原载《魏晋南北朝隋唐史资料》第 21 辑"唐长孺教授
逝世十周年纪念辑",武汉大学出版社 2004 年版

周一良先生与魏晋南北朝史学史研究

魏晋南北朝是史学史上非常重要的一个时期。但不知何故，研究这一段的老一辈学者中除周一良先生外，其他人对此并没有给予太多的关注。在几十年的研究生涯中，周一良先生始终没有停止对这一段史学史的思考。他撰写的第一篇史学论文就是《魏收之史学》。该文 1934 年发表于《燕京学报》第 18 期。当时他只是一名年仅 21 岁的大学三年级学生。直到今天，这篇文章都极具参考价值，研究北朝史、研究史学史不可不读。上个世纪八十年代到九十年代，他又连续发表了《魏晋南北朝史学发展的特点》、《魏晋南北朝史学著作的几个问题》、《略论南朝北朝史学之异同》、《魏晋南北朝史学与王朝禅代》等几篇有关史学史的文章。这些文章后来都收录在他的《魏晋南北朝史论集续编》中。在他的《魏晋南北朝史札记》中也有若干涉及史学史的条目，如"崔浩国史之狱"、"魏收袭用南朝史书"等等。

周先生在 1999 年撰写的简短的《学术自述》中，对·生的学术研究做了扼要的总结。其中对自己在史学史研究上的创获有相当详细的介绍。在另一篇文章《我和魏晋南北朝史》中，他回忆当年听邓之诚先生讲授魏晋南北朝史课时说："燕京规定学期末不考试，写一篇学年论文。我在这课就写了一篇《魏收之史学》。魏收的《魏书》受人诽谤，我从几个方面论证了《魏书》并非'秽史'，实际上是替他平了反，做了一篇反面文章。后来这篇文章登在《燕京学报》，那时我二十一岁。这就是我最初关于魏晋南北朝史著作的开始。四十七年以后，我为《百科全书》写'魏书'这一条，重翻旧文，发现其中颇有余季豫先生《四库提要辩证》所未及道者，因记以自勉。"在文章后半部，他又再次说到史学史研究："我对魏晋南北朝史没有总体的看法，也没有计划一个一个问题地突破。但是，我觉得在'通古今之变'这方面，还是做了一些工作。因此也有逐步深入的倾向。比如说对魏晋南北朝史学的研究，从《魏收之史学》到《论崔浩国史之狱》，一直到最后《论南北朝史学的异同》，这中间就在逐步融会贯通。"①大家都知道，周先生学问渊博，在中国史、日本史、亚洲史、敦煌学及中外关系史众多领域都有杰出贡献，但是他在总结学术生涯时却总是提到史学史研究。在 1995 年出版的《周一良学术论著自选集》中，他把上面提到的所有史学史论文都收录了进来。这些都说明他对自己在这个方面的工作是非常重视的。所以，若要回顾周一良先生所走过的学术道路，对他在魏晋南北朝史学史上的贡献就必须给予足够的关注。

---

① 周一良：《学术自述》、《我和魏晋南北朝史研究》，载《郊叟曝言》，新世界出版社
　2001 年版。

　　对魏晋南北朝史学第一次给予全面总结的是《隋书·经籍志》，后来又有刘知幾的《史通》。《隋书·经籍志》限于体例，较为简单，不如《史通》细密。《史通》对从古至今，特别是魏晋南北朝时期的史学发展从多个方面做了介绍、评判。但是，刘氏其实并不理解这一时期史学的特殊意义。只是因为魏晋南北朝距离他最近，他掌握的材料最多，所以才使得《史通》的论述自然地以魏晋南北朝为主。与之相比，周一良先生对魏晋南北朝史学的关注显然已经是有一种自觉的意识了。他晚年的史学史文章标题多有"魏晋南北朝"诸字，反映出作者的意图是力争从总体上把握这个时期史学的基本面貌。

　　在《魏晋南北朝史学发展的特点》一文中，他提出这一段史学发展有若干特点。首先是史部著作的独立。"从典籍的分类来看，史学著作摆脱了隶属于《春秋》、作为经部附属品的地位而独立了。这也就意味着，史学从而成为独立的学科。"史学的第二个特点"是继承先秦以来太史记录当代史事的传统而加以改革，设立专职史官，不再兼管天文历法，四百年间没有中断"。第三个特点"表现在史书的种类与数目，比起前一时期，史部著作数目骤增，性质复杂多样，门类异采纷呈"。第四个特点"与后代相比有所不同的，是编年体与纪传体两者并重，相辅而行"。第五个特点"是出现一个分支——谱牒之学。这几百年中，家谱、族谱大为兴盛，数目骤增，种类繁多，谱学成为世代相传的专门之学"。最后一个特点"为以前所未有的，是佛教与道教史书在纪传体史籍中正式占一席地，有关僧人与道士的传记开始出现。由于大量佛经译为汉文,僧人感到有必要编制目录,作为史学分支之一的佛经目录之学,也建立起来"①。对这些特点的总结反映出他所注意的并不局限于个别史学家,也不局限于某一部史学著作,而是要从史学与经学、史学与宗教、史学著作的体裁、史官制度等大的方面着眼。这使得他与前代学者有了明显的不同,甚至也与他自己年轻时写《魏收之史学》时不一样了,在境界上显然是更高了。

周先生在上述研究中还为后来的研究者留下了广阔的思考徐地。比如说为什么这一时期史学能够与经学分离并获得了独立的地位?史官制度的变化是否与此有关?为什么与此后纪传体史学著作一统天下局面不同,编年体史学著作在魏晋南北朝也有较高的地位?史学著作种类的繁多是什么原因造成的?这些问题都值得我们深入思考。

在《魏晋南北朝史学著作的几个问题》一文中,周先生又发现了不少值得关注的问题。他说:"当时对于班固《汉书》的兴趣,似乎大于《史记》,所以注《汉书》的特多。"关于《史》、《汉》的不同,自来学者虽多有关注,但从后人对二书兴趣的不同来提出问题的却不多见,如果能正确地回答这个问题,必定是极有意义的。关于语言文字方面,他指出:"南朝文士有重近而轻远的倾向。"并引《文心雕龙·通变篇》:"今才颖之士,刻意学文,多略汉篇,师范宋集。虽古今备阅,然近附而远疏矣。"后又引《史

---

①周一良:《魏晋南北朝史学著作的几个问题》,载《魏晋南北朝史论集续编》。

通・模拟篇》:"大抵作者自魏以前多效三史,从晋以降喜学五经。"周先生敏锐地发现了刘勰与刘知幾所谓"近附而远疏"、"喜学五经"两说之间的矛盾。① 如何解释这个矛盾? 这又是一个值得我们深思的问题。

史学与政治的关系,是周一良先生特别关注的又一类问题。研究史学史的学者在涉及这类问题时主要是讨论分立的政权如何在史书的编撰上争正统。而周先生在《魏晋南北朝史学与王朝禅代》这篇文章中却着重讨论史家在修史时是如何处理王朝禅代这个敏感问题的。他在文章结尾处说:"封建史家即使在私人著述中,由于本人所处时代与环境,总是尊本朝和它所继承的政权为正统。……正统问题是封建统治者为表明自己政权的合法性而利用史书为之服务的。它不太涉及到具体历史事实的叙述与评论,只是史家笔下的安排,所以虽具有极重要的政治意义,其敏感与尖锐程度,却远不及历史中禅代问题的处理了。"②除禅代问题外,周先生还对北朝崔浩国史之狱进行了细致的研究。由崔浩修国史引发的政治风波是北朝政治史、史学史上的一件大事。周先生在《札记》中对此有详细讨论。他提出,崔浩所修国史的"备而不典",如实记录了拓跋早期失国、乱伦等事,暴露了北魏统治者祖先的羞耻屈辱,是其罹祸的主要原因。此文还对拓跋氏早期历史和世系做了精致的辨析。有学者称赞道:"自来暖

①周一良:《魏晋南北朝史学著作的几个问题》,载《魏晋南北朝史论集续编》。
②周一良:《魏晋南北朝史学与王朝禅代》,载《魏晋南北朝史论集续编》。

昧不明之北魏初期皇帝世系,可谓从此最后解决。"①

在周先生的诸篇史学史论文中,我最喜欢的是《略论南朝北朝史学之异同》。文章首先引了两条史料。《世说新语·文学篇》:"褚季野语孙安国云:'北人学问渊综广博。'孙答曰:'南人学问清通简要。'支道林闻之,曰:'圣贤固所忘言。自中人以还,北人看书,如显处视月;南人学问,如牖中窥日'。"刘注:"支所言但譬成孙褚之理也。然则学广则难周,难周则识暗。故如显处视月。学寡则易核,易核则智明,故如牖中窥日也。"《隋书·儒林传序》:"大抵南人约简,得其英华;北方深芜,穷其枝叶。"据此,周先生说:"北方受两汉以来章句训诂之学的影响,治学偏于掌握琐细具体知识,涉及面广,所谓渊综广博,穷其枝叶。南方则在魏晋玄学和新传入的佛教思想影响之下,偏重于分析思辨,追寻所以然的道理,即所谓清通简要,得其英华。"在这个大背景下,他开始分析南北史学的不同,发现南朝范晔《后汉书》、沈约《宋书》、萧子显《南齐书》中的论、序和北朝魏收《魏书》中的论、序相比较,南朝史家著作中的论、序确实体现了"清通简要,得其英华"的精神。如《后汉书·党锢传》序就不单议论后汉,而是从春秋以后世风的变化谈起。范晔的有些论断,从今天的角度看,也还是站得住的。他的史识正是南方学术倾向的特征在史学方面的体现。而北方魏收的《魏书》列传中的论、序,往往是就事论事,拘泥于一人一事论其功过,没有通观全局的评论,看不到敏锐

---

① 周一良:《学术自述》,载《郊叟曝言》。

深刻的高见卓识,议论的思辨性也不强,确似显处视月,广而难周。史学之外,周先生进而又注意到南北文学、佛教方面的不同。他说,文学上,北人理胜其词,南人文过其意。佛教上,北方重修行实践,南方重思索辨析。这都与史学上的南北不同有相通之处。在这个基础上,他最后说:"我曾有一种想法,认为文化可分三个层次:文学、艺术、思想等属于狭义文化;这些之外再加上政治经济制度以及衣食住行、生产工具等,可算广义文化;而在一个民族的各不同文化领域内,还可能潜在有一种共同的素质,贯串于各方面,名之为深义文化。南朝和北朝各自在史学、文学以至宗教等领域内的共同相通之点,也可帮助证成我的看法吧?"①

这篇文章的特色是作者没有具体考证什么,而只是从宏观的角度比较了南朝、北朝史学的相异之处。与文学、经学不同,史书中记载当时史学上南北相异之处的材料并不多。他在史书的论、序上找到南、北可资比较的因素确属不易。这一方面固然是因为他眼光锐利,而另一方面也与他多年的积累分不开。为说明这点,我们有必要从他早年的《魏收之史学》谈起。

在《魏收之史学》一文中,年轻的周一良先生作了大量细密的考证。《魏书》向来有"秽史"之名。而他认为"《魏书》大抵仍因旧史,后人心目中若谓全出伯起之手,故得肆其曲笔者,误矣!"他拿《魏书》与《十六国春秋》、《晋阳秋》、《续晋阳秋》逐条对比,发现《魏书》所载"十六国事大抵盖本于崔鸿《十六国春秋》

---

①周一良:《略论南朝北朝史学之异同》,载《魏晋南北朝史论集续编》。

也"。"至于东晋诸帝传,与《世说新语》注、《太平御览》等所引诸家《晋书》校,独合于孙盛《晋阳秋》、檀道鸾《续晋阳秋》。"①这种从史源上辨析的方法虽然很费力,但却是非常有效的,因为既然很多具体记载都是前人所写的,魏收自然不能为此负责任。关于魏收的讨论虽然结束了,但在这个基础上,几十年来他始终没有放弃这种细致比较的研究习惯,最终,他有把握地说道:"古人修史,基本史实的叙述大体因袭前人著作为多。如袁宏《后汉纪》成书于范晔《后汉书》之前,而所记史事与范书无大异同,说明出自同一来源,而且取舍大致相近。……沈约《宋书》亦多本于徐爱等之旧史,故百卷之巨帙一年而成书。但是,除去体制编排之外,纪传体史书仍自有最能体现作者特色的地方,就是序或论部分。"②

回过头来看,如果不是他早年研究魏收时发现《魏书》大抵因袭旧史,如果不是沿着这条路继续走,进而发现"古人修史,基本史实的叙述大体因袭前人著作为多",他就很难把注意力转移到史书的论、序上来。如果没有意识到论、序是最能体现作者特色的部分,他就很难意识到要从这个方面来比较南朝北朝史学著作的异同了。因此,此文看上去虽然只是宏观议论而没有具体考证,但实际上这是以几十年的大量细致的研究作为基础的。

周一良先生精通中外历史。这对他研究史学史也起了重要

---

①周一良:《魏收之史学》,载《魏晋南北朝史论集》。
②周一良:《略论南朝北朝史学之异同》,载《魏晋南北朝史论集续编》。

的作用。他说:"最早的历史记载,大约都是依年代顺序来叙述。这符合人类思想的脉络。东西方史学著作的发展,也与此相适应。中国最早的历史《春秋》是编年体。……西方最早的历史著作,如公元前五世纪号称'历史之父'的希罗多德的《历史》和修昔底德的《伯罗奔尼撒战争史》,基本上都是按年代顺序撰写的。罗马著名史学家李维(前59—17年)的罗马史,更是明确的编年体史书。……在日本,除去记载神话传说的《古事记》之外,第一部历史《日本书纪》出现于八世纪初,也是编年体。"①广博的知识背景使得他能够在中外历史间纵横驰骋并进而寻找到新的思考线索。

在文学领域内,文学史是极受人关注的,但是在史学领域内,史学史却有些受冷落。这是不正常的,也是不应该的。周一良先生在这方面做出了很大的贡献。我相信,后来的研究者必定会沿着他的这条道理继续前进的。

原载季羡林等主编《敦煌吐鲁番研究》第六卷,
北京大学出版社 2002 年版

---

① 周一良:《魏晋南北朝史学发展的特点》,载《魏晋南北朝史论集续编》。

通者的气象

几年前,我撰写《汉唐间史学的发展》时,翻阅最多的就是钱穆先生的《中国史学名著》。我也常常向别人推荐这本书,但是,若问我这本书究竟好在哪里,似乎一时间又回答不上来。

这本书是根据钱穆给学生讲课的内容整理而成的。因为是讲义性质,所以书中有不少关于史家生平、史书内容的介绍,就此而论,它与一般的史学史著作并无不同。不过,除此之外,书中也毕竟还有很多能反映作者学术特点的地方。

钱穆在学术上的特点到底是什么?我不懂近代以来的学术史,不清楚这方面的学者是怎样概括的。从一个一般读者的角度看,我觉得他的特点或许可以用一个"通"字来概括。从纵的方面看,自先秦到明清,他都可以写出质量一流的著作来;从横的方面看,经学、史学、文学、宗教诸多领域他都懂。这样一种知识背景再加上他锐利的眼光,就使得他讨论问题时总能纵横驰骋,总有一种大视野、大气魄。比如讲到《春秋》,他并不就事论事,而是把着眼点置于先秦以来学术的大变化上面。钱穆一向非常注意所谓"王官学"与"百家言"的区分。他在此说:"在古人当时,不仅从周公到孔子，即下至战国秦汉，在当时中国人脑子里，还无所谓'史学'一观念。当时学术大分野，只有经学和子学。"所谓经学即是"王官学"，所谓子学即是"百家言"。写《春秋》的事情本来属于王官学，可孔子却"以一平民身份而来做天子王官之事"，因此钱穆得一结论说："这一部《春秋》正在王官学与百家言的过渡中间。"讲到《隋书·经籍志》中经史子集四部的问题时，他还是把着眼点置于这个大变化上面。他说："以前的学问，只有上下两层。上面是王官之学，下面是百家之言，到现在则变成了经史子集四部了。"在这里，他依然没有就事论事，而是把关注的对象放在了一个很长的过程中来加以考察，寥寥数语就把从先秦到唐初的学术分合概括了出来，充分显示出了驾驭大场面而不被细节淹没的大家气象。

关于史学与子学的关系，他也有很多独到的见解。他说："中国史学有记言记事两条大路。像《国语》、《国策》都是记言的，远从《尚书》一路下来。但到孔子时代，记言又走了另外一条路，那就是百家言。"照他看，子学的源头是在史学。但另一方面，他又注意到子学对史学也有影响。在讲《史记》的列传问题时，他说："此下是七十篇列传，为太史公《史记》中最主要部分，是太史公独创的一个体例。但在《史记》以前，人物的重要地位，已经一天天地表现出来了。像《论语》、《孟子》、《墨子》、《庄子》都是一部书里记载着一个人的事与言。《论语》记言也记事，《庄子》、《孟子》等亦然。如'孟子见梁惠王'此是事，'王何必曰利'则是言。可见记事、记言不能严格分别。而记言则就特别看重到

'人'。当时有像《晏子春秋》,也就是把晏子一生言行写成了一部书。《管子》虽不称《管子春秋》,也只是讲管子的思想和行事。所以《史记》里的列传也不能说是太史公独创,以前早就有在历史中特别看重'人'的事实,只不过太史公把来变通而成为列传而已。"轻松地出入于子、史,而不局限在史学之内考虑问题,这是他能得出新见解的关键。或许有人并不同意他的这些解释,但他思考问题的路径无疑是很有启发性的。

关于纪传体与编年体的利弊得失,唐代刘知幾在《史通》中有很好的论述。具体到编年体的缺陷,刘知幾曾这样说:"至于贤士贞女,高才俊德,事当冲要者,必盱衡而备言,迹在沉冥者,不枉道而详说。如绛县之老、杞梁之妻,或以酬晋卿而获记,或以对齐君而见录,其有贤如柳惠、仁若颜回,终不得彰其名氏、显其言行。故论其细也,则纤芥无遗,语其粗也,则丘山是弃。此其所以为短也。"受此启发,钱穆转而论说纪传体的长处。他说:"在中国历史上,有很多并无事情上的表现而成为历史上重要人物的。诸位试把此观点去读二十四史,这样的人不知有多少。譬如《左传》两百四二十年,里面就没有颜渊,岂不因他没有事情表现,就不上历史。但颜渊这一人在历史上有他不可磨灭的地位,东汉以下人就特别看重颜渊。宋明时代人讲理学,也特别看重颜渊。怎能说颜渊不是一历史人物呢? 既是一历史人物,就该上历史。所以司马迁以人物来作历史中心,创为列传体,那是中国史学上一极大创见。"能关注到"无事情表现"的人在历史上的影响,并进而从这个角度去评判纪传体的价值,这实在是很高明的。在讨论纪事本末体的时候,他也有类似的见解。因为不满意袁枢的《通鉴纪事本末》,钱穆说道:"他书中题目都拣一些动乱之事,不见安定之象。文景之治,究是汉初一个安定局面,汉之所以为汉者赖有此,但他不懂,至少他看轻了。……历史不能只管突发事项,只载动与乱,不载安与定,使我们只知道有'变',而不知有'常'。"应该说,研究历史注意到"变"的重要是比较容易的,而注意到"常"的价值就很不容易了,这个思想与他注意到"无事情表现"的人有相通之处。钱穆对历史有着深刻的理解。正是这种理解使得他对史学著作的评价别具一格,一下子就超越了一般的史学史研究而站在了一个更高的位置上。

在介绍《史记》的《货殖列传》与《游侠列传》时,钱穆也有很好的分析。他说:"近人也有说《史记》有《货殖传》,认为太史公对历史有特见,后来人不能及,这话也有些似是而非。如讲《史记·货殖传》,子贡是孔子的大弟子,下面来了陶朱公范蠡,他是越国大臣,又下边到白圭,做过梁国宰相,下边到吕不韦,做秦国的宰相,秦始皇还是他儿子。这些做生意人,在当时社会上地位重大,太史公自该来写《货殖列传》。下面的做生意人,没有社会地位了,即是没有历史地位了,仅不过是发点财做一富人而已,那当然不该再要《货殖列传》了。又如太史公又写了《游侠列传》,为什么后来人不写了,这也因在后代社会上游侠不成为一个特殊力量,却不能怪史家不写。"他不把史家写作上的取舍仅仅看成是史家个人的事情,而是从史家的不同取舍中看到了历史的变迁。这个认识的得出仍然是因为他没有把自己的思考局限在史学史的范围内。

钱穆在书中屡次告诫学生，读书时不能只看到书，还要能看到书背后的"人"。其实，他的很多精彩见解并不仅仅是因为他看到了书背后的"人"，而更重要的是，他还看到了"人"背后的"社会"。他研究史学史的高明之处，就在于此。关于这个问题，我们没有必要再费笔墨了，他自己在介绍章学诚的学问时已经说得很明白了。他说："章实斋讲历史有一更大不可及之处，他不站在史学立场来讲史学，而是站在整个的学术史立场来讲史学，这是我们应该特别注意的。也等于章实斋讲文学，他也并不是站在文学立场来讲文学，而是站在一个更大的学术立场来讲文学。这是章实斋之眼光卓特处。我也可以说，我同诸位讲了一年的史学名著，我自己也并不是只站在史学的地位上来讲史学。若如此，这就会像刘知幾。而我是站在一般性的学术地位上来讲史学，所以我要特别欣赏章实斋。"钱穆在表扬章学诚，也顺带着把自己表扬了。不过我们并不反感，因为他确实是说到了，也做到了。钱穆的话很重要。研究历史问题的时候，选择何种观察角度、把问题看成什么是很要紧的。我们如果只把史学史看成史学史，那可做的工作恐怕主要就是写一些有关史家、史籍的介绍文章，而如果我们把史学史看成学术史的一部分、看成总体历史的一部分，那值得分析的问题就非常多了。

这本书是根据课堂记录整理而来的，所以读起来很有趣。钱穆常常有些即兴的发挥。他极力称赞纪传体史书，认为西方人写历史，重事不重人，像我们《尚书》的体裁，所以他说："西洋史学还停留在我们周公《西周书》的阶段。"他又说,马克思《资本论》讲资本家如何赚钱,这是马克思天天看报、调查得出来的,其实中国人一句简单的话早就讲明白了,这就是"为富不仁"。他对用公历纪元很不以为然,对于有人曾经主张用黄帝纪元、用孔子纪元,觉得"这还比较有意思"。他对未来中文在世界上的地位更是充满了信心:"万一有一天,世界人类懂得中国文妙处,采用中文,此事非纯属空想。"像这样的议论在钱穆其他的书中也时常可以看到。在他的世界里,中西较量,得分的永远是中国,失分的永远是西方,这是一场完全没有悬念的比赛。照我看,西方人若信了他的话能着急死,中国人若信了他的话能高兴死。我常常想,一个非常渊博、非常有智慧的大史学家为何会有这么多幼稚的想法呢? 其实道理可能非常简单,他实在是太爱自己的民族文化了,心中总有一种深深的眷恋,正像余英时先生说的那样,他"一生为故国招魂"。招魂,这是一件很庄严的事情,因此,或许我们不同意他的某些意见,但我们绝对应该尊重他的情感。

原载《读书》2006 年第 7 期

读《魏晋史学的思想与社会基础》

逯耀东先生是史学名家，但他的影响却不局限于史学界，史学界以外的很多人也都熟悉他的名字。这大约是因为他撰写了不少关于饮食文化的文章以及其他类型的散文。逯先生这方面的文章我也读过一些，的确是文字优美，且能见其真性情，难怪喜爱他文章的人有那么多。

不过，我最早知道逯先生却还是因为史学的缘故。前几年，王曾瑜先生听说我正在研究魏晋南北朝史学史，立刻主动借给我逯先生的《魏晋史学的思想与社会基础》一书。这本书是台湾东大图书公司出版的，当时在大陆很不容易找到。最近中华书局再次出版这本著作，对大陆学人来说，实在是再好不过的事情。

我曾在文章中曾引用过逯先生的观点，文章写好后，送给周一良先生审阅。周先生看到我文章中提到了逯先生，立刻就寄来了他请逯先生在饭馆吃饭时的合影。由此我才知道周先生与逯先生相识已久。逯先生是美食家，周先生是否也能算是美食家？我不知道，不过就我的观察来看，周先生一直到晚年，对美食都是有浓厚兴趣的，胃口之好，超出我的想象，举例说明一个问题时，也常常与"吃"有关,譬如几个老师合上的课,他就称之为"拼盘"。敢于请美食家吃饭,二人水平大概相去不远吧。我与逯先生没有见过面,只是曾寄给他拙作一册,请他指正。本以为日后总有机会见到他,没想到今年他却突然去世了。

中华书局出版的这本逯耀东先生的论文集除导言外,一共汇集了十六篇文章,手头没有东大版的旧书,无从细致比较,但就印象而言,新版书似增加了不少内容,并非旧版的简单重印,因此其价值也是不言而喻的。

逯先生书中的很多观点我都是赞同的。他在导言中说:"一个时代的史学孕育在它所存在的时代中,并且与这个时代发生交互的影响,透过一个时代的社会与文化的变迁,可以了解这个时代史学的转变与特色;分析一个时代的史学发展,同样也可以寻找这个时代社会与文化变迁的痕迹。因此每一个时代的史学,都有其自身的特质和个性。"作者强调从时代与史学的交互关系来理解史学的变化,这的确是抓住了问题的关键。此外,关注一个时代史学的特质和个性也是很重要的意见。通常以为研究历史就是要研究历史发展的规律,但实际上研究者的工作并非如此。所谓"规律",是一个"普遍性"的问题,而研究者每日须要面对的却是大量的具有"特殊性"的问题。

那么,就魏晋南北朝而言,史学到底有什么特色呢?通读全书,可以明显地感受到,作者最关注的就是经史分途一事。因为经学地位的动摇、儒家思想的衰退,魏晋时期史学逐渐独立了。这个现象很多研究者都是熟悉的,但是作者的思考没有到此为止,他紧紧抓住这个线索,以此为突破口,试图解释一系列的问题。关于杂传的兴起、关于经注与史注的不同、关于目录学的变化、关于史学评论的兴起等诸多问题,作者都是用"经史分途"这样一个大背景加以解释的。这就使得全书有了一个灵魂,十六篇文章形散而神不散。当然,在这个问题上我也多少有点疑惑,因为将复杂多样的问题归结为"一"的解释路径时常是有些危险的。

　　经史分途、文史之别、杂传、《三国志》裴注诸问题是本书作者重点关注的问题。这些也是我曾经十分关注的问题,因此几年前刚获读逯先生著作时,颇有一种空谷足音之感。关于裴注,我只写了一篇文章便觉得已经无话可说,而逯先生围绕《三国志》裴注问题,却连续写了《裴松之与〈三国志注〉》、《裴松之〈三国志注〉的自注》、《〈三国志注〉引用的魏晋材料》、《〈三国志注〉与汉晋间经注的转变》、《裴松之与魏晋史学评论》、《司马光〈通鉴考异〉与裴松之〈三国志注〉》六篇文章,用力之勤,令人叹服。在微观上,作者发现裴松之自注分为两种类型,一为"臣松之案",一为"臣松之以为"。前者"是对陈寿《三国志》及注中所引其他魏晋时期史学著作材料,考辨异同与真伪",而后者"则是以经过考辨后的材料为基础,提出其个人对历史事件与历史人物的评价,发抒己意"。这种细致入微的观察是能给读者留下强烈印象的。此外,一般研究裴注者,主要是从裴注保存史料一端入手,而作者则着眼于长过程,强调了裴松之在史学批评发展方面的贡献。《史记·五帝本纪》张守节《正义》曾引裴松之《史目》:"天子称本纪,诸侯曰世家。"作者说:"《史目》,《隋书·经籍志》未著录,仅《正义》一引,未见他书。但从《史目》对《史记》本纪所作的解释,显然已不是单纯的簿录之作了。很可能是一部系统的史学评论著作。如果这个推论属实,那么,中国史学评论的专门著作,在刘知幾《史通》前的两百多年已经出现了。"按裴松之《史目》仅见于《正义》,且只有寥寥数语,而作者却能敏锐地从中觉察到重要的信息,十分不易。关于《史目》的分析虽然只是一个推测,但作者由此展现出的"小中见大"的史学追求是令人赞赏的。在考据方面,作者还发现了裴注在材料、方法上对司马光《通鉴考异》的影响,这表明作者并不满足于就事论事,而是力争把具体问题纳入到一个更长的过程中来考虑,这或许也可以归纳为一种"小中见大"。在史学研究中,考证出一些细碎的小问题有时并不十分困难,宏观地发发议论更是容易,真正的困难正在于"小"与"大"的完美结合上面。有生命力的大见解常常是须要细节支撑的。

如果说本书有什么缺憾的话,我以为最大的问题就在于过多的重复。对此,作者在序言中解释说:"……几经断续的重新开始,书中的文章出现了一种现象,就是一再重复某些材料或论证。不过,经过一再重复后,某些论点已言之成理,渐渐形成自我的体系。"尽管有这样的解释,我仍然觉得过多的重复是没有必要的。论点是否言之成理、体系是否能够形成似乎都与一再重复没有什么关系。逯先生已经离去,这方面的问题我不想多说了。

从史学与时代的关系入手研究史学的演进,这方面我与逯先生的意见没有分歧。也正是因为这个缘故，所以我一向认为专门史研究者必须要有断代史的基础。但是这里也有一个问题，由于专门化的倾向，现在的研究者大多不能通晓、研究多个断代，而在某一个断代当中，如果仅仅从史学与时代的关系考察，问题毕竟是有限的。如何才能发掘出更多的有价值的问题呢？我想，或许我们还须要从文本分析的角度细致考察史学著作的来龙去脉，毕竟史学除了与时代的关系之外，也还有它自己发展的内在理路。

原载《书城》2006 年第 7 期

村民的历史

　　侯旭东先生所著《北朝村民的生活世界》(商务印书馆,2005年出版)是一部颇具特色的著作。本书的研究重点是北朝时期的基层社会。这与传统史学研究关注的重点有很大不同。由于研究观念、史料等方面的限制,传统北朝史研究的重点还是在朝廷、国家,而本书则是有意识地把关注的重点转移到基层社会,从而为我们描述出了一个十分生动、丰富的北朝基层社会图景。在诸如"村落"的性质、时空分布、"宗族"的含义、"三长"的地位、乡里与村民空间认同、"市"的多重意义等等许多方面都提出了令人耳目一新的论点。

　　最早对"村"的社会意义进行研究的是日本学者宫崎市定。他的一个著名观点是:汉代农民也是居住在城内的"里"中,因而"村"的出现意义重大,它标志着汉代城市国家的崩溃和历史向中世纪的转化。本书对此提出了不同意见。作者根据新出土的吴简中出现大量与"里"并存的"丘",提出了在汉代也应是"里名"与聚落的地方性名称并存。汉代的"里"大部分应是行政编制,不是行政村与自然村的合一,因此"村"的出现不能视为社会结构的时代性变化。这一观点极具说服力，势必引起中、日史学界对汉代社会转变进程的重新认识。

关于宗族问题，本书也提出了与传统观点很不相同的新见解。一般认为东汉以来宗族、宗族组织有了很大的发展，并对当时社会产生了意义深远的影响。作者依据大量具体事例，提出："同姓聚居村是安土重迁的背景下随着人口的繁殖自然产生的，这种情况并不意味着出现'宗族'组织。形成'宗族'首先要有父系世系意识，同姓村民能够通过'姓氏'建立相互的认同，确认相互的血缘与世代关系，这种意识在北朝时期的村落中刚出现不久，远未成熟。这是与汉代以来实际生活中父方母方亲属兼重传统的影响分不开。人们生活中反倒是'邑义'、'社'之类的组织更为活跃。"这也是一个与传统认识相当不同的意见。

与此相关，作者在本书"造像记所见民众的国家观念与国家认同"一篇中，还进一步讨论了豪族问题。众所周知，日本学者谷川道雄先生曾提出了著名的"豪族共同体"理论。该理论十分强调六朝时期豪族在地方社会上所发挥的支配性作用。对此，本书也提出了不同意见。作者在详尽研究造像记内容的基础上指出：如果豪族在当时确有那么大的作用，"民众造像、祈愿时不会，也不应该忘记他们。不过，笔者所见的造像记只有为皇帝、国家、三宝、本人、祖先、家眷以及邑义知识、朋友与众生祈福的，没有哪种算得上豪族。当然，以1700多种造像记否认北朝地方上豪族共同体的存在与豪族的作用是危险的，但至少可以断定，并非时时、处处都存在豪族共同体，豪族的作用也是有限的。"这个观点非常值得注意。如果此说能够成立,则我们对魏晋南朝史的很多与豪族有关问题的认识就要重新考虑了。尽管很多学者并不同意豪族共同体理论,但在具体研究中,研究者还是相当重视豪族问题。根据作者的提示,这些传统认识或许有夸大豪族作用的嫌疑。

相当可贵的是,作者在探讨基层社会时,并没有片面夸大基层社会的"自治性",而是充分注意到在"村"之上还有国家、政府。这从本书的副标题:"朝廷、州县与村里"中也可以清楚地看出。准确地说,作者就是试图要从三者互动的关系中来把握基层社会的面貌。基于这种周全的认识,作者在本书结尾处还提炼出了一个新的概念——"村里"。作者解释说:"'村'是自然形成的聚落名称,代表了村民生活自在自为的一面;'里'是朝廷的基层行政编制,代表了朝廷的统治与村外的世界——兼顾了两方面,可能较好地体现了村民生活基本空间的两重性。"这样有重点,但又不偏激的分析立场反映出了一个成熟研究者进退得当的分寸感。

须要特别强调的是,作者之所以能够取得这样丰硕的成果,是与其深厚的理论修养以及对史料、特别是对新史料的运用分不开的。在理论方面,作者对当代西方史学理论,以及社会学、人类学的理论有着相当深入的理解;在史料方面,作者在传统史料之外,大量使用了如造像记、墓志、碑铭等出土资料。本书很多重要结论的得出都与此有关。可以说,在开掘史料来源方面,作者为北朝史研究作出了很大的贡献。

本书在理论与史料两个方面呈现出的特征彼此是有关联的。我想，如果不是出于理论上的某种考虑，作者不会有意识地关注北朝地方基层社会，而一旦把目光对准了地方基层社会，就自然会发现传统的，以记载朝廷政治制度、政治活动为主的官方史料是远远不够的，这就迫使作者不得不在开拓史料来源上下功夫。

作者出身中国古代史专业，在史料的处理上训练有素。书中各篇虽然有着明显的理论关怀倾向，但读过之后，并不给人以牵强附会的感觉，究其原因，就在于作者的理论思考都是以细密的资料考订、分析为基础的，如"北朝并州乐平郡石艾县安鹿交村的个案研究"一篇就是显例。作者在文中非常详细地比较了"王法现造像"、"陈神忻造像"两个造像记的内容异同，发现"一、二两记内容相近，但所处的时代背景已经发生变化，王法现造像时仍是元魏的天下，到了陈神忻造像时，早已鼎移高氏，成为大齐的臣民了。可是两记的内容区别不大。"作者据此分析说："王朝的禅代在普通百姓那里没有什么波澜，这里似乎暗含着民众对王朝统治体制的认可与忠于具体王朝间并无直接的联系。"这个分析就很细腻、很值得玩味。

作者在书中还涉及到了一个比较有趣的话题，即村落名称。他说："目前仍然可以找到不少自北朝以来一千多年沿用不变的村落名称，北京附近也有一些自唐代以来位置与村名固定未变的村落，如今天和平门外琉璃厂所在的海王村也是自唐代就已存在，且名称一直未变。"作者在另一场合还概括地说："通观中国历史的全过程，秦统一后，行政制度上变化最频繁的就是朝廷以下和县以上的设置。"对这些现象,作者虽然没有展开讨论,但我以为很值得读者思考。当整个社会发生了很大变化时,幅员广阔、人口众多的基层社会却很可能是少有改变,相当稳定。这是为什么? 换言之,社会各个层面的变动为什么不是同步的呢?

最后,我还想说说史料的问题。如前所述,作者根据造像记等出土石刻资料得出了很多仅仅根据传统史料难以得出的新见解。这固然是可贵的,但也容易使我们陷入困惑,即当两种资料表现出相当大的冲突,甚至是截然对立的时候,我们究竟应该相信谁? 比如豪族问题就是如此,根据传统史料,到处都是豪族,到处都有豪族的影响,但在造像记中,我们又几乎看不到豪族的踪影。这个问题应该如何处理? 我想,简单地用一方否定另一方恐怕不可取,两种资料呈现出的矛盾性,可能既反映了社会生活本身的复杂性,同时也与这些不同类型的历史资料各自的特殊性有关。因此,面对这些问题时,我们思考的重点或许应该是想尽办法,化解记载的矛盾,在二者之间找到一个合理的平衡点。

原载《南方周末》2006 年 10 月 26 日

怀念周一良师

得知周一良师逝世的消息，我并不感到很突然。因为他已年近九十，且体弱多病，"这一天"在哪一天到来的可能性都有。

周先生自己也早有思想准备。他原本身体很好，可八十岁以后，却是每况愈下，大概因为这个缘故，在很多场合他都喜欢引用明人笔记里的一段话。我记得那段话大意是说有四种情形长不了。一是春寒，二是秋热，三是老健，四是君宠。在怀念吴于廑先生的文章结尾处，他写道："最近三年，我连续失去了三位论交五六十年的挚友——哈佛的杨联陞、复旦的谭其骧、武汉的吴于廑。因业务相近，三人与我关系密切，而噩耗传来，并未起昭告与他们三人从此人天永隔的震撼作用，却像是预报将与他们殊途而同归。"他就是这样，虽然热爱生活，但又总能以一种平和的心态看待死亡。三个星期前，也就是中秋节时，我的师姐去看望他，他说："天堂已近，苏杭未去"，还惦记着去苏杭游览。可惜这个愿望永远无法实现了。那天，我因有事没有同去。师姐回来嘱咐我，老人喜欢吃点心，去的时候别忘了带些新鲜的点心。本想近期带着点心去看他，可惜我这个愿望也永远无法实现了。生活就是这样,总会有遗憾,人人都是如此。

我最早知道周先生的名字是在九岁那年。"文革"开始,红卫兵抄家走后,我帮着父亲整理散落在地上的书籍。其中有一本就是周先生的《魏晋南北朝史论集》。扉页上写着:"如雷同志批判",下面署名:"一良。"对此我大惑不解,既然称同志,那就是自己人,可自己人为何又要批判呢? 受那个年代影响,在我幼小的脑子里,以为只有对敌人才会用"批判"这个词。父亲无心解释,只是摸着我的头说:"长大了就知道了。"是的,长大了就知道了。但无论是父亲还是我,都不可能料到,多少年以后这本书竟然成了我的必读书,而我也竟然成了周先生的学生。

父亲也是周先生的学生,1952 年从清华大学历史系毕业。很快,因院系调整,周先生也离开清华,到了北大。整整三十年后,1982 年我又当上了周先生的研究生。在这漫长的三十年里,周先生经历了种种坎坷。基本上可以说,父亲毕业后,周先生就被迫改行研究上了世界史,而我当上研究生的时候,正是他刚刚归队、重操旧业不久。由于这个背景,父亲生前总是和我开玩笑说:"我是你的大师兄。"人生真是不可捉摸。三十年多少坎坷路,父与子竟成师兄弟。

见周先生之前,父亲向我介绍了他的情况。父亲说,周先生虽是大家,但没架子,很随和,很好接触。此外,周先生做学问很谨慎,没把握的话是不会说的。我没有料到的是,父亲最后说:"周先生长得很漂亮,绝不在孙道临之下。"这三条都说对了。但是我要补充的是,先生固然随和,但随和之中实际上还是透着一种不可言说的威严。我几乎敢和所有的老师开玩笑,但唯独和他不太敢。

周先生对学生的要求是非常严格的。我们写的作业,不仅内容上他要严格把关,就是文字上他也绝不含糊。记得当时他的《魏晋南北朝史札记》正在《文史》陆续刊出。为了行文的方便,他使用了浅近的文言。我也学着在作业中写文言。这一次周先生不客气了。他在我的作业上批道:"不要乱用之乎者也,这很可笑。"后来见面,他又再次跟我说:"你们还是写白话文为好,现在六十多岁的人已经写不了文言文了。"当时,他七十多岁。从那以后,我再没有写过文言文。

刚毕业那几年,我懒散,几乎没有写出什么有分量的文章。周先生很失望。他对田馀庆先生说:"他可不如他父亲像他这么大的时候。"这评价给我以极大的震撼。从那以后,我才开始逐渐用功读书。到他八十岁生日论文集出版时,先生对我终于有了较为满意的评价。书中收了我的一篇短文,题目是《〈史记〉、〈汉书〉籍贯书法与区域观念变动》。先生阅后给父亲写信说:"生子当如孙仲谋。"去年,我又给他看两篇新作。一篇是《〈三国志〉裴注研究》,一篇是《杂传与人物品评》。他在给我和师姐的来信中说:"宝国两篇视野广阔,考证细密,发前人(包括我这老师在内)所未发之覆,读来很过瘾,有寅老风范,既出蓝,又跨灶矣。宝国勉之哉!"当时读到这封信十分高兴。而今天,当周先生早晨刚刚离去后再读此信,我只是感到欣慰。最终,我没有让他失望;最终,他是以一种满意的目光在注视着我。今后的岁月里,老人这温暖的目光势必长久地伴随着我。

一位外国历史学家曾说:"历史就是现在与过去永无休止的问答交谈。"其实,对于一代又一代的研究者来说又何尝不是如此。在学术研究的道路上,我们这些后来者与前辈之间的问答交谈也将是永无休止的。在周先生的著作中,我们仍然会时时受到教益。

写于 2001 年 10 月 23 日周一良先生逝世当日下午

附:一年以后写的帖子

周一良先生的生日是 1 月 19 日,如果他健在,今年该是 90 岁了。我的生日是 1 月 20 日,过去私下里曾和别人开玩笑说,周先生就比我大一天。因为这个缘故,所以我记他生日很容易。后来就更容易了,因为我的父亲正是 1 月 19 日去世的。去世当天,我没有通知周先生,因为是他的生日。我选择了第二天,即我的生日那天才打电话通知他。周先生勉励我继承父业,发扬光大。其他还说了些什么,我都记不清了。

周先生去世一年多了。去世的当天下午,我写了个纪念帖子,后来就没有再写什么。一年多了,网上网下,议论纷纷。怎样说似乎都不合适,怎样说都可能引起激烈的冲突。这是我不愿意发言的一个根本原因。不过今天我似乎又有几句话想说。

一些人对周先生极不宽容,我想其中原因可能是多种多样的。有的人可能是出自对那个时代的极端愤怒;也有的人可能是因为对周先生其人其事还缺乏了解；也有的人可能是因为天性刻薄，向来不能与人为善。

人们责备周先生的一个重要理由是：他是一位历史学家。历史学家，古今中外见得多了，怎么会认不清楚形势？认不清楚好坏？所以，他所有的解释都是虚假的。他是明知故犯。

历史学家具有超过一般人的洞察力。这样的观点给了历史学家过多的荣誉，也给了历史学家过多的负担。其实真实的情况并非如此。我不是历史学家，只是一个普通的历史研究者。就我的经验来看，往往不是"历史"使得我们更能认清"现在"，倒是"现在"常常使得我们更易于理解"历史"。正是因为"现在"左右着历史研究者，所以一代一代的历史研究者才能不断地站在"现在"的位置上提出自己对历史的认识。周先生也是如此，文革结束后，他见到我父亲就说，"经历了'文化革命'，对魏晋南北朝史上的很多事情容易理解了。"我想，这"很多事情"应该是指政治史上的事情。他在《魏晋南北朝史札记》中有一较长条目："曹氏司马氏之争"。每次看到这条，我总感到其中蕴含着由他的亲身经历而生出的许多感慨。其实不仅周先生是如此，就连田馀庆先生恐怕也是如此。看田先生三十多岁写的文章，就能感受到这是一位极有才华的年轻学者。但如果不经历"文化革命"，不亲眼见一见政治的复杂、残酷，他也未见得就能把东晋政治史写得那样出神入化。

总之，历史学家并不因为研究历史就一定具备特别的洞察力。当现实而不是魏晋南北朝史给了他教育，他才第一次意识到自己过去的幼稚，所以才写下了那句掺着血泪的话："毕竟是书生。"书生，这正是幼稚的另一种说法。书生，不懂得人家的政治。多少人都没有看懂这句话，以为他在粉饰自己，以为他在推卸责任。

首发"往复"论坛，后收入《虚实之间》，

社会科学文献出版社 2011 年版

以学术研究为宗教

　　2014年12月25日清晨，田馀庆先生突然走了。最后一次见到田先生是在10月6日下午，我和陈爽一起去看他。那天师母生病躺着休息。临走时，田先生一定要叫她起来和我们告别。时间已近傍晚，因为没有开灯，房间有些昏暗，大客厅里空空荡荡的，只有两位九十岁的老人，让人感觉有些凄凉。师母跟我说，要多保重啊。当时我还想，我这岁数还不到要"多保重"的时候吧。可是没想到，不到二十天我就心梗住进了医院。送我们时，老两口站在门口，说什么也不肯关大门，一定要看着电梯关上门。这在以前是没有过的，太正式了，正式得有些凝重。我没有和陈爽说什么，但实际上心中是有一丝不祥之感的。11月我出院后，10日晚上先生又来电话，嘱咐我多休息，不要太用功，晚上看看电视，哪怕是"动物世界"。他不知道，我根本就不是那么用功的人。因为住得远，很多年来我和田先生多是电话联系。这就是最后一次了。

　　这几天，关于田馀庆先生的学术贡献，网上有很多介绍。他很谦虚，曾经跟我说，我没有什么不得了的贡献，只是研究上有些特点而已。到底是什么特点？他没有具体说，我也没有问。之所以不问，是因为我心里自认为是明白的。

在我看来，他在学术上主要有三个特点。第一是细密。我以前在《读东晋门阀政治》一文中说过："他的性格是从细节出发，追求的是不缺少任何中间环节的完整链条。"魏晋南北朝保存下来的史料少，要实现这样的追求，便不得不细密，不得不努力在只言片语、字里行间发现问题。这是很辛苦的工作。在年近八十的时候，他还用这种方法去研究资料更少的北朝历史，写出了著名的《拓跋史探》，真是令人叹服。

他的第二个特点是研究中没有预先设定的解释模式，一切从实际出发。我曾经说过，他在追寻历史线索时与陈寅恪很不一样，"陈寅恪先生也是在寻找历史线索，但从深层次上看，他有时实际上不自觉地是要用历史的线索来证明自己的理论。他有理论先行的嫌疑。而田馀庆先生则不然，他没有预设什么，他只是一心一意地寻找历史内部真正存在的线索。如果找不到，他宁可沉默"。在评论他的《拓跋史探》时，我又说："在解释历史现象时，研究者很容易急切地求助于'规律'、'趋势'来加以说明，他却反其道而行之，一再向'具体'索要答案。"他的这个特点是非常鲜明的。正是有了对"具体"的一再追问，使得他总能提出有自己特色的问题。我观察，一流的学者大多是如此。他们是问题的发现者。他们讨论的问题常常就是自己发现的，而不是跟在别人的问题后面讨论。

上世纪五十年代成长起来的学者往往受当时流行的理论模

式影响很深。田先生也不能完全避免,他在《东晋门阀政治》一书的"后论"中专门有一节讨论"门阀士族的经济基础"。这正是时代的烙印。在我看来,门阀士族与"经济基础"关系不大。但是,必须强调的是,在这一代人中,他是受僵化教条影响最小的学者。一般研究者最容易犯的错误就是所谓"从理论出发"。"从理论出发",提出的问题有时其实是假问题。用"理论"来解释"具体"则常常会掩盖了真正的历史原因,并进而把"具体"变成了"理论"的注脚。他很特别,那些理论他当然很熟悉,他也并不排斥理论,只是他很少用理论来解释具体问题。他提出问题、解释问题总是从史料出发,从具体的历史情境出发。可以说,他在相当大的程度上自觉地摆脱了理论框架的束缚,从而为自己独立的思想赢得了空间。

除了上述特点之外,其实他还有一个最根本的特点,他不是那种匠气十足的"书呆子"型学者,而是一个有着深刻思想的学者。他曾经告诫我们学生,研究工作中"要注意排除反证,没有反证的问题是简单的问题。复杂的问题往往有反证"。他还说:"要注意不重要的时期,因为重要的时期是从不重要的时期发展过来的。"这些话看似平淡,但极耐人回味。我们读他的书常常感觉到很有味道。这"味道"从哪里来?我想,除了他一流的文笔之外,更重要的就是来源于他思想的深刻。他因思想的深刻而展现出了独特的魅力。我发现,有的年轻人写文章诚心诚意地想模仿他,但总感觉不伦不类。这是因为他那独特的思想近乎于一种天赋,而天赋当然是不能模仿的。

　　1986年,我陪他去烟台出席第二届魏晋南北朝史年会。会议期间他生病住院了。在医院病床上他跟我聊天,特别强调说,你还年轻,写文章不要追求数量,也不要追求职称,要追求境界,追求一生在学术上所能达到的最高境界。这次谈话对我触动很深,一直牢记。什么是境界? 他没有解释。但我似乎也能明白一些,以《东晋门阀政治》为例,他虽然详尽地讨论了一百年的门阀政治史,但却始终清醒地认识到门阀政治只不过是"皇权政治的变态"而已,因而只是暂时的,历史终将回归到常态的皇权政治。因为讨论的是东晋的历史,他的注意力当然是在南方,但全书写到最后,他却说:"从宏观来看东晋南朝和十六国北朝全部历史运动的总体,其主流毕竟在北而不在南。只是北方民族纷争,一浪高过一浪,平息有待时日,江左才得以其上国衣冠、风流人物而获得历史地位,才有门阀政治及其演化的历史发生。"一般研究者,常常是自己研究什么,就强调什么重要,甚至会强调到过分的程度。但是田馀庆先生却不是这样。他超越了自己的具体研究,站在了一个更高处俯瞰全局,寥寥数语正展现出了一个杰出历史学家的理智与境界。

　　记得余英时先生曾经说过,钱锺书先生是以读书为宗教。借用此表达,我们也可以说,田馀庆先生是以学术研究为宗教。有照片显示,直到生命的最后一天,他仍然在工作。在很多年的接触中,我对此深有感触。在我和他单独见面或者通电话时,基本话题都是在学术方面。在学术上,他的兴趣十分单纯,不计较别人反驳他的观点。我在读《拓跋史探》的书评中,曾经对他的几个观点表达过质疑。他看过文章后来电话,就这些问题和我聊了一个多小时,兴致勃勃,没有一点儿不高兴。关于《东晋门阀政治》和《拓跋史探》,我都写了书评,其中都不回避我认为的田先生在学术上的局限性。为此,网上网下都有人夸奖我。其实,我之所以敢那么写,并不是因为我有什么勇敢的,而是因为我了解他。他有着宽广的学术胸怀。如果他是一个狭隘的人,我是断然不会那样写的。

以他的学术成绩、学术地位,他本来可以活得很热闹。但事实上,在热闹的场合是见不到他的身影的。他一直非常低调。在这个浮躁的年代,低调是一种高贵的品格。

原载 2015 年 1 月 11 日《东方早报·上海书评》

父亲的书

　　如果父亲还活着,今年正好八十岁了。他的《中国封建社会形态研究》一书是 1979 年由三联书店出版的,距离现在已经有近三十年了。在这样的时候,作为儿子、同行,似乎应该写点什么,但我实际上是有些为难的,一方面,我是研究魏晋南北朝史的,对他所从事的经济史研究纯粹是个门外汉,没有什么资格说话。另一方面,儿子评价老子总是比较困难的,不论是说好,还是说不好,都不妥。我想,学术上的分析、评价还是留待他人来作吧。适合我说的,或许只是围绕着他的书、他本人所发生的那些边边角角的事情。

　　人有了一个念头以后,就会不知不觉地朝着这个方向走。父亲写《形态研究》其实是由来已久了。他在清华历史系读书时,政治经济学课程是由《资本论》的翻译者王亚南先生讲授的。据他说,王亚南先生的课讲得非常好。这对他以后学术道路的选择产生了很大影响。他后来对我说:"当时我就想,马克思写了一部《资本论》,我以后要写一部《地租论》。"那时他才二十几岁,这是一个很容易产生大想法的年龄。后来他虽然以研究隋唐史为主,但这本《形态研究》的问世也绝不是偶然的,应该说,此书就是他心中一直酝酿着的那本"《地租论》"。

1962年他在《历史研究》上发表了题为《关于中国封建社会形态的一些特点》的文章。这篇文章就是以后《形态研究》一书的前奏。文章发表后,王亚南先生来京开会,特意约他到北京饭店谈话,鼓励他在这方面继续工作。1978年,因为"文革"刚刚结束不久,他在序言里没有提到任何人的名字,只是泛泛地说:"很多师友不断对我进行鼓励。"以后的多年里,他总是为此感到遗憾,多次对我说,如果以后再版的话,一定要专门讲讲王先生对自己的影响。很可惜,他没有这样的机会了。此书重印过,但从未再版。有趣的是,他虽然在书中没有提到王亚南先生的名字,但日本学者却发现了这一点,菊池英夫先生在一篇文章中明确指出,"不论在书名上还是在手法上,这本书都可以说是一部真正继承王亚南先生的工作,追溯前近代史的著作"。父亲看后很高兴。

《形态研究》是以马克思主义为指导的,他的其他论著也基本上是如此。大概因为这个缘故,有一次赵守俨先生问我:"你父亲是党员吗?"父亲不是党员,他也没有参加过任何别的党派。他对马克思主义的兴趣起初只是局限在学术方面,当然,最终还是影响到了他人生道路的选择。他是阎锡山的外甥。1949年国民党从大陆溃退前,阎锡山找他谈话,想送他去英国留学,但他不愿意去,他对阎说:"我读过共产党的不少书,觉得挺好的。"阎说:"你不了解共产党,共产党是先甜后苦。"阎最终还是未能说服他。

　　上个世纪早期，我的祖父留学日本，学的是纺织。他死得早，对父亲没有影响。我有时想，如果祖父一直活着，受家庭环境影响，父亲或许不会对文科的书籍有那么浓厚的兴趣，如果是这样，他的人生可能完全是另外一番样子。我是学历史的，当然知道假设一段历史没有什么意义，但"假设"毕竟是一件很好玩的事情，所以闲下来的时候，就不免会有些"假设"的念头产生。

　　1949年，父亲不过二十来岁，由于特殊的家庭背景，属于他的，以及他可以继承的房子居然有好几百间，其中一些还是带花园的高级宅院。这些房产他都没有要，他认为很快就要进入共产主义了，以后用不着钱了。他只为自己买了一支价格不菲的派克笔。就这样，他把自己变成了一个穷人，终其一生都是如此。母亲去世后，父亲对我说："你妈真可怜啊，嫁了个有钱人，穷了一辈子。"

　　在清华读书时，他学习很好，老师们想让他留校，或者保送他去读研究生，但是因为家庭出身不好，又不积极参加政治运动，所以1952年毕业后就被分配到了河北。河北省又把他分配到了邢台师范学校。连生气带着急，二十多岁就得了糖尿病。即使如此，他仍然不愿意放弃自己的理想，在给周一良先生的信中，表达了继续研究的愿望。周先生回信说，收到来信"有如空谷足音，倍感亲切"。周先生还为他开了详细的书单。按照这个书单，他买了自己的第一批书，以后孙毓棠先生又送了他一批书。这样终于有了研究的可能。在类似于中学的师范学校当教员是比较苦的，他年轻，上课任务繁重，常常只能是利用课间休息的十分钟看两页书,晚上回到家,再点着煤油灯继续读,那时他住的地方还没有电。

但是,这样的日子也没有持续很久,肃反时,他被关了半年。当局说他是阎锡山留下的特务。他一再辩解说,阎锡山不可能留下自己的外甥当特务。不知道是因为辩解发生了作用,还是因为没有找到任何证据,最终被放了出来。

因为连续在《历史研究》等杂志上发表了几篇文章,他终于被调进了一所大学——河北师范学院。有了肃反的经历,所以在"引蛇出洞"的大鸣大放时,他一言未发,由此意外地没有当上右派。本来按他好说话、好议论的性格,反右是绝对躲不过去的。后来我发现,1949 年以后,他这个人在关键时刻常常会有出色表现。"文革"后期"评法批儒"时,有杂志约他写一篇署名文章。他谢绝了,还写信告诉人家他的几个"不写",如不符合历史事实的文章不写,不符合历史唯物主义的文章不写,不符合自己意愿的文章不写,等等。因为不写,所以失去了一次走红的机会,也因为不写,所以"文革"结束后,他没有任何问题,活得欢天喜地。

在《形态研究》的序言中,他写道:"本书初稿完成于 1964年。在'文化大革命'中,书稿曾一度失落,后来在一个偶然的机缘中找了回来。可是那时林彪和'四人帮'正在横行,显然没有出版的可能。从 1974 年开始,我每晚利用业余时间在书斋里进行修改,也没有想到几年后就能和读者见面。的确,如果不是打倒了'四人帮',恢复了党的'百家争鸣'的方针,这部稿子是出版不了的。"他说得含混,没有说清楚书稿是怎么失落的,也没有说清楚后来怎么又找了回来。事情是这样的："文革"前，人民出版社已经决定出版这本书了，"文革"爆发后，一切都被搁置了，书稿被退了回来。当时学校已经大乱，他作为"牛鬼蛇神"也已经被抓了起来，所以自然收不到书稿。几年以后，一个曾经造过反、后又被打倒的学生在一个破旧的仓库里发现了这部书稿，这才找了回来。这个学生多亏以前看惯了父亲写的各种交代材料，所以对他的笔迹相当熟悉，一看到书稿就立刻辨认了出来。

1998年父亲去世后，关于这部书稿我又知道了一些事情。一位河北师院的老师从人事处复印了一份1961年6月5日上海人民出版社给河北师院人事处的来信。信中说："贵系教师胡如雷撰有'中国封建制形态简编'一稿，尚有一定见解，但亦并不成熟，我社本拟争取出版，以供学术界的讨论参考，校样也已排出，后接贵处来信，告以胡的政治情况，我们决定不予出书，当即列举书稿的缺点，将稿件退还给胡。"这说明在《形态研究》之前，甚至在《历史研究》1962年发表的文章之前，他曾经写过一本类似的书。这件事，我居然完全不知道。我想，当时出书大概都是要政审的，所以上海人民出版社才会与河北师院人事处联系。父亲没有参加过国民党，也没有当上右派，为何"政治情况"不合格？我想这大概还是因为他的家庭出身吧。上海人民出版社的信中还抄有父亲给他们的信。从信中看，这本书最晚是1959年冬天完成的。书没有能出版其实是因祸得福了，他1952年才大学毕业，1959年就写出了书，质量肯定好不了。

1979年刚刚拨乱反正，没有多少人可以立刻拿出著作来出版,所以这本书在当时的学术界很轰动,第一次就印了 5 万册,不久又加印了一次。以后,台湾还出了盗印的。1980 年代初,日本出版了一本书,书名是《中国历史学界的新动向》。该书用了一章的篇幅专门介绍《形态研究》,作者就是前面提到的菊池英夫先生。周一良先生看到此书后,立刻告诉了我。言谈话语间,能够感觉到周先生很是高兴。当老师的,看到学生有了成绩,自然是高兴。

为了写《形态研究》,他花费了很多年心血,读了不少书,史料不说,单是《资本论》就认真读了三遍。但是,这本书既然是要谈中国封建社会的特点,就不可避免地要拿中国史与外国史广泛对比。进行这种研究,作者必须对外国史有非常深入的理解、研究,而他当时并不具备这样的条件。此外,这本书是通贯性的,涉及从战国到明清的漫长历史时期,他虽然在大学教过很多遍中国通史,但毕竟不具备像钱穆等老一辈学者那样广博的通史知识,所以,这本书到底说对了多少,到底有多高的价值,老实说,我是始终心存疑虑的。但不管怎样,对他来说,研究自己有兴趣的问题毕竟是一次快乐的旅程。抛开一切庄严的、宏大的理由不谈,对研究者个人而言,还有什么比快乐更重要呢?

《形态研究》出版的时候,他已经五十多岁了,尽管当时很风光,但他并没有因此而得意忘形。一直到老,他对自己始终还是有一个清醒认识的。去年春天,在一个纪念唐长孺先生和父亲的会议上,播放了他在七十岁生日祝寿会上的讲话录像。他说:"我经学、小学、外语都不行。外语学过三种,没有一种能通的。"他还说:"我的成绩只能做到这样,再大了也不可能了。"说这话时，距离他去世只有两年了，当时他因多次脑梗，已经出现了一些明显的老年痴呆的征候，没想到还能讲出这样清醒的话。这好像又印证了我前面说的："他这个人在关键时刻常常会有出色表现。"

　　父亲去世后，我和哥哥、姐姐继承了他的藏书。线装书基本都归我了。过了几年，我把这些书都卖了。按说我们是同行，不论是为了工作还是为了纪念，这些书我都应该留下来，但我觉得没必要了，那些线装的二十四史我基本不会看，有标点本的，何必看线装的呢？我又不搞校勘。我知道，这种态度必定会受到严肃学人的批评，所以不大敢对人说。父亲的好几箱卡片我也全扔掉了，因为我不信卡片，总觉得要真想把文章写好，材料必须在脑子里活起来才行，如果拿起卡片才想起来，放下卡片就忘了，这种状态是写不出好文章的，更何况那还是别人的卡片，我要它干什么？没用的就卖掉，没用的就扔掉，我这种态度并非不孝。父亲晚年常常对我说："看到你发表一篇文章，比我自己出版一本书还高兴。"所以我想，自己把文章写好了，才是对父亲最好的纪念。再往深一层说，其实纪念不纪念又怎么样呢？死去的人已经不存在了，他什么都不能感知了，所谓"纪念"，说到底不过是活人的一种自我安慰而已。

原载《书城》2006年第1期

学人自述

《汉唐间史学的发展》最早是由商务印书馆出版的。当时完全没有想到这本小书还会有再版的机会,再加上研究领域也有改变,所以出版后的若干年基本没有再思考过这方面的问题。这次北大出版社要出修订本,我只能是把一些明显错误的部分删掉,难有大的提高。补写了一篇关于《南史》的文章,虽然自认为问题是有意义的,但是文章的水平却不能满意,毕竟是年岁大了,身体多病,力不从心。

人生总有很多的"没有想到"。我没有想到书会再版,甚至也没有想到这辈子会学历史。因为上中学学的是俄语,自己又喜欢俄国文学,所以最大的理想是学俄语,但是刚刚恢复高考时还有政审一项,按我所在的河北省的规定,考外语类要按"绝密专业"的要求政审。我当然通不过了。当时政审在地区一级,录取在省会。我的卷子以及政审材料在地区一级就扣下了,没有任何学校见过我的材料。录取刚刚结束后才知道这个情况,父亲所在的河北师院也觉得有点对不住我们家了,这才把我扩招进来。他们让我选择,学英语也可以(俄语那年不招生),学历史也可以。

父亲想了想说,你还是跟我学历史吧。

从小就对历史没有兴趣,所以家里的那些书我一本也没有看过。父亲从系资料室给我借回吴晗主编的《中国历史小丛书》,看看还行,但要说有多大意思,好像也谈不上。多年以后,只要遇到从外专业转到历史专业的年轻人,我总要问,你为什么要改学历史呢?原来的专业不是挺好吗?见得多了,逐渐就不问了。这世界太大,人们的兴趣也是各式各样,我没兴趣不等于别人也没兴趣。当然,几十年下来,自己也有一些研究的兴趣了,这就如同包办婚姻也能培养出感情一样。我知道,很多人最初对历史的兴趣是因为喜欢"历史故事"。我到现在对历史故事也没有兴趣。我感兴趣的只是"历史问题"。

缺乏兴趣,而且也天性懒惰,这是我学术成果很少的主要原因。记得小时候特别爱睡懒觉。有一天都到上午 10 点了,我还在睡,父亲站在床边批评我说:"一个人不怕有一千个毛病,就怕有一个致命的毛病。你的致命毛病就是懒!"他很少批评我,所以印象很深。母亲说,我在医院刚出生的时候连吃奶都不睁眼。护士奇怪地说:"这孩子怎么会懒到这个程度!"可见我的懒是天生的。我的体会是,凡是天生的缺点都是改不了的。既然如此,也就没什么可遗憾的了。当然,说到懒,我也不敢说自己就是这个世界上最懒的。我有个同学,他是王永兴先生的学生。王先生在他作业上用铅笔写了修改意见,让他改后再交上来。过了一段,他以为王先生会忘记这事,所以就用橡皮把王先生的批语都擦了,再把作业原封不动地交给王先生,没想到被王先生发现了。

他懒的境界就比我高多了。所以说，天外有天，山外有山，人不能骄傲。

开始学历史的时候，我问父亲，这历史怎么学呢？他说，跟你看小说一样，也是要看名著。为什么说到小说呢？小时候喜欢看小说，抓到什么看什么，小说档次都不高。父亲说，这不行啊，看小说就得看名著。那个年代能找到的书很少，恰好我一个中学同学在学校图书馆工作，什么"禁书"都能拿出来，所以读了很多名著，像托尔斯泰、巴尔扎克、雨果等等大文豪的作品都是那时读的，只可惜年龄太小，理解有限。历史学的名著是哪些呢？父亲提供的就是像陈寅恪、唐长孺、周一良等老一辈学者的著作。周先生的《乞活考》，我看不懂，他特意带我读了一遍，告诉我周先生高明在哪里。父亲很开明，虽然他的历史研究理论色彩很浓，但从来没有要求我向他学习。后来时常有人见了我说客气话，你有家学啊，我听了都是一笑了之，我哪有什么家学？如果说到影响，北大的几位老师之外，影响我最大的就是从来没有见过面的唐长孺先生。我最佩服的就是他分析史料的能力，我将其概括为"敏锐而有节制"。这是最难得的品质。为什么这样说呢？因为笨人缺乏敏锐，自然也谈不上需要节制，而聪明人虽然敏锐，但因为过于自信而不知节制，常常会分析过头，乱发挥。

我没有什么理论素养，如果说能有一点研究心得，那也都是分析史料得来的。问题的发现、论证的过程始终不离开史料。虽然重视史料，但是如果翻看我的这本小书，读者就会发现，里面真正意义上的考证并没有多少，也不一定过硬。因为年代久远，史料很少,要想把一个问题考死是很难的。有的论著,虽然考证迂回曲折,看起来很吸引人,但是轻易不敢相信。有时,越是迂回曲折的考证,越是看起来很有"故事"的样子就越是可疑。建立在这样基础上的讨论自然是很危险的,尽管它看起来颇有"小中见大"的境界。我重视的是在大家公认的、熟知的历史事实之间发现联系。这种发现既是对已知历史事实的一种解释,同时,它本身也构成了历史事实的一部分。这部分历史事实是最宝贵的,因为它本来是"隐藏"着的,是被研究者"发现"的。一个研究者对历史理解的深度往往可以在这里得到展示。

　　说到史料,还有一段故事。我在写"经史之学"时,有一天突然意识到《后汉书》里是没有"经史"二字的,这虽然对我讨论的问题很重要,但毕竟只是个印象,于是不嫌麻烦,又把《后汉书》彻底翻了一遍,还是没有发现。可是我还是不放心,几千页翻下来,人都麻木了,看漏了是很有可能的。正好这个时候有了网络,在网上查台湾史语所的《后汉书》电子版,结果瞬间就出来了,只有一条,在"校勘记"里,正文里确实没有!这样才彻底放心。

　　虽然网络检索对史学研究很有用,但是我对时下流行的一种说法却很不以为然。有一种论调,说有了网络检索后,过去老先生们擅长的那套考据易如反掌,算不上什么本事了。其实这是不入门的瞎扯。你检索什么?那是需要研究者提出的,电脑帮不了你。研究一个问题,研究者首先能想到的都是面上的东西。如果仅仅根据检索出来的这些最直接、最表面的材料进行研究,那只能写出平庸的文章。检索的结果需要深入分析,在这个基础上还需要回过头去再读书,反复思考,由此才会发现那些不易觉察的间接材料,才能把隐藏的问题带出来。我的体会是,只有把那些不易觉察的间接的材料也挖了出来,让它的意义得以呈现,这时的文章才有魅力,才引人入胜。

南齐萧嶷晚年说:"人生在世,本自非常,吾年已老,前路几何。"萧嶷病逝是在永明十年,四十九岁。我早过了这个年龄,再有不到一年就要退休了。这几年经常会想到他说的这句话。最后一段路上究竟做些什么好呢?我想,历史书还是要读的,有体会也可能写点文章,不求名利,只为人生有个精神寄托。另外,新书也是要看一些的。最近在网上看到有"老年律条",第一条是"不娶少妇"。我很赞成。娶少妇是危险的,而看新书则是有益的。